Im Jahre 1946, als eine Flut von Literatur über die Kriegsereignisse in Europa erschien, sichtete ich einen Stapel Zeichnungen, in denen ich das Leben der Jugend in deutschen Konzentrationslagern dargestellt habe. Nun wollte ich diese Bilder in Worte fassen. Ich versuchte es, aber was ich zustande brachte, war nur ein schlecht geschriebener Bericht. Damals war ich sechzehn Jahre alt. Ich war nur fünf Jahre in die Schule gegangen, noch dazu in einer sehr unruhigen, von Verfolgung und Krieg erfüllten Zeit.

Jetzt habe ich den Versuch wiederholt, denn bisher hat noch niemand von den jungen Menschen berichtet, die in den Konzentrationslagern aufwuchsen. Diese Blätter enthalten nicht die Erinnerungen eines berühmten Mannes, sondern eines Menschen, der nur einer unter Tausenden war. Es lag nicht in meiner Absicht, einen Bestseller zu schreiben, ich habe allein die Wahrheit aufgezeichnet.

Thomas Geve
Mai 1958

Thomas Geve
Geraubte Kindheit

Thomas Geve

Geraubte Kindheit

SÜDVERLAG

Die Zeichnungen auf dem Einband und im Bildteil wurden mit freundlicher Genehmigung des Yad Vaschem Museums in Jerusalem zur Verfügung gestellt.

Die Deutsche Bibliothek - CIP-Einheitsaufnahme

Geve, Thomas:
Geraubte Kindheit / Thomas Geve. - Konstanz: Südverl., 1993
  ISBN 3-87800-011-1

ISBN 3-87800-011-1

Typographie, Satz und Einbandgestaltung:
multimedia Electronic Publishing GmbH, Konstanz
Lithos: Löpfe Repro GmbH, Konstanz
Druck: Konkordia Druck GmbH, 7580 Bühl

Zum Andenken an

Eva-Ruth
Sally
Jonathan
den »langen Kurt«
den »kleinen Kurt«
den blonden Gert
den frechen Gert
Ello, einen Jungen aus der Slowakei
Mendel, einen Jungen aus Bialystock
Jendroe, einen Jungen aus Böhmen
Maurice, einen Jungen aus Saloniki
Leo, einen Holländer
Poldi, einen Schweizer
Herrn Pollak, einen Tschechen
den Blockarzt von 7a, einen Belgier
Sigi, den Stubenältesten von 7a, einen Deutschen
den Blockältesten von 7a, einen Deutschen
den Lagerfriseur, einen Deutschen

Inhalt

Vorwort

Noch ein Bericht eines Überlebenden über Auschwitz – sind nicht bereits genügend geschrieben worden? Nein. Und das belegen folgende Daten: Thomas Geve war drei Jahre alt, als er sich nicht mehr wie alle anderen Kinder über Militärmusik und farbenprächtige Aufmärsche freuen konnte: Er war Jude und das Jahr 1933 hatte in Deutschland begonnen. Am 8. Mai 1945 sagt Thomas Geve: »Bald werde ich 16 Jahre alt sein.« Dazwischen liegen Jahre in Berlin mit dem Judenstern, Auschwitz – Groß-Rosen – Buchenwald. So wuchs ein deutsches Kind heran.

Man hat erfahren, wie andere Jugendliche Auschwitz erlebt – erlitten haben: Jehuda Bacon war ein Jahr älter, G. L. Durlacher zwei Jahre älter als Geve. Aber Durlacher ist aus Holland, Bacon aus der Tschechoslowakei nach Auschwitz verschleppt worden, Geve hatte in einem Deutschland unter dem Hakenkreuz seine Kindheit zu verbringen, bevor er deportiert wurde. »Ich wußte ja nie, was ein freier Mensch ist, denn 1933 war ich drei Jahre alt«, schrieb mir Geve einmal. Deutsche, die einer der nachkommenden Generationen angehören, sollen erfahren, wie ein deutsches Kind zu leben hatte, das als Jude zur Welt gekommen war. Darum ist es richtig, daß der Bericht von Thomas Geve, der bisher nur in Israel – wo er jetzt lebt – und in den USA veröffentlicht worden ist, nun auch in deutscher Übersetzung vorliegt. Und daß er ebenfalls mit den Zeichnungen erscheint wie in den USA, ist gut: Denn diese Zeichnungen eines noch nicht 16jährigen, der eben in Buchenwald befreit worden war, sprechen eindringlich.

Als Kind hatte er in einer jüdischen Schule – eine andere stand für ihn nicht offen – des »Führers« Geburtstag zu feiern; überall war er

11

ein Ausgestoßener. Schritt für Schritt verschärfte sich seine Situation; der März 1943 brachte schließlich das Ende der Juden in Berlin. Am 27. Juni 1943 wurde Geve in Auschwitz eingeliefert, 13 Jahre alt.

Damals war Auschwitz bereits zum größten Vernichtungslager und gleichzeitig zum größten Konzentrationslager im »SS-Staat« – wie Eugen Kogon die Welt hinter den elektrisch geladenen Stacheldrahtverhauen genannt hat – entwickelt worden. Wieviel ist bereits über Auschwitz publiziert worden! Und wie häufig wird dennoch das Irreale verkannt, das dem SS-Staat eigen war; und das in Auschwitz kulminierte. Mit Logik, nur an Hand von Dokumenten ist das Phänomen Auschwitz nicht zu fassen. Aus diesem Grund ist zu verstehen, daß Zeitgeschichtler, die diese Epoche nicht selbst miterleben mußten, häufig Schwierigkeiten haben, Irrtümern unterliegen, wenn sie sich mit dem wohl wichtigsten Kapitel unserer Zeitgeschichte auseinandersetzen. Und ebenfalls deswegen sind Augenzeugenberichte wie auch der von Thomas Geve unverzichtbar.

Zum Prinzip der Vernichtungsmaschinerie in Auschwitz gehörte es, daß diejenigen Juden, die vom Reichssicherheitshauptamt (RSHA abgekürzt) dorthin deportiert wurden, sofort bei der Einlieferung einer Selektion unterworfen wurden: Wer arbeitsfähig zu sein schien, wurde als Häftling in den Stand des Lagers aufgenommen; er sollte dort der »Vernichtung durch Arbeit« zugeführt werden, wie es im Bürokratendeutsch der SS hieß. Alle anderen wurden direkt für die »Endlösung« bestimmt, wurden – ohne das KZ kennenlernen zu müssen – sofort in einer der Gaskammern getötet. Diese Selektionen unterschieden Auschwitz von den vier Vernichtungslagern Treblinka, Sobibor, Belzec und Kulmhof.

Das war die teuflische Logik der »Endlöser«. Junge, die noch nicht zur Sklavenarbeit eingesetzt werden konnten, wurden demnach ebenso wie Ältere, Schwache , Kranke sofort mit Giftgas getötet. Und doch gab es Ausnahmen von diesem Grundsatz.

Aus Theresienstadt wurden Juden nach Auschwitz überstellt, die im Gegensatz zu anderen Überstellungen des RSHA keiner Zugangsselektion unterworfen wurden. Sie wurden gemeinsam in einem Abschnitt des Birkenauer Lagerkomplexes untergebracht, dem »Theresienstädter Familienlager«, während sonst stets Männer und Frauen streng getrennt in verschiedene Lagerabschnitte eingewiesen wurden. Im Gegensatz zu allen anderen Juden durften sie schreiben und Post empfangen. Auf den Tag genau, nachdem sie sechs Monate so deutlich bevorzugt in Birkenau gelebt hatten, wurden sie in den Gaskammern ermordet. Offenbar wurde diese Ausnahme gemacht, um Gerüchte zu zerstreuen, die in Theresienstadt – das damals bereits als »Besichtigungslager« für das Internationale Rote Kreuz zu dienen hatte – und in der Tschechoslowakei von Gaskammern im Osten kursierten; 1943 hatte man schon etwas Rücksicht darauf zu nehmen, scheint es. Einige Jungen wurden ausgenommen. So konnten auch Bacon und Durlacher überleben.

Eine weitere Ausnahme, die einigen Jugendlichen das Überleben ermöglichte, war durch Maurerschulen geboten. Die Initiative scheint von Häftlings-Funktionären ausgegangen zu sein, die nach einer Möglichkeit suchten, jungen Burschen zu helfen. Dabei nützten sie den Wunsch der SS-Lagerleitung, eine möglichst hohe Zahl von Facharbeitern der Zentrale melden zu können. So entstanden in mehreren Konzentrationslagern Maurerschulen für halbwüchsige Gefangene, in Auschwitz/Birkenau die erste im Juni 1942. Thomas Geve hatte Glück: Im August 1943 wurde er der Maurerschule im Stammlager Auschwitz zugeteilt. Sein Bericht über diese Ausnahme-Einrichtung im Vernichtungslager stellt ein wichtiges Dokument dar, beschreibt eine vielfach unbekannte Facette dieses Lagers. Er bildet den Mittelpunkt seiner Aufzeichnungen.

Deswegen ist die Veröffentlichung des Berichts von Thomas Geve in deutscher Sprache wichtig. Er bildet einen sonst unbekannt gebliebenen Mosaikstein im Bild, das der Nachwelt Auschwitz näherbringen soll, *das* Konzentrations- und Vernichtungslager des deutschen Nationalsozialismus, das in der Welt als Synonym für diejenigen Verbrechen des NS-Systems gilt, die in unserer Zeit nicht ihresgleichen haben.

»Das Erwachen ist stets der unangenehmste Augenblick im Dasein eines Häftlings« – wenn das die Lebenserfahrung eines Halbwüchsigen ist, der nahezu zwei Jahre in nationalsozialistischen Konzentrationslagern als Kind hatte zubringen müssen, einer, dessen einzige »Schuld« darin bestand, daß er als Jude geboren war, ist das nicht der Anlaß, darüber heute nachzudenken, ob man Menschengruppen als höherwertig – und daher andere als minderwertig – einstufen darf? Ob man letzteren schließlich in Konsequenz eines solchen Rassendenkens das Lebensrecht aberkennen darf?

Die Ideologie, die vor einem halben Jahrhundert nach Auschwitz geführt hat, ist nicht überwunden. Wird man sich dessen bewußt, dann versteht man ebenfalls, warum ein Bericht, wie ihn Thomas Geve verfaßt hat, gelesen werden sollte.

Wien, im Januar 1993   Hermann Langbein

Teil I

Verlorene Welt

1929 bis 1939

Es war ein heißer, drückender Sommertag im Berlin des Jahres 1939. Käufer, Reisende und Schaulustige drängten sich auf dem Potsdamer Platz. Delikatessenläden stellten ihre Genußmittel zur Schau, schön verpackt und beschriftet. In den wassergekühlten Schaufenstern eines Blumenladens wurden die auserlesensten Rosen angeboten. Die Menschen bewunderten die neuesten geräuschlosen, stromlinienförmigen Straßenbahnwagen und begutachteten die neue U-Bahnstation – ein Triumph der modernen Technik. Warenhäuser mit Rolltreppen und Neonbeleuchtung zogen die Käufer an. Vor dem staatlichen Fernsehversuchsstudio bildeten sich Schlangen.

In der großen mit Glas und Stahl überdachten Eisenbahnstation wurde ein Signalarm gezogen. Das Signal zeigte grün, und wieder dampfte ein Zug nach Westen. Er beförderte einen der letzten Transporte von Menschen, denen erneute Verhaftung drohte, weil für sie in dieser neuen Ordnung kein Platz war: Juden, Freidenker, Demokraten und Sozialisten. Ihr Ziel war England, der historische Zufluchtsort der Verfolgten. Die freundliche Insel hatte sich noch einmal erboten, die traditionelle Gastfreundschaft zu üben, obwohl sie bereits übervölkert war; denn auch andere klopften an ihre Tür: Österreicher, Tschechen, Italiener und Spanier. Mein Vater gehörte zu den wenigen Glücklichen, die aufgenommen wurden. Meine Mutter und ich sollten bald mit einem anderen Einreisevisum folgen. Eine Kiste mit unseren Habseligkeiten hatten wir bereits abgeschickt.

Ein neunjähriger Junge, groß für sein Alter, nett angezogen, das Haar mit Brillantine sorgfältig gekämmt, stand vor dem Schaufenster eines Blumengeschäftes. Er langweilte sich und verbrachte seine Zeit damit, zu beobachten, wie an der Innenseite des Fensters das Wasser heruntertropfte. Durch die beschlagenen Scheiben konnte er Rosen, Tulpen, ja sogar Orchideen erkennen. Wie sorgfältig sie doch gepflegt wurden – genau so, als ob es kleine Jungen wären!

Eine anziehende, mittelgroße, dunkelhaarige Frau im Sonntagsstaat kam aus dem Strom der Vorübergehenden heraus und blieb vor dem Blumenladen stehen. Sie weinte. Der Junge wurde plötzlich aus seinem Traumparadies der tautröpfigen Blumen herausgerissen. Warum müssen die Menschen nervös sein und weinen? War es denn nicht ein herrlicher Tag?

Der kleine Junge war ich, die Frau meine Mutter. Die beiden, die einen Teil der teilnahmslosen Masse auf dem Potsdamer Platz gebildet hatten, waren nun allein. Wir waren in Großvaters Wohnung, die zur Zeit auch unser Heim war, in der Winterfeldstraße 19, zurückgekehrt.

»Ich werde jetzt viel zu tun haben mit den Vorbereitungen für unsere Reise zu Vater«, seufzte meine Mutter, »und die Großeltern haben ihre eigenen Sorgen. Du wirst dich also jetzt immer anständig betragen, ohne daß dich jemand daran erinnern muß, hörst du?« An diesem Tage dachte ich zum erstenmal über das nach, was die Menschen »Zukunft« nannten. Ich machte mir ernstliche Gedanken darüber und versuchte mir vorzustellen, wie es weitergehen sollte. Es war alles so plötzlich und unerwartet geschehen, viel zu schnell für mich, um es begreifen zu können.

Ich war im Herbst 1929 an der Ostsee, nahe der Oder geboren. Meine Mutter war auch dort geboren, während mein Vater aus Beuthen in Oberschlesien stammte.

Als ich klein war, flößten fremde Gesichter mir Angst ein. Mein Zeitvertreib war, wie für die meisten Babys, das Schreien. Das nächtliche Heulen der Sirenen, die die freiwillige Feuerwehr alarmierten, machte auch einen schrecklichen Eindruck auf mich. Es klang wie die Schreie eines unsichtbaren Ungeheuers, das im Dunkeln lauert, um im nächsten Augenblick nach mir zu schnappen.

Später wurde es schöner. Tante Ruth, die Schwester meiner Mutter, nahm mich auf ihren Bootsfahrten über die Oder mit zu unserem Garten. In einem Boot mitten auf dem breiten Strom zu sitzen – das beeindruckte mit stark, noch mehr als die Gunst, die erlesensten Tomaten zu pflücken und zu verzehren. Wir machten auch Ausflüge in die Seebäder, doch sie waren stets verbunden mit endlosen langweiligen Vorträgen über gute Manieren bei Tisch. Meine Lieblingsbeschäftigung aber war die Schneckenjagd, das Fangen und Sammeln der farbigen, schleimigen kleinen Rollen, die die Parkmauern hinaufkletterten.

Als Hitler an die Macht kam, hatte diese angenehme Zeit ein Ende. Obwohl ich erst drei Jahre alt war, fühlte ich, daß ich mehr und mehr in die Obhut von Verwandten gegeben wurde. Mein Vater, ein Chirurg, verlor seine Praxis, und wir mußten in seine Heimatstadt zurückkehren. Die Familie meiner Mutter zog nach Berlin.

Beuthen, eine Bergbaustadt von etwa 100 000 Einwohnern, hatte eine starke polnische Minderheit. Die Grenze verlief durch Vorstädte, Parks und sogar durch Bergbautunnel. In einigen Straßen fuhren sowohl deutsche als auch polnische Straßenbahnen. Man sprach polnisch auf der deutschen und deutsch auf der polnischen Seite. Und wenn ich von Spaziergängen in die Vorstadt zurückkam, wußte ich nie ganz sicher, auf welcher von beiden Seiten ich nun eigentlich gewesen war.

Mit dem größten Platz in der Stadt verhielt es sich noch komplizierter. Es ging mir nicht ein, warum er seinen Namen so oft wechseln mußte. Für die einfachen Menschen war er der »Boulevard«, trotz der fremden Aussprache. Leute, die es genauer nahmen, nannten ihn »Kaiser-Franz-Josef-Platz«. Und die neue Garnitur von Stadtvätern beschloß, ihn in »Adolf-Hitler-Platz« umzubenennen.

Auf diesem Platz schworen die echten und loyalen Deutschen ihrem neuen Gott die Treue. Hätte man mich dazu aufgefordert, ich hätte mich ihnen gern angeschlossen. Mir gefiel der neue Kult. Er bedeutete Fahnen, glänzende Polizeipferde, farbenprächtige Uniformen, Fackeln und Musik. Alles umsonst, ohne daß ich Papa belästigen mußte, mit mir ins Kasperletheater zu gehen, oder daß ich dankbar sein mußte, für eine Stunde Unterhaltung an Tantes Radio – ein geheimnisvoller Kasten, dessen Inneres mir ohnehin verborgen blieb. Aber ich wurde für meine unziemliche Begeisterung getadelt und sollte nun dadurch entschädigt werden, daß ich mehr Taschengeld bekam. Um sich weitere Unannehmlichkeiten zu ersparen, trugen meine Angehörigen mir auf, die Antinazilinie zu befolgen, was das auch immer für einen Jungen von vier Jahren bedeuten mochte. Ich gehorchte. Den anderen Jungen auf dem Platz wurde gesagt, daß sie höherer Abstammung seien, und man sprach zu ihnen über ihre Aufgabe und Bestimmung. Mir war die Rolle eines Untermenschen zugedacht.

Von nun an sollte mein Leben mehr in der Abgeschiedenheit verlaufen. Morgens wurde ich in den nahe gelegenen jüdischen Kindergarten gebracht. Die Nachmittage waren angefüllt mit einsamen Spielen oder Klavierstunden unter der Leitung von Vaters Schwester, einer Musiklehrerin.

Man sagte mir nach, ich hätte viel von ihrer Begabung geerbt, aber mein rebellierendes Temperament hinderte mich daran, der Sklave eines krummen, schwarzen »Bechstein«-Riesen zu werden. Meine verborgenen Talente beschränkten sich deshalb darauf, die großen duftenden Äpfel zu verschlingen, die dazu dienen sollten, mir die Aufteilung der Noten in Bruchteile zu demonstrieren. Die größte zu erwartende Trophäe war natürlich der große Apfel, der in 32 Teile aufgeschnitten werden mußte. Damit erschöpfte sich dann mein Interesse an der Welt der Musik.

1936 wurde ich in eine jüdische Schule geschickt. Schon mein Vater hatte einst ihren Rohrstock, ihren Strafkeller und ihre strenge preußische Disziplin zu spüren bekommen. Auch er hatte sich gerächt, indem er ihre Bänke bekritzelt und zerkratzt hatte. Seine Lehrer, die längst das Ruhestandsalter erreicht hatten, unterrichteten auch heute noch und konnten sich noch immer nicht mehr leisten als Weißkäseschnitten, die sie zum Gegenstand allgemeinen Spottes machten. Ich war mir der Verpflichtung bewußt, die mir die Tradition meiner Familie auferlegte, und versuchte, ein guter Schüler zu sein, das bedeutete aber nicht, daß ich ehrgeiziger war als unbedingt notwendig.

Wir hatten alte, aber auch neue, nazistische Lehrbücher. Hitlers Geburtstag war ein Feiertag. An diesem Tage mußten wir uns versammeln – so schrieb es das neue Schulgesetz vor –, um Rezitationen zu Ehren des Vaterlandes zu hören. Die fortschrittlicheren unserer Lehrer versäumten jedoch nicht, anzudeuten, daß wir eigentlich an dieser Ehre nicht teilhaben dürften. Von Gleichheit konnte also nicht die Rede sein. Unsere einzige Waffe war unser

Stolz. Wir wollten auch mit den neuen Jugendbewegungen wetteifern. So wurden unsere Schulausflüge Anlässe, mit diszipliniertem Marschieren, eindrucksvollen Liedern und Sportwettkämpfen zu glänzen. Aber diese Demonstrationen wurden eine nach der anderen verboten. Bald war es ein Verbrechen, sich gegen Steine zu wehren, mit denen man uns in unserem Schulhof bewarf. Wir waren verachtete Judenjungen geworden. Der einzige sichere Spielplatz, der uns blieb, war ein Park, der zum jüdischen Friedhof in der Vorstadt gehörte.

Auf die Initiative meines Vaters hin wurde ich Mitglied des zionistischen Sportklubs »Bar Kochba«, der nach dem Führer einer jüdischen Revolte gegen Rom benannt gewesen ist. Das Training durfte nur in geschlossenen Räumen stattfinden, aber das Selbstbewußtsein, das wir hier erlangten, war nicht so begrenzt. Unser neu erworbener Mut begleitete uns überall hin.

Als ich einmal mit einem Freund in den Abendstunden zum Klub ging und am winterlichen Synagogenplatz vorbeikam, wurden wir mit einem Hagel von Schneebällen empfangen. Dann folgten gemeine und beleidigende Zurufe, und hinter den Säulen der Tempelarkaden entdeckten wir schwarze Hitlerjugenduniformen. Ihre Träger waren etwa in unserem Alter. Unser Stolz obsiegte sofort über die Verpflichtung, fügsame Untermenschen zu sein, und wir nahmen den Kampf auf. Unsere bestürzten Gegner hatten nicht damit gerechnet, daß uns eine so plötzliche Wut packte. Ich griff mir einen, stieß ihn in den Schnee und versetzte ihm ein paar Schläge. Als er aber anfing zu heulen, mußte ich mich zurückziehen. Seine Freunde waren nirgends mehr zu sehen, und auch sonst war niemand in der Nähe. Die einsetzende Dunkelheit sorgte dafür, daß unser kleines Abenteuer ein Geheimnis blieb. Das war aber auch meine erste und letzte Gelegenheit, öffentlich zurückzuschlagen.

Bald wollte ich mehr erfahren über die Welt, in der ich lebte. Wir Jungen schlichen uns zu den nahe gelegenen Kohlengruben, Fabriken und Bahnanlagen. Die grellweißen Hochöfen, die Räder am Förderturm, die sich ununterbrochen drehten, die riesigen Schlakkenhalden, die erzgefüllten Förderwagen, die an durchhängenden Freileitungskabeln entlangglitten, die kleinen quietschenden Fabrikbahnen und die großen schwarzen Lokomotiven, die von weither kamen und, wenn sie ihren Auspuff öffneten, ganze Wolken

21

übelriechenden Dampfes ausbliesen – alles war voller Geschäftig-
keit, alles wartete darauf, von unseren jungen Köpfen verarbeitet zu
werden, und erfüllte uns mit dem Wunsch, das Leben zu verstehen.
Die Welt mußte von uns erst entdeckt werden.

Während wir unsere Umwelt beobachteten und lernten, exerzierte
und marschierte die Hitlerjugend und sang Loblieder zu Ehren des
Führers. Aber nicht alle, die dazu gehörten, besaßen die dafür
notwendige Mentalität. Da sie ihre Zukunft durch autoritäre Gesetze
festgelegt sahen, zogen manche sich in einem Zustand der Melan-
cholie zurück. Andere, die nicht so tiefgehender Gedanken fähig
waren, machten sich Sorgen um Plattfüße, Hühneraugen und Blasen, denn das waren sehr realistische Hindernisse auf dem Wege zum
Titel »Herrenmensch«.

Dann und wann nahm Mutter mich auf Sonntagsausflügen mit
nach Polen hinüber. Die Kinder fühlten sich dort unbeschwerter.
Beim Angeln einen guten Fang zu machen oder eine Gänseschar zu
beherrschen – darüber gingen ihre Bedürfnisse, Abenteuer zu erleben, nicht hinaus. Wenn sie barfüßig auf den staubigen Feldwegen
dahintrotteten, träumten sie davon, der reichste Bauer des Dorfes
zu werden. Das würde genügen. Sie hatten keine Lehrer, die ihnen
erklärten, wie notwendig es sei, verlorene Kolonien im Pazifischen
Ozean zurückzugewinnen. Vielleicht sogar hatten sie noch nicht
einmal einen gewöhnlichen Schullehrer gehabt.

Einige Male im Jahr waren Beuthens Straßen der Schauplatz von
Prozessionen.

Am Himmelfahrtstag und Ostern sah man die Katholiken als
Meister des Pomps und der Zeremonie. In Roben gekleidete Geistli-
che schritten weihrauchschwingend einher und führten feierlich
geschmückte Wagen an. Der Bischof, der unter einem goldbestickten
Baldachin getragen wurde, war die Hauptattraktion, die seine lob-
singenden Untertanen inspirierte.

Fröhliche Volkstrachten, Schaustücke der industriellen und land-
wirtschaftlichen Errungenschaften, Jahrmarktsbuden und Musik-
kapellen gaben der Stadt ihr Gepräge am Maifeiertag. Das war
Hitlers Ersatz für den 1. Mai. Bei anderen Gelegenheiten dröhnten
in den Straßen die schwarzen Stiefel zu Marschmusik. Die Braunhemden hatten sogar noch eine neue Art von Prozessionen erfunden:
nächtliche Fackelzüge.

Alle Prozessionen wurden um ihrer Wirkung willen in die Länge gezogen. Manche endeten damit, daß Andersdenkende oder Juden verprügelt wurden. Weil man mir befohlen hatte, zu Hause zu bleiben, beobachtete ich diese großen Umzüge von meinem Platz hinter der Gardine. Meine Mutter erklärte mir immer wieder, daß solche Vorgänge für uns nichts Gutes bedeuteten. Ich sollte die Straße meiden und mich auf Spiele im Zimmer beschränken. Mein Modellbaukasten allerdings und die Miniatureisenbahn konnten sich bei meinen Freunden sehen lassen. Von nun an hatte ich mehr Umgang mit meinen Schulkameraden. Die interessanteren von ihnen lud ich zu uns nach Hause ein. Aber bald erhoben meine Angehörigen Einwände gegen die Wahl meiner Freunde.

»Warum bringst du diese schlecht erzogenen, ungepflegten Jungen mit nach Hause?« hielt man mir vor. »Haben wir nicht genug angesehene Bekannte, Ärzte und Rechtsanwälte, Geschäftsleute, mit deren Kindern du spielen kannst?«

Zu meinen Vorstellungen von Unterhaltung gehörten Ideenreichtum, Behendigkeit, gegenseitige Achtung und Handlungsfreiheit. Spielgefährten, die man mir aus wohlhabenden Familien auswählte, wurden nie meine richtigen Freunde. Ihre Kenntnis der »Straße« war schlecht, ihre Stimmung hing von den Launen ihrer Eltern ab und für jede Kleinigkeit mußten sie die Erlaubnis ihrer Dienstmädchen einholen.

Das Fest der Thora wurde in unserer Synagoge gefeiert. Unter den Klängen der Orgel stellten wir Kinder uns in unseren besten Anzügen und mit bunten Fahnen in der Hand zu unserer eigenen Prozession auf. Dann folgten wir langsam den Pergamentrollen, die die Gänge zwischen den überfüllten Bänken entlang getragen wurden.

Bei der zweiten Runde durch den Tempel wurden wir mit den traditionellen Süßigkeiten und Schokolade beschenkt. Da ich zu den älteren Kindern gehörte, ging ich voran und konnte die Spender überblicken. Viele gaben großzügig allen Kindern etwas, manche nur den Sprößlingen einflußreicher Familien und andere beschenkten ausschließlich die Armen. Später verglichen wir unsere Schätze. Meine Taschen waren ziemlich gefüllt. Andere Kinder, denen ihre ganze Enttäuschung im Gesicht geschrieben stand, beobachteten die wenigen, die sich über den größten Fang stritten. Warum diese

Unterschiede beim Schenken? Da wir doch alle vier Runden gemacht hatten – keiner mehr und keiner weniger – war das recht seltsam. Vielleicht gaben die Leute nach unserem Alter oder Ansehen? Ich sprach mit meinem Vater darüber. Seine etwas zögernde Antwort brachte meinem jungen Geist nur eine weitere unangenehme Erkenntnis und verdarb mir den Spaß ganz und gar. Vater hatte sich noch nie mit diesem Brauch befreunden können. Das System war ganz einfach: War eine Familie einflußreich oder von hohem Stand, so wählten die Leute deren Kinder aus, um ihnen ihre »Visitenkarte« in Form von Süßigkeiten mit nach Hause zu geben. Papa wußte übrigens auch, wer diese Schokoladenmarke und jene Bonbons verteilte. Es war ein Trauerspiel: Kam man aus einer Umgebung von Habenichtsen, so wurde einem diese Tatsache sogar in einer Zeremonie in der Synagoge zum Bewußtsein gebracht.

Von der Straße herauf drang Lärm durch mein Fenster. Ich erwachte. Da ich die ständige Mahnung, daß es Zeit sei, sich für die Schule fertig zu machen, schon nicht mehr hören mochte, stand ich gleich auf und zog am Riemen der Jalousie. Zu meiner Überraschung aber dämmerte erst der Morgen. Ich spähte zum gegenüberliegenden Bürgersteig. Ein schwerer, schwarzer Daimler, wie sie bei den Jungen so beliebt waren, parkte vor dem Schuhgeschäft. Die Straße war übersät mit blanken schwarzen, braunen und weißen Schuhen, Sandalen, Damenschuhen mit hohen Absätzen und Glasscherben. Eine Gruppe uniformierter Braunhemden beeilte sich, den Rest in das Auto einzuladen – offensichtlich handelte es sich um einen Raub. Da kein anderer Zuschauer zu sehen war, rannte ich los, meine Eltern zu wecken, und fühlte mich fast als erfolgreicher Detektiv. Vater, sichtlich weniger über meine Entdeckung erfreut, rief die Nachbarn an. Es herrschte offenbar eine allgemeine Verwirrung, nur eines schien sicher: An diesem Tag sollte die Schule ausfallen. Da ich nach einer verbindlichen Antwort suchte, konsultierte ich meinen Wandkalender: Es war der 9. November 1938. Neue Berichte gingen ein. Die Synagoge brannte. Die Feuerwehr weigerte sich zu helfen: sie sei dabei, die anliegenden Gebäude zu schützen. In der ganzen Stadt wurden Berge von Büchern ins Feuer geworfen. Man hatte Geschäfte in großem Ausmaße geplündert. Christen und Juden mieden gleichermaßen die Straße. Viele Menschen wurden verhaftet.

Aus Angst vor dem gefürchteten Klopfen an der Tür hielten wir uns alle in einem Zimmer auf, vollständig angezogen und auf jedes Ereignis vorbereitet. Schließlich klopfte es. Wir mußten irgendwie antworten. Wir standen einem älteren Braunhemd gegenüber. Sein Finger glitt unheilverkündend auf einer langen, maschinengeschriebenen Liste entlang. Als er anhielt, rief er mürrisch den Namen eines alten Juden auf, eines Mieters, der schon seit einiger Zeit verzogen war. Glücklicherweise war der Besucher nicht daran interessiert, Ersatz für ihn mitzunehmen.

Die Synagoge war vollständig ausgebrannt, unsere Schule wurde endgültig geschlossen. Eltern, die es sich leisten konnten, schickten ihre Kinder aufs Land, wo es ruhiger war. Mein Erholungsort war ein jüdisches Kinderheim in Obernick in der Nähe von Breslau. Dort hatten wir in den Gärten und Wäldern eine wundervolle Gelegenheit, die Natur zu erforschen; für mich war es das Paradies.

Die meisten Juden, die es möglich machen konnten, emigrierten. Mein Vater, ein langjähriger und bekannter Zionist, hatte vor, uns alle nach England zu bringen, von wo aus wir nach Palästina, dem Lande Israels wollten. Es ging aber schlecht voran; die Welt war den Flüchtlingen nicht zugetan. Man sprach viel über Birobidschan, aber nur wenige nahmen es ernst. Polnische Juden wurden zwangsweise deportiert und über die nahe gelegene Grenze abgeschoben. Aber die Polen waren ebensowenig geneigt, sie zu dulden, wie die Deutschen. »Das kann uns nicht passieren«, darin waren die deutschgebürtigen Juden sich einig, »wir sind Deutsche«. Sie hatten anscheinend noch nie daran gezweifelt.

Gerüchte – unvermeidliche Begleiterscheinungen totalitärer Zensur – waren an der Tagesordnung und verbreiteten sich wie eine mündliche, heimliche Zeitung. Wir kannten einen »Arier« (nach Hitlers Definition »reiner germanischer Abstammung«), der Angehöriger des Nazi-Arbeitsbataillons O.T.* war. Die Arbeitslosigkeit hatte ihn dazu getrieben, dieser unterbezahlten Truppe beizutreten, die an öffentlichen Straßen- und Kanalbauprojekten arbeitete. Er

---

* Organisation Todt; nach dem Nationalsozialisten Fritz Todt benannt.

behauptete, genau Bescheid zu wissen und riet uns dringend, Deutschland so schnell wie möglich zu verlassen. Seine Voraussagen für die Zukunft waren mehr als finster und entsprangen möglicherweise sogar einer gewissen Boshaftigkeit. Hätte er das riesige Konzentrationslager erwähnt, das bereits auf dem Bauplan seiner Abteilung stand, so wären wir nur um so mehr von seiner Unaufrichtigkeit überzeugt gewesen.

Im Sommer 1939 zogen wir in einen Arbeiterbezirk im Westen Berlins, wo die Familie meiner Mutter die Wohnung mit uns teilte. Damals ging Vater nach England.

1939 bis 1943

Mutter hatte viel mit den Vorbereitungen für unsere Emigration zu tun, daher gab sie mich in die Obhut ihrer Schwester, einer Lehrerin für Kunst und Englisch. Tante Ruth besaß alle Eigenschaften einer wirklichen Freundin. Ihrer neuen Ideen und ihres fortschrittlichen Denkens wegen war sie das Idol der Schüler.

Bald nahm sie mich mit in ihre Schule in der Rykesstraße im Norden Berlins. Meine Klassenkameraden waren richtige Großstadtkinder. Sie unterhielten sich in ihrem Dialekt und waren Angeber und Aufschneider. Zuerst galt ich bei ihnen als dummer Bauernjunge. Aber bald fanden sie Gefallen an meiner Nüchternheit, und schließlich wurde auch ich ein richtiger Berliner Junge.

Der ersten erschreckenden Begegnung mit dem Großstadtleben folgte nun das Verständnis für sein Wesen.

Als ob sie sich gegenseitig wärmen wollten, hielten die Mietshäuser sich aneinander fest und bildeten so eine Straße. Die weniger imposanten Gebäude drängten sich um die Hinterhöfe (von denen bis zu vier auf jedes Vorderhaus kamen), und damit es so richtig »gemütlich« wurde, waren fünf Stockwerke die Regel.

Die Sonne, der es an Lebensraum nicht fehlte, beschränkte ihre Besuche in diesen von Straßen umgebenen Burgen auf ein Minimum. Wenn dann ihre zarten, warmen Strahlen einmal in diese Höfe eindrangen, dann wiesen ihr die praktischen Berliner viele Aufgaben zu: Sie hatte die Wäsche zu trocknen, Großvaters Rheumatismus zu lindern, die Gesichtsfarbe des Babys zu verschönern, Pussy schläfrig zu machen und sie in ein sonniges Katzenparadies zu versetzen und den Bettwanzen genügend Wärme zu spenden, damit sie sich hervorwagen und auf die weichen, weißen Kissen im Fenster darunter fallen lassen konnten.

Ein Tag in der Großstadt war eingeteilt durch regelmäßig wiederkehrende Besucher, die, als Gegenstücke zu den Himmelserscheinungen, eine genau festgelegte Zeit für ihr Kommen hatten. Der Bäcker, der Milchmann und der Zeitungsjunge eröffneten den Tag. Später kamen die Leute, die uns Jungen sehr beeindruckten, Hausierer mit Bürsten, Streichhölzern, Schuhcreme und Blumen, der Lumpensammler und der Leierkastenmann.

Die schmutzigen Wände nahmen so manchen widerhallenden Lärm auf. Plärrende Radios, Teppichklopfen und Kindergeschrei, knarrende Holztreppen, zwitschernde Kanarienvögel und die heiseren Stimmen sich zankender Eheleute – nichts entging ihnen. Ganz gleich unter welchem Kaiser, das Leben in Berlin folgte seinen eigenen Gesetzen. Man konnte von einem Bewohner einer Mietskaserne nicht erwarten, daß er sich intensiv mit Rassenfragen beschäftigte. Was kümmerte es ihn, ob die Wanzen, die auf ihrem Streifzug nach neuen Jagdgründen seine Wohnung aufsuchten, vorher arisches Blut oder minderwertigeres gesaugt hatten.

Dann brach der Krieg aus. Diejenigen, die den Nationalismus auf ihre Fahnen geschrieben hatten, triumphierten. Sie hatten ja Deutschland darauf vorbereitet.

Die Kriegspropaganda war 1918 nicht besiegt worden. Im Gegenteil, sie hatte durch die Tatsache, daß man wieder im Frieden lebte, neuen Auftrieb erhalten. Der Übergang zum Krieg war nur noch eine technische Frage. 1938 war die Rationierung eingeführt worden. Jetzt wurde sie auf weitere Waren ausgedehnt. Mit Luftschutz- und Verdunkelungsübungen war die Bevölkerung schon so viel belästigt worden, daß der Ernstfall – man glaubte, daß er nicht so häufig eintreten, dafür aber eine um so sieghaftere Angelegenheit sein würde – mit einiger Erleichterung aufgenommen wurde. In den stillen Mooren waren Massenerschießungen politischer Häftlinge durchgeführt worden. Nunmehr konnten Deutschlands Söhne ein dramatischeres Ende nehmen. Als Soldaten Walhalla empfohlen, würde ihr Opfer in der Öffentlichkeit glorifiziert werden. Sogar die bebrillten Schlitzaugen im entfernten Japan würden des Lobes voll sein – nicht zu vergessen natürlich der Beifall der Makkaroni essenden Exemplare arischen Ruhmes. Sie waren sich alle einig. Ihre Eroberungen mußten legalisiert, die Waffen modernisiert werden; Ehre allen Übermenschen.

Mutter Krause, die typische Berliner Hausfrau, war nicht so überzeugt davon.»Das ist ein schlechter Wind, der niemanden etwas Gutes bringt«, seufzte sie.»Mein alter Instinkt sagt mir das.« Das gelegentliche Heulen der Sirene führte sie in den feuchten, provisorisch eingerichteten Keller, wo sie das Vergnügen hatte, mit über 70 Nachbarn zusammenzusitzen, zwischen ihren Decken, eisernen Rationen, schweren Koffern, Hunden und Kanarienvögeln. Sogar wir waren anwesend. Mutter Krause kannte meine Großeltern seit vielen Jahren, sie hätte sie nie beleidigt.»Mein alter Instinkt«, murmelte sie,»liebt die Juden nicht, aber ich glaube nicht, daß diese Menschen schlecht sind«.

Es wurde Zeit für mich, eine höhere Schule zu besuchen. Die Wahl fiel auf die gemischte Schule in der Großen Hamburger Straße. Auch hier gab es wieder Angeber, die mir mit ihrem großstädtischen Benehmen imponieren wollten. Der Krieg hatte bewirkt, daß wir als arme Familie galten, die nicht in der Lage war, das Schulgeld zu bezahlen, und so war ich auf ein Stipendium angewiesen. Die Schule selbst hatte auch Schwierigkeiten. Sie wurde in die Kaiserstraße verlegt und später in die Lindenstraße. Die Behörden wollten nicht mit einer Lehrstätte für Juden belästigt werden und noch weniger mit den Gefühlen dieser Menschen. Sie ließen in der früheren Synagoge in der Lindenstraße neben der Schule Getreide unterbringen, und gewisse Besucher, die sich dort einfanden – wohlgenährte Ratten – kamen auch in die Schule.

Einer meiner Klassenkameraden, ein Halbjude, hatte eine Schwester in einer nahegelegenen arischen Schule. Irgendeine launische Gerichtsentscheidung wollte es, daß er zum Juden und seine Schwester zur Christin erklärt wurde. Wenn sie sich auf der Straße sahen, durften sie sich nicht kennen. Sie trafen sich heimlich an einer unbeobachteten Ecke, denn sie mußten immer damit rechnen, daß irgendwelche Leute davon erfuhren und sie verrieten. Ich half ihnen oft, indem ich als Späher fungierte.

Unser Klassenliebling war ein zarter blonder Waisenjunge, aus einem Dorf bei Halberstadt. Sein Los als einziger Jude in diesem Ort hatte unauslöschliche Zeichen an ihm hinterlassen, und aus diesem Grunde genoß er unsere tiefsten Sympathien.

Da dieser aufregende Krieg tobte, erschien uns die Schule langweilig, ja sinnlos. So kam es, daß ich mich immer mehr auf Forschungstouren in den Straßen aufhielt. Da die Schule über eine Fahrstunde entfernt war, konnte ich für meine Abwesenheit von zu Hause sehr leicht Verkehrsstockungen – eine Nebenerscheinung der Luftangriffe – oder außerplanmäßige Stunden vorgeben. Entsprechende Fragen wurden überhaupt selten gestellt, da die Familie mir jetzt viel Freiheit ließ.

Durch das Herumstreifen in den Straßen wurde mir selbst das verdunkelte Berlin gut bekannt. Zu meiner Verkleidung gehörte eine Hitlerjugenduniform ohne Abzeichen. Ausstellungen von erbeutetem Kriegsmaterial zu besuchen, war für technisch interessierte Jungen eine Selbstverständlichkeit. Auch mit dem Studium von Flugzeugen begann ich, sah mir die Pilotensitze und die Propeller an und ließ mich durch Schilder, die Nichtarier den Zutritt verboten, nicht stören. Ich verpaßte aber auch nicht die moralstärkenden Rummelveranstaltungen, wo man Churchills Attrappenkopf abschießen konnte. Die gegenwärtigen Schlager waren aufziehbare Puppen, und Soldaten, die nach der Melodie von »Lili Marlen« oder »Wir fahren gegen Engelland« tanzten.

Wer etwas wählerischer war, dem boten sich wohlgeformte lebensgroße Puppen, die in Pelzmänteln und der neusten Mode aus Paris die Friedrichstraße entlang promenierten. Ihre Kunststücke konnte man für fünf Mark genießen. Für die Gemüter der weniger Kühnen wurde gesorgt durch Sonderzuteilungen, die von der Kriegsbeute aus dem Westen Europas herrührte, durch Lautsprecher im Freien, Fahnen und Veranstaltungen.

Als ich einmal aus der S-Bahn-Station »Unter den Linden« herauskam, geriet ich in eine Parade. Durch mein Verschwinden hätte ich die Aufmerksamkeit auf mich gelenkt, und so mußte ich den begeisterten Zuschauer spielen, zumindest für die ersten Minuten. Wenn ich durch die Reihen der eng aneinander stehenden Posten schaute, hatte ich eine gute Aussicht. Langsam rollten die traditionellen offenen schwarzen Daimler durch das breite Spalier, begleitet von dem lärmenden Jubel der Menge.

Der erste Wagen fuhr weniger als zehn Meter von mir entfernt vorbei. Da schossen die Hände zum Nazigruß in die Höhe. Er galt einem finster und ernst wirkenden Mann, der bewegungslos nach vorn starrte: Adolf Hitler. Dann folgten der dicke Göring und der Wehrmachtsstab, die ebenfalls vom Applaus unbeeindruckt schienen. Hatten sie Angst, daß unter den Besuchern zu viele so loyal waren wie ich?

Der traditionelle Aufenthaltsort des Heeresstabes und des Hauptquartiers befand sich in der Gegend zwischen Tiergarten, Potsdamer Platz und dem Shell-Haus. Ein Freund, dessen Mutter bei einem hohen Offizier Haushälterin war, sorgte für einen Vorwand, daß ich dort Einlaß fand. Er betrachtete mich als wohlerzogenen und gesitteten Gefährten und wählte mich als einzigen Klassenkameraden aus, dem die Ehre zuteil werden konnte, dort eingeladen zu werden, um mit weißen und roten Elfenbeinfiguren Schach zu spielen. Feldgraue Autos nahmen den Platz zwischen den vielen Villen ein. Fernschreiber tickten, Schreibmaschinen ratterten und Preußen schlugen die Hacken zusammen. Die zwitschernden Vögel in den Gärten mußten es mit den fahrbaren Funkstationen aufnehmen, die die Sprache des Krieges hinaussummten. Militärpolizisten, mit glänzenden Metallplatten nach römischer Art auf der Brust, stampften zu zweit in ihren Schaftstiefeln durch die Straßen. Um uns Kinder kümmerten sie sich nicht. Auch nicht der Oberst, der uns beim Schachspielen in seinem Garten beobachtete. Wahrscheinlich kannte er die Luxuswohnung der Mutter meines Gastgebers und hatte sowieso nichts dagegen.

Bücher, Kinos und Veranstaltungen waren dem Gesetz nach für »Nichtarier« nicht zugänglich. Es war daher zwecklos, um Taschengeld dafür zu bitten. Mein Trost war die Monatskarte der U-Bahn, die ich von der Schule bekam. Ohne sie wären meine umfangreichen Unternehmungen gar nicht möglich gewesen.

Zur finanziellen Unterstützung des Krieges wurden überall kleine Figuren verkauft, die sich die Leute am Rockaufschlag ansteckten. Jeden Monat gab es neue: Geschnitzte Holzpuppen, Nachbildungen von Flugzeugen, Geschützen, Geschossen usw. Das war recht attraktives Spielzeug. Wir verschafften es uns, indem wir dem Beispiel der Straßenkinder des Berliner Nordens folgten. Wen wir nach der Sammelwoche noch mit solchen Figuren sahen, den baten wir höflich, sie uns zu geben. Dieser Sport wurde so populär, daß die Passanten schon glaubten, es handle sich um eine neue Art von Altmaterialsammlung.

Ein weiteres Steckenpferd war das Sammeln der farbenprächtigen Kindermagazine. Sie waren erstaunlich frei von Nazipropaganda, wahrscheinlich weil sie exportiert wurden. Man erhielt sie als Zugabe in den großen Warenhäusern. Also versuchten wir, dort einen guten Eindruck auf die Verkäuferinnen zu machen, oder kauften, wenn das nicht zog, ein Päckchen Stecknadeln. Mein merkwürdigstes Vergnügen war das Anfertigen von Listen. Zerbombte Gebäude faszinierten mich geradezu. Man konnte ihnen bis ins Herz sehen, jedes Haus hatte seine eigenen charakteristischen Einzelheiten. Nicht einmal aufgeschnittene Wale hätten so aufregend sein können. Mit Ausnahme des einen, der Jonah verschlungen hatte, wären sie alle doch nur Meeresungeheuer geblieben, in denen sich nichts Besonderes verbarg. Aber die beschädigten Gebäude! Ich ging zu allen, die vor kurzem von Bomben getroffen worden waren, und untersuchte sie. Mein Fimmel bestand nun darin, in einem Buch den Ort, das Datum und das Ausmaß der Zerstörung festzuhalten.

Als meine Mutter das erfuhr, machte sie mir ernstliche Vorwürfe, die ihren Eindruck auf mich nicht verfehlten. Sie hatte recht: Was sollte ich tun, wenn man mich für einen Spion hielt! Ich hätte nie das Gegenteil beweisen können.

Die Lebensmittel waren »Ersatz« geworden. Juden hatten besondere Lebensmittelkarten mit lauter kleinen »J« darauf, um zu verhindern, daß sie Gemüse, Fleisch, Milch, Schokolade und aufgerufene Sonderzuteilungen kauften. Die »vorgeschriebene Einkaufszeit für Nichtarier« – in »zugelassenen Läden« – war von vier bis fünf Uhr nachmittags. War man finanziell gut gestellt, so ließ sich das Essensproblem durch den Schwarzen Markt lösen. Hatte man Geld und seine arische Abstammung dazu, dann konnte man vornehme Restaurants aufsuchen, um sich eine anständige Mahlzeit zu verschaffen. Besaß man aber weder das eine noch das andere, dann blieb einem nur übrig, auf die Hilfe bessergestellter Freunde zu hoffen.

Die großen Kaufhäuser, die durch den Mangel an Lebensmitteln in Schwierigkeiten geraten waren, wurden angewiesen, Ausstellungen zu organisieren. Um die Weihnachtszeit wurden große Spielzeugausstellungen veranstaltet, in denen man sich die geraubten materiellen und ideellen Güter des besiegten Europas zunutze machte. Schaufenster waren ganz mit Rekonstruktionen und Szenenbildern aus Nazifilmen dekoriert. Die gegenwärtigen Schlager waren »Jud Süß«, die verzwickte, stark antisemitische Geschichte eines reichen Hofmannes, »Ohm Krüger«, eine antibritische Version des

Burenkrieges, und »Robert Koch«, eine Biographie zur Glorifizierung der deutschen Medizin.

Im Kaufhaus KaDeWe am Wittenbergplatz widmete sich eine ganze Abteilung der Propagierung eines Artikels, der wohl den Höhepunkt des deutschen Erfindergeistes auf dem Gebiete des »Ersatzes« darstellte. Dort waren Verkäuferinnen eifrig dabei, eine geheimnisvolle Brühe zu mischen, zu kochen und einzudicken, die sie dann zum Probieren anboten. Ich wollte meine Neugier befriedigen und versuchte die Beschriftung der gelben Päckchen zu erkennen, die in Stapeln die Regale füllten. Sie lautete: »Künstliches Kunsthonigpulver. Zucker erforderlich.«

Im Jahre 1942 starteten die Nazis eine große Demonstration ihrer Macht. Sie zwangen die Juden den »sechszackigen gelben Davidstern gut sichtbar über der linken Brustseite auf alle Kleidungsstücke genäht zu tragen, wann und wo immer sie von einem Nichtjuden angetroffen werden.« Aristokratische Damen versicherten uns bei einer Tasse Ersatzkaffee, Deutschlands Ehre werde niemals gestatten, daß solche Auswüchse Wirklichkeit würden: »Wir sind eine zivilisierte Nation und können nicht in das Mittelalter zurückfallen. Die Menschen werden auf der Straße dagegen protestieren!«

Als die ersten Sterne tatsächlich erschienen, machten sich manche Leute über die Idee, andere über die Träger lustig. Dann folgte eine Zeit der Gleichgültigkeit, die aber eine allgemeine Verärgerung darüber auslöste, daß man ständig an den gelben Lappen der Schande erinnert wurde. Ganz gleich, aus welchen Gründen der Stern das Mißfallen der Leute erregte, wir gingen ohne ihn, sooft wir sicher waren, nicht durch Spitzel erkannt zu werden. Im violetten Licht der Neonlampen, die die Berliner Hauptstraßen beleuchteten, erschienen die gelben Sterne blau. Günstiger waren noch die verdunkelten Nebenstraßen, und als letztes Mittel blieb dann die unvermeidliche Aktentasche, die man bis hoch über das Herz unter den linken Arm geklemmt trug. Außerdem war über die Juden ein Ausgehverbot für den Abend verhängt worden, aber die Durchsetzung dieser Anordnung war praktisch unmöglich, und so ignorierten wir sie im allgemeinen.

Bald gab es auch noch andere Aufschriften: »P« für Polen und »Ost« für Ukrainer. Die Schilder, die seit zehn Jahren an ihrem Platz hingen und die den Juden allein den Zutritt verwehrten, mußten entfernt und dafür neue korrigierte angebracht werden. Alle öffentlichen Plätze, von der einsamen Bank bis zu den weiteren Parks, von der Telefonzelle bis zu den Kinos erhielten jetzt Schilder mit der Warnung an alle »Nichtarier«, draußen zu bleiben.

Manche Einrichtungen konnten sich nicht damit begnügen und schossen mit dem Neusten an Nettigkeit und Gründlichkeit den Vogel ab: »Für Hunde, Polen, Russen und Juden Zutritt streng verboten!«

Als man endlich die jüdischen Schulen ganz schloß, nahmen wir das fast mit Erleichterung auf. Es bedeutete: Keine Angst mehr auf dem Heimweg verprügelt zu werden, weil man ein Judenjunge war. Jeden Tag waren weniger Schüler gekommen. Damit war nicht gesagt, daß sie schwänzten, vielleicht waren sie verhaftet oder untergetaucht.

Für uns Jungen gab es vier Arbeitsmöglichkeiten: Krankenpflege, Arbeit in den Großküchen, die Möglichkeit, in den Gemeindebüros Akten zu sortieren, oder Gärtnerarbeiten auf dem Friedhof. Ich entschloß mich, ein Jahr der Instandhaltung der jüdischen Gräber in Weißensee zu widmen. Eine Bezahlung gab es nicht, aber eine Sondergenehmigung zur Benutzung der Verkehrsmittel und die frische, gesunde Luft entschädigten mich dafür. Die große ummauerte Stadt der Toten mit der Ruhe ihrer marmornen Mausoleen und hinfälligen alten Grabsteine, die nur das Rauschen der Bäume unterbrach, wurde unser Paradies. Wir waren in Gruppen eingeteilt, und unsere Arbeit bestand darin, die Fußwege von Unkraut zu befreien, die Blumen zu pflegen und Efeu zu pflanzen. Im Herbst wurde Laub geharkt und im Winter der Schnee fortgeräumt.

Hier hatten wir auch einen idealen Platz zum Versteck- oder »Räuber und Gendarm« spielen. Uns gegenseitig in dem riesigen Gelände des Friedhofs zu jagen, das waren unsere schönsten Augenblicke.

Neben der Gartenarbeit lernte ich auch die verschiedenen Vergnügungen kennen – wie man Traktor fährt, Karten spielt und Mädchen ärgert. Ich rauchte meine erste Zigarette, und zum ersten Mal verliebte sich ein Mädchen – Eva-Ruth Lohde – in mich.

Ein weiteres eindringliches Erlebnis waren unsere Besuche in dem nahe gelegenen Heim für geistesbehinderte jüdische Kinder. Meistens wurden solche Abstecher insgeheim von den älteren Jungen organisiert, die es auf Mädchen abgesehen hatten. Meine eigene Neugierde beschränkte sich auf einen robusten Jungen vom Lande, der ein paar Jahre älter war als ich und sich gern über Politik unterhielt. Zu meiner Überraschung stellte ich fest, daß er mehr darüber wußte als ein Junge seines Alters. Mutter hatte einen Kursus als Näherin besucht und machte nun Heimarbeit für eine Firma, die Wehrmachtsuniformen ausbesserte. Dann und wann fanden sich im Futter der blutbefleckten Soldatenhosen Briefe – unbeachtete Warnungen von Deutschlands Söhnen. Diese Botschaften enthüllten die hoffnungslose Lage an der Ostfront: Leningrad und Moskau waren unerreichbar. Auf den schneebedeckten Feldern Rußlands wartete nur der Tod. Kein Wunder, daß die Behörden nach dem Fall von Stalingrad eine Woche Trauer angeordnet hatten.

Mutter und ich mußten in die Speyrer Straße in der Nähe des Bayrischen Platzes, in ein Viertel, das früher von vielen Juden bewohnt wurde, ziehen. Das war eine vornehme Gegend, und die Miete für eineinhalb Zimmer war so hoch, daß es schwierig war, mit dem Geld auszukommen. Von unseren Nachbarn, Juden wie wir, wurde ich oft eingeladen, entweder um ihre wertvollen Briefmarkensammlungen und Gemälde zu bewundern oder manchmal sogar um eine Tasse Tee zu trinken. Aber keiner von ihnen zeigte Verständnis für unsere finanziellen Sorgen. Der letzte Brief von meinem Vater, den wir über das Rote Kreuz indirekt aus England erhalten hatten, beschwor uns, tapfer zu sein. Und das mußten wir wirklich.

Hitlers grausame Gesetze drangen überall ein und waren nur auf ein Ziel gerichtet: Sieg. Es wurde beschlagnahmt, was es zu beschlagnahmen gab, zu diesem Zeitpunkt warme Kleidungsstücke, Radioapparate und Haustiere von Nichtariern. Unser Aquarium und die Wellensittiche hatten wir schon preisgegeben, nun stand den Nazis der Sinn nach Großvaters Radioapparat, einem Kristallgerät, das er gehegt und gepflegt hatte.

Großvater, ein ehemaliger Arzt, war infolge einer Erschütterung durch eine Granatexplosion erblindet. Er war Offizier im alten Vaterland der Kaiserzeit gewesen. Wenn er in lustiger Stimmung war, dann sang er mir manchmal das rührselige Lied vor: »Ich hatt' einen Kameraden«. Als Gegenleistung hatte ich ihm einst die Zeitungen vorgelesen, aber jetzt bestand sein einziges Vergnügen darin, mit Kopfhörern dem 15 Jahre alten Kristallempfänger zuzuhören. Es wurde ein Brief an den Kriegerverein geschickt, in dem um Intervention gebeten wurde, damit Großvater das Gerät behalten konnte. Die Antwort war sehr mitfühlend, aber unnütz. Einsprüche gegen die Anordnungen des neuen Reiches gab es nicht.

Großvater starb im Jahre 1942 im Alter von 71 Jahren. Er verstand die neuen Wege, die sein Vaterland jetzt ging, nicht mehr.

Wirkliche Antisemiten vermieden jeden Kontakt mit Juden. Obwohl sie uns so viel Leid zufügten, blieben sie uns persönlich unbekannt. Es waren die vielen hilfsbereiten Deutschen, die mich beeindruckten. Sie brachten uns Sympathie entgegen, nicht etwa weil sie hervorstechende jüdische Charakterzüge besonders schätzten, sondern einfach deshalb, weil sie ihren alten Idealen treu geblieben waren. Es gehörte wirklich Mut dazu, an Überzeugungen festzuhalten, die seit zehn Jahren grausam verfolgt wurden.

Mutter und ich, die wir keine Möglichkeit hatten, irgendwelche Beziehungen spielen zu lassen, wandten uns an alle Bekannten, auf deren Hilfe wir nur irgend hoffen konnten. Als wir uns einmal vor einer Verhaftungswelle verstecken mußten, suchten wir die Wohnung eines protestantischen Geistlichen der Apostel-Paulus-Kirche im Berliner Westen auf. Da aber sein neuer Schwiegersohn ein eifriger Nazi war – was wir übersehen hatten –, bestanden die Bemühungen des Geistlichen einzig und allein darin, unsere Bitte als persönliches Geheimnis zu wahren. Die lebenswichtige Zuflucht wurde uns schließlich von einer verwitweten Näherin, Clara Bernhard, einer Arbeitskollegin meiner Mutter, gewährt, die für uns in der engen Küche ihrer Wohnung in der Belziger Straße ein Feldbett aufstellte. Ihr hatte das Schicksal vor vielen Jahren ihren jüdischen Mann genommen. Damals ahnte sie noch nicht, daß sie eines Tages auf diese Weise ihre Treue erneut beweisen sollte.

Tante Ruth hatte Freunde aus ihrer Studienzeit, die wegen ihrer Linksorientierung selbst von Verhaftung bedroht waren. Trotzdem konnte man sich darauf verlassen, daß man abends zu ihnen kommen durfte, um Radio zu hören. Tante Ruth nahm mich mit, und ich lernte dort eine Welt kennen, von der ich nie etwas geahnt hatte.

Diese Zusammenkünfte waren ein Genuß. Zuerst hörten wir Radio London mit Berichten von den Anstrengungen der Alliierten und den erfolgreichen Luftangriffen. Dann folgte der geheime Brauch, den diese Menschen nun schon seit fast zehn Jahren übten: Alle drängten sich um den sehr leise eingestellten Lautsprecher, um »Hier spricht Moskau« zu hören. Mit freudigen Gesichtern lauschten sie den langen Aufzählungen wiedergewonnener russischer Ortschaften. Ihre strahlende Gewißheit war ansteckend.

Der traditionelle rote Wedding im Norden Berlins malte mit Kreide Antinaziparolen an die zerbombten Häuser. Aber alles, was gewöhnliche Passanten wie ich davon noch vorfanden, war die verwischte Kreidetünche. Es war durchaus denkbar, daß ein Teil der Parolen von enttäuschten Hitlerjungen stammte, die keine andere Möglichkeit sahen, ihrer Unzufriedenheit Ausdruck zu geben. Meine Nordberliner Freunde hatten bereits Verbindung aufgenommen mit einigen Vertretern dieser neuen Art von Rebellen. Ihre Losungen konnten allgemein gelten: »Nieder mit den Lehrern – die lehren den Ruin!«

Zu den Höhepunkten des Widerstandes gegen den Faschismus gehörte die Bombe, die in einer großangekündigten antisowjetischen Ausstellung gelegt wurde. Die Verhaftungen, die diesem Vorfall folgten, waren jedoch so zahlreich, daß bald Gerüchte im Umlauf waren, wonach es sich um eine Neuauflage des Reichstagsbrandes handelte.

Ende des Jahres 1942 ging man dann dazu über, Deportationen von Juden in großem Ausmaß vorzunehmen – nach Lublin, so hieß es. Immer weniger Freunde und Nachbarn blieben zurück. Und wir selbst lebten in ständiger Angst vor dem schrecklichen Klopfen an der Tür. Für einige Tage holte man mich zur Aushilfe in die Bäckerei in der Grenadierstraße. Dort hatte man plötzlich die Anweisung erhalten, Brote für die großen Transporte bereitzustellen, die eiligst in Richtung Osten abgingen.

Als ich hier arbeitete, lernte ich die Elendsquartiere am Alexanderplatz kennen. Zigeuner und Juden schienen hier in Eintracht miteinander zu leben, obwohl es in dieser Gegend viele Betrunkene und viel Lärm gab. Fast jede weißgetünchte Schaufensterscheibe in der Grenadierstraße war die Fassade einer überfüllten Zigeunerwohnung. In diesen Läden hausten Familien mit sechs oder mehr Personen. Am Tage gehörte die Straße den schmutzigen, verlausten Zigeunerkindern, weiter fort durften sie sich nicht wagen. Nur den erwachsenen Söhnen wurde die Ehre zuteil, weitere Gebiete zu betreten. Sie waren in eine Wehrmachtsuniform gesteckt und aufgerufen worden, das Vaterland zu verteidigen.

Bald wohnten wir allein in unserer Wohnung in der Speyrer Straße. Die Zimmer der anderen Mieter waren von der Gestapo versiegelt worden, und die wertvollen Gemälde und Briefmarkensammlungen unserer Nachbarn in die Hände der Nazis gefallen. Ein älteres Ehepaar aus dem nächsten Stockwerk hatte versucht, sich von der Deportation freizukaufen, indem es seinen Besitz im Ausland als Gegenwert angeboten hatte – aber ohne Erfolg. Es waren Anordnungen ergangen, vor der Versiegelung sämtliche Lebensmittel aus den Wohnungen zu holen. Im hinteren Treppenhaus war eine riesiges Stück Schwarzmarktkäse zurückgeblieben. Sein Eigentümer hatte sich bis zuletzt an alles, was er besaß, geklammert. Jetzt mußte er es den gefräßigen Ratten und der gierigen Gestapo überlassen.

Mutter war an eine Fabrik zwangsverpflichtet worden, die Kleinstspulen für Geschwindigkeitsmesser herstellte. Dort wurde nur Nachtschicht gearbeitet; so mußte ich mich daran gewöhnen, die Abende ganz allein in einer leeren Wohnung zu verbringen. Daß wir fast täglich schwere Luftangriffe hatten, verschlimmerte meine Lage noch mehr. Ich konnte nirgendwo hingehen. Juden durften die Luftschutzkeller nicht mehr betreten. Auch als eine Brandbombe in unserem Hinterhof niedersauste, blieb ich, wo ich war.

Aber meine Gefangenschaft war gekennzeichnet durch die vielen weniger ereignisreichen Momente; das Lesen, das Zubereiten meines kärglichen Abendbrotes und das Reinemachen. Oft spielte ich mit dem Gedanken, die versiegelte Wohnung unseres Nachbarn aufzubrechen. Der Verkauf eines einzigen Bildes oder Teppiches hätte unsere Lage entscheidend verbessern können. Das hätte bedeutet: weniger Überstunden für meine Mutter, eine richtige Mahlzeit und vielleicht auch etwas Unterhaltung.

Die Morgendämmerung des letzten Februartages brachte den Beginn einer Aktion zur totalen Liquidierung der Berliner jüdischen Gemeinde. Da alle anderen Stadt- und Landgemeinden bereits in der

Hauptstadt zusammengezogen oder deportiert worden waren, war dies das Ende des Judentums in Deutschland. Durch den großen Zustrom osteuropäischer »freiwilliger« Arbeiter war die Produktion in den bedeutenden Zweigen der Rüstungsindustrie gesichert, so daß kein Grund mehr bestand, irgend jemanden von der Verhaftung auszunehmen. Alle anderen Juden waren bereits offiziell registriert als verzogen nach Lublin, Riga oder Theresienstadt – angeblich autonome Gebiete. Diese letzte Fangaktion brachte nun das Absperren der Straßen und das Streichen der letzten Namen auf den genau ausgearbeiteten Listen der Gestapo mit sich. Nur ein Stamm für den Betrieb des Krankenhauses, des Versorgungszentrums und der Begräbnisstätte blieb zurück, um die jeweiligen Aufgaben abzuwickeln. Sonderverstärkung der SS und Lastwagen wurden für diese größte Verhaftungswelle nach Berlin zusammengezogen. Die Planung und Leitung dieser Aktion lag in den Händen berüchtigter österreichischer Offiziere, die in einer ähnlichen Aktion gegen die Wiener Juden bereits »Erfahrungen gesammelt« hatten. Ihre erste Übung und zugleich die rücksichtsloseste war zweifellos ihr Vorgehen gegen die Wohnungen der Wiener Arbeiter im Jahre 1934 gewesen.

Ohne daß wir davon wußten, nützte die von der Gestapo instruierte Polizei die gespannte Lage zum Schlag gegen die arglose Zigeunerbevölkerung Berlins aus.

Die deutschen Zigeuner fanden für diesen plötzlichen Dolchstoß in den Rücken keinerlei Erklärung. Für die deutschen Juden waren die Drohungen, die man vor zehn Jahren gegen sie ausgestoßen hatte, Wirklichkeit geworden. Wenn ich jetzt zurückblicke, so erscheint mir der Zeitpunkt für die endgültige Vertreibung der Juden und Zigeuner aus Deutschland recht seltsam. Es waren genau zehn Jahre vergangen seit den berüchtigten Verhaftungen der Linken. Am ersten März 1933, als der Reichstag brannte, muß mancher Jude ebenso auf die Verhafteten gesehen haben, wie er jetzt selbst, zehn Jahre später, angestarrt wurde, als die Reihe an ihm war.

Übertrieben lautes Klopfen ließ uns plötzlich zusammenfahren. Meine unheilvolle Ahnung sollte sich bestätigen. Wir stellten sofort fest, daß eine Flucht über die Hintertreppen zwecklos war, und warteten ab, ob das Klopfen vielleicht aufhörte. Während ich geräuschvoll den Deckel des Mülleimers bewegte, um zu beweisen, daß wir dabei waren, den Müll hinunterzubringen, öffnete Mutter schließlich die Tür. Die folgenden Minuten standen nur noch im Zeichen furchtbarer Angst.

Weil wir der Anordnung, alle Fenster sorgfältig zu schließen, nicht nachgekommen waren, fiel der Offizier über mich her. In dieser meiner ersten Begegnung mit der SS wurde ich mehr geohrfeigt als je zuvor.

Unsere Schlüssel wurden übergeben, die Wohnung versiegelt und dann stolperten wir zu dem wartendem Lastwagen, jeder mit einem schweren Koffer beladen. »Heraus! Schnell, schnell!«

Es erwartete uns eine ermüdende Fahrt auf der Suche nach neuen Opfern. Alte Leute, die sich kaum selber fortschleppen konnten, gar nicht zu reden von ihren Koffern, wurden auf dem Bürgersteig entlanggezerrt und in den Wagen gestoßen. Kinder spuckten sie an. Andere Passanten, von einer Mischung aus Überraschung und Scham – gelegentlich auch von Haß – überwältigt, starrten uns nur an.

Durch einen Schlitz in der Plane sah ich mir die Umgebung an, Erinnerungen an den Luftangriff der vergangenen Nacht. Der zerstörte Prager Platz war abgesperrt. Ganze Viertel, dem Erdboden gleichgemacht, schwelten noch. Die Luftangriffe hatten nunmehr ein Stadium erreicht, in dem sie ernst genommen werden mußten. Aber das hinderte die Nazis natürlich nicht, solche unmilitärischen Vorhaben, wie Verhaftungen, durchzuführen. Das faschistische Raubtier war noch stark und unverletzt. Nur seine östlichen Pranken bluteten.

Bei Einbruch der Dunkelheit reihte sich unser Lastwagen in eine Schlange vor einem behelfsmäßig eingerichteten Haftlager ein. Eins von insgesamt sechs war unser Lager in der Großen Hamburger Straße. Ironischerweise gehörten meine ehemalige Schule, das Altersheim und der alte Friedhof, der jetzt zerstört war, dazu.

Hier wurden die Verhafteten nach einem undurchschaubaren System sortiert und für die Transporte nach dem Osten eingeteilt. Die Posten waren teilnahmslose Berliner Polizisten. Wir verbrachten die Zeit damit, auf dem Friedhofsgelände umherzuwandern und uns den Kopf über eventuelle Möglichkeiten einer Flucht zu zerbrechen. Die Mauer hinaufzuklettern war wohl für mich möglich, aber nicht für meine Mutter. Und wie sollten wir die Probleme lösen, die ein illegales Dasein nach der Flucht aufgeworfen hätte!

Eine Gruft, die ein eigener kleiner Drahtzaun umgab, war erhalten geblieben und lenkte manchen nachdenklichen Blick auf sich. Es war die Ruhestätte Moses Mendelssohns, des berühmten Philosophen.

Den älteren Menschen, denen noch die letzten Strahlen ihrer einstigen Hoffnung schienen, flößte diese Erinnerung an vergangenen Ruhm neues Vertrauen ein: Vielleicht würden die Lehren dieses großen Mannes schließlich doch den Sieg davontragen. Meine naive Meinung erforderte kein angestrengtes Nachdenken. Wären seine Lehren von praktischem Nutzen gewesen, so folgerte ich, dann befände sich seine Grabstätte sicher nicht hier.

Es war ein Komitee gegründet worden, das Gesuche für die Zusammenführung von Familien entgegennahm. Der Polizeikommandant ließ nur wenige Anträge durch; und sie wurden gewöhnlich auch noch abgelehnt. Doch die Inhaftierten sahen darin ihre letzte Hoffnung. Halbjuden und Angehörige neutraler Staaten hatten sogar die Aussicht entlassen zu werden. Sicher aber war ein Versuch, die berüchtigten Fähigkeiten der Polizei und Gestapo, die nun vereint waren, zu überlisten, zwecklos.

Ein überfülltes Kellergefängnis sorgte für die nötige Einschüchterung. Der Versuch, die Unterlagen zu fälschen, hatte schwere Bestrafung zur Folge: Es waren besondere Zellen eingerichtet worden, in denen den Verhafteten zugemessen wurde, was die Gestapo für sie auf Lager hatte.

Ich sah mir meine Karten an: Kein »Arier« in der Familie, keine ausländische Regierung, die hätte intervenieren können, kein Geld für Bestechungen. Plötzlich kam mir der Gedanke des letzten verzweifelten Trumpfes: Ich könnte die Toten beerdigen.

Zuerst mußte ich Mutter überzeugen. Dann wandte ich mich an den einzigen Juden im Einspruchskomitee, einen Rabbiner, der hin und wieder bei Beerdigungen den Gottesdienst abgehalten hatte.

»Ja«, rief er gelangweilt aus, »dein Gesicht kommt mir bekannt vor. Du bist doch einer von diesen Blumenjungen. Aber bilde dir ja nicht ein, daß du unabkömmlich bist, du kannst doch nicht einmal ein Loch graben.« Ich nahm meine ganze Entschlossenheit und meinen Mut zusammen und versicherte ihm, daß ich bereit sei, alles zu tun, was man von mir verlangen würde. Wahrscheinlich beeindruckte ihn auch mein gesundes Aussehen, jedenfalls gab er schließlich nach: »Ich werde die Zahl der Friedhofsarbeiter überprüfen lassen. Vielleicht brauchen wir Ersatz. Wie sieht's mit deiner Familie aus?«»Nur meine Mutter.« Sein Blick streifte mich.»Na gut, wenn ihr nur zwei seid, will ich es versuchen.«

Es folgten unruhige Stunden. Das hoffnungsvolle Licht der Vorstellung kämpfte gegen das augenscheinlichere Dunkel unseres gemeinsamen Schicksals. Die Niedergeschlagenheit begann über die Hoffnung zu siegen.

Endlich gewährte mir der Kommandant eine Vorsprache. Ich schlug nach bester deutscher Art die Hacken zusammen und versuchte gleichzeitg korrekt und auch älter zu erscheinen, als ich wirklich war. Ein Adjutant trug meine Nützlichkeit für das Dritte Reich, für die sich der dicke, bebrillte Rabbiner verbürgt hatte, vor:»Friedhofsarbeiter, notwendig zu Aufrechterhaltung der Beerdigungen«.

»Ja, ja«, grinste einer der anwesenden Offiziere,»für die haben wir jetzt eine Menge Arbeit«.

Eine lässige Handbewegung des Kommandanten war für mich das Zeichen, eine zackige Kehrtwendung zu machen und so schnell wie möglich zu verschwinden.

Jemand rief:»Herr Geve und Frau zum Büro!« Es kam keine Antwort. Als die Worte jedoch wiederholt wurden, mußten wir annehmen, daß wir gemeint waren. Wir ergriffen unsere Koffer und die Entlassungspapiere und eilten zum Tor, bevor die Gestapo es sich anders überlegte. Der wachhabende Polizist prüfte unsere Ähnlichkeit mit den Fotos auf den Ausweisen und bemerkte dann entschuldigend:»Irgendein Versehen. Wir wußten nicht, daß Ihr Bruder und Schwester seid, das seid Ihr doch, nicht wahr? Aber wir können die Papiere jetzt nicht mehr ändern. Sie sind schon unterschrieben.« Ich sah die graue Straße, sie erinnerte mich an die Freiheit und gebot mir, nicht länger zu verweilen.»Macht nichts«, erwiderte ich, »wir kommen auch ohne die Änderung zurecht«. Das Stahltor öffnete sich, und wir gingen schnell zur nächsten Straßenecke.

Wieder frei zu sein, das war ein erhebendes Gefühl, aber noch fehlte die Sicherheit. Allein das Formular, auf dem es hieß »Herr Geve und Familie werden hiermit entlassen«, genügte nicht, um uns vor erneuter Verhaftung zu bewahren. Meine Aufgabe war es also, Papiere zu beschaffen, die wirkliche Freiheit bedeuteten. Ich sprach in dem einzigen verbliebenen Büro der Jüdischen Gemeinde in der Oranienburger Straße vor und plädierte für meine Rechte. Weil ich aber dort nicht in den Lohnlisten stand, wollte man mir nicht bescheinigen, daß ich unabkömmlich sei. Nach hitzigen Debatten erklärte man sich schließlich bereit, mich als Erdarbeiter, auf dem Friedhof in Weißensee beschäftigt, zu registrieren. Damit erhielt ich alle Privilegien, die ursprünglich nur für die Ordnungskräfte bestimmt waren, mit deren Hilfe die Polizei die Verhaftungen durchführte.

Gegen ein feierliches Versprechen, regelmäßig zur Arbeit zu gehen, trotz Luftangriffen und privaten Schwierigkeiten, erhielt ich einen Sonderausweis mit zahlreichen gestempelten und unterschriebenen Bescheinigungen. Als Ergänzung zum gelben Davidstern auf der Brust trug ich jetzt eine rote Armbinde mit der Aufschrift: »Ordner Nummer soundso«. Warum die Behörden gerade rot gewählt hatten, das entweder als Farbe der Linken verboten war oder als Bestandteil der Fahne Hitlers glorifiziert wurde, blieb mir ein Geheimnis. Mich interessierte daran auch nur die Tatsache, daß ich mit dieser Trumpfkarte die Gestapo überlistet hatte.

Wir ließen sämtliche Bestimmungen außer acht und schleppten uns durch das verdunkelte Berlin zu unserer ziemlich weit entfernten Wohnung. Gegen Morgen kamen wir an und weckten den Portier. Er hatte geglaubt, die letzten Juden, die es gab, gesehen zu haben und war sehr überrascht: »Was, Sie sind frei? Und zu dieser Stunde? Kommen alle zurück?«

Er prüfte sorgfältig, ob alles seine Richtigkeit hatte, und gab uns dann widerwillig unsere Schlüssel zurück. Offensichtlich hätte der Mann lieber gesehen, wenn andere Juden zurückgekommen wären, von denen er reichliche Trinkgelder bekommen hatte. Wir rissen die Siegel der Gestapo von unseren Türen und legten uns sofort hin, um in einen wohlverdienten, gesunden Schlaf zu sinken.

»Wer viel fragt, bekommt viele Antworten«, lautet ein Sprichwort. Nicht auffallen – das war die neue Voraussetzung für unser Leben. Am nächsten Morgen – um fünf Uhr hatte der Wecker gerasselt – entfernte ich alle meine Kennzeichen und fuhr mit der Straßenbahn zum abgelegenen Friedhof. Dort waren wohl sechs Arbeiter von der Deportation verschont geblieben. Selbstverständlich war es meine Pflicht, der Arbeit meine ganze Kraft zu widmen.

Später kamen noch ein paar Halbjuden hinzu, auch einige Jungen waren darunter. Wenn ich auch durchaus nicht der Kleinste war, so blieb ich doch der Jüngste. Die Arbeit war schwer, aber wir konnten die anderen nicht im Stich lassen und einfach wegbleiben. Gräber von 1,80 Metern Tiefe auszuheben, wurde bald etwas Alltägliches für uns. Es kam vor, daß die steifen Erdwände zusammenfielen und einen von uns bis zur Hälfte begruben. Wenn wir uns dann gegenseitig herausziehen mußten, hatten wir doch wenigstens einen Funken Spaß dabei.

Bald war ich ein Arbeiter wie jeder andere: Mit großen Holzschuhen, Picke und Schaufel, mit einer festgesetzten Mindestleistung und einer wöchentlichen Lohntüte. Sehr oft mußten wir Überstunden machen, denn es gab täglich bis zu zehn Selbstmörder. Wir konnten dem Gesetz nur dankbar sein, das Personen unter 21 Jahren verbot, Tote zu bestatten. Es beschränkte sich unsere gelegentliche Hilfe darauf, daß wir die Leichenwagen schoben und die Stelle der Trauernden, die jetzt fehlten, einnahmen.

Wenn wir Zeit hatten, vergruben wir Pergamentrollen der Thora. Da die religiösen Regeln es nicht erlauben, die heiligen Schriften zu verbrennen, hatten die Synagogen aus ganz Deutschland sie zur Aufbewahrung einer zentralen Stelle, dem Berliner Friedhof, zugesandt. Aber es war niemand mehr da, der sich um diese mit reichen Ornamenten verzierten Pergamentrollen hätte kümmern können, so hochgeheiligt sie auch waren. Wir betteten sie zu Hunderten in ein Massengrab und ließen ihnen ein angemessene eindrucksvolle Beerdigung zuteil werden. Sie bedeutete das Ende einer Epoche.

Andere Heimsuchungen kamen von nächtlichen Flugzeugen; ihre Bomben hatten die in der Nähe gelegenen Industrieanlagen von Weißensee verfehlt und trafen ein Ziel, das uns von allen am sinnlosesten erschien – die Stadt der Toten.

Ein paar Mädchen, meist Halbjüdinnen, kehrten zurück, um die Blumen in den kleinen Gärten wieder zu beleben, durch deren Verkauf die Friedhofsleitung ihre Finanzlage etwas aufbesserte. Mit den Mädchen arbeitete ein polnischer Kriegsgefangener zusammen, der schnell unser Freund wurde. Wir gaben ihm etwas zu essen, wenn wir selbst auch noch so wenig hatten, und lehrten ihn deutsch sprechen. Er war eine einfache, aber aufrichtige Seele, und zum Dank erzählte er uns etwas von seiner Heimat.

Sich den ganzen Abend zu beschäftigen, wurde wirklich ein Problem. Der gegenwärtige Aufenthaltsort von Verwandten und Freunden war mir unbekannt. Die Arbeitskollegen wohnten zu weit entfernt. Und Mutter hatte reichlich damit zu tun, unsere letzte Bettwäsche gegen dringend benötigte Margarine einzutauschen.

Ich verbannte schließlich meine Einsamkeit mit einem selbstgebastelten Radiogerät, das ohne Strom funktionierte. Die Teile, Kopfhörer, Kristall, Kondensator und Spulen hatte ich heimlich und stückweise gekauft und einen Draht im Zimmer gezogen, der die geheime Antenne darstellte. Als man die ersten Knackgeräusche als Sprache identifizieren konnte, war ich stolz auf meine Errungenschaft.

Mit Kopfhörern im Bett zu liegen und den Äther abzutasten, wurde meine Lieblingsbeschäftigung. Einmal bekam ich wirklich einen Schreck: Ich war mit einem englisch sprechenden Sender verbunden, wahrscheinlich doch wohl mit einem geheimen. Aber obwohl ich mein bestes Schulenglisch zusammenraffte, wurde ich bald enttäuscht; denn alles, was ich verstehen konnte, waren Naziphrasen. Es muß doch Berlin gewesen sein.

Langsam begann ich nun einzusehen, daß der Hitler-Faschismus kein deutsches Monopol war, wie ich geglaubt hatte, sondern ein Enthusiasmus, der sich exportieren ließ. Zu meiner Bestürzung stellte ich fest, daß die Nazis viele Freunde gerade in den Ländern hatten, mit denen sie Krieg geführt hatten.

Von den illustrierten Nazizeitschriften, die ich so gut kannte, gab es englische, französische und holländische Ausgaben, genaue Kopien des Orginals. Neue deutsche Wörter, Zusammensetzungen wie Ferntrauung, Kriegseinsatzdienst und Pionierschutzmannschaft, blieben unübersetzt. Die Ausländer mußten sie eben lernen – entweder unter Zwang oder aus Sympathie.

Wir mußten unsere Lebensmittelkarten erneuern lassen. Die meisten Juden versuchten dies zwar zu umgehen, weil man dadurch die Behörden an sein Vorhandensein erinnerte. Aber wir konnten ja von Schwarzmarktlebensmitteln allein nicht existieren und mußten den gefürchteten Weg zur Lebensmittelkartenstelle am Wartburgplatz antreten. Da wir wußten, daß in den Augen eines Stehkragennazis jeder Hakenkreuzstempel Gesetz war, nahmen wir eine reichliche Auswahl an Unterlagen mit.

»Wir haben angenommen, daß es in diesem Bezirk keine Juden mehr gibt und deshalb keine Karten mehr angefordert«, quakte die unfreundliche Stimme einer untergeordneten Beamtin. Nach vielen

Reden telefonierte der Leiter jedoch mit der Zentrale, um zu fragen, »ob Nichtarier, deren Anwesenheit offenbar die Zustimmung des Dritten Reiches gefunden hat, neue Lebensmittelkarten erhalten sollen«. Weitere Anrufe folgten, um die Glaubwürdigkeit unseres Anspruches zu überprüfen. Es war früh am Morgen, die Bürokratie gähnte noch von der Eintönigkeit des Vortages her, und so erhielten wir mangels gegenteiliger Befehle die wertvollen Karten ausgehändigt. Das bedeutete wieder einige Monate lebenswichtiger Versorgung mit Brot, Mehl, Kartoffeln, Marmelade, Zucker und Margarine. Erst gegen Mittag ging die Anweisung ein, die Ausgabe von Karten an Juden einzustellen und die Anspruchsberechtigten zu verhaften. Schwierigkeiten gab es auch wegen unserer eineinhalb möblierten Zimmer. »Wieso«, sagte der Wirt, »es ist doch nicht meine Schuld, daß die Gestapo alle anderen Untermieter deportiert und die Türen versiegelt hat. Ihr beide wohnt doch jetzt hier drin, also müßt ihr auch die Miete für die ganze Fünfzimmerwohnung bezahlen.« Da wir kaum in der Lage waren, unsere eigenen Zimmer zu bezahlen, mußten wir ausziehen. Der Zufall – und vielleicht das Glück – wollte es, daß meine Arbeitskameradin Eva-Ruth uns in ihrer Wohnung in der Konstanzer Straße ein Zimmer abtreten konnte. Wir nahmen jeder zwei Koffer und zogen ein.

In der neuen Gegend, in der Nähe des vornehmen Kurfürstendamm, sah man nur wohlgenährte, elegante Snobs. Hier trafen sich die gutgestellten Deutschen und die ausländischen Faschisten. Glänzende Luxuswagen pendelten zwischen Eiskonditoreien, exklusiven Restaurants, Zigarrengeschäften, Schönheitssalons und Ständen mit seltenen Blumen. Im Berliner Westen konnte man im Sommer 1943 fast vergessen, daß Krieg war.

Auf dem Müllhaufen bewegte sich etwas. Es schien größer als ein Hund zu sein. Die Mädchen vom Blumenladen des Friedhofs baten uns, die Sache zu untersuchen, und mit Stöcken bewaffnet gingen wir in kriegerischer Formation auf die Steinwand zu, wo die Küchenabfälle lagen. Eine zerlumpte, olivgrüne Uniform erhob sich von dem stinkenden, faulenden Haufen. Darin befand sich ein menschliches Wesen. Seinen unrasierten Kopf bedeckte eine Feldmütze und die nackten Füße steckten in Holzschuhen. Die unsichere

Hand des Mannes hielt eine modrige Rübe. Als er Schimpfrufe hörte, wandte er sich sofort nach der Richtung, aus der er gekommen war. Plötzlich rief einer von uns überrascht:»Seht doch mal, der hat ja ein großes schwarzes SU auf dem Rücken. Was soll denn das bedeuten?«»Das bedeutet Sowjetunion«, erklärte uns ein aufgeweckter Junge, der dafür bekannt war, daß er genau über die neuesten Auto- und Flugzeugtypen Bescheid wußte.»Das ist das Land, in dem die Untermenschen leben.«Aussehen und Handlungsweise dieses Exemplars entsprachen nun gewiß der Beschreibung. Aber Rußland war immerhin ein Verbündeter Englands gegen Hitler und so entschieden wir uns, den Herumstreicher zwecks einer freundschaftlichen Untersuchung zurückzurufen. Mit der Hilfe eines schnell herbeigeholten Arbeitskameraden, der ein wenig Polnisch konnte, nahmen wir etwas zögernd die Erklärungen des Eindringlings auf: Er Rußkisoldat – Soldat kaputt – er schwer arbeiten – wenig essen – er fliehen – geflohene Russen erschießen – Deutsche schlecht – Juden Freunde – er nicht essen zwei Tage – er hungrig.

Ja, jetzt konnten wir uns richtig vorstellen, wie diese kräftige Gestalt in der Uniform, die in ihrer alten Herrlichkeit strahlte, irgendwo im weiten Rußland auf dem Schlachtfeld gegen unseren gemeinsamen Feind marschierte. Er hatte unsere Sympathie verdient, wenn wir uns auch über die genaue Definition des Untermenschen noch nicht ganz klar waren. Jedenfalls aß er rohe Rüben. Wir holten ihm schnell noch ein paar und wünschten ihm viel Glück. Dann mußte er sich so unkonventionell, wie er gekommen war, zurückziehen. Nach dieser Begegnung versuchten wir, mehr über Menschen wie ihn zu erfahren.

Es war Eva-Ruth, das Mädchen, mit dem ich zusammen arbeitete und wohnte, die als erste mein Interesse an geschlechtlichen Dingen weckte. Sie war ein dralles rotblondes Mädchen von vierzehn Jahren und hatte Gefallen an mir gefunden.»Komm jetzt nicht herein«, rief sie oft,»ich habe nur meinen Kimono an. Wir sind beide allein in der Wohnung, werde also nicht frech.« Wenn sie dann nach ein paar Minuten immer noch auf ihre dürftige Bekleidung hinwies, wartete ich naiv weiterhin draußen. Ich war zu jung, um ihre Anspielungen

zu verstehen, und so bestand meine einzige Belohnung in Vorwür-
fen, daß ich schwerfällig sei. Wir spielten zusammen, lagen auf dem
gleichen Sofa, hatten aber kein Verständnis füreinander. Je mehr
ich ihren Körper verehrte, desto mehr haßte ich ihre Gedanken.
Sie war kokett, aber zu direkt. Ihre Arroganz und Voreingenom-
menheit waren abstoßend. Der Umgang mit Arbeitskameraden von
nichtdeutscher Geburt war unter ihrer Würde. Zuweilen, wenn ich
der Gegenstand ihrer heftigen Zankereien war, nannte sie sogar
mich einen »dreckigen Ostjuden«. Ihre Erziehung war, wie bei so
manchen deutschen Juden, im Geiste von »Deutschland über alles«
verlaufen. Die Gewöhnung an die angenommene gesellschaftliche
Stellung war das Wichtigste. Das hochmütige Verhalten eines gebildeten Menschen wäre vielleicht in einer gesicherten und behagliche-
ren Umgebung tragbar gewesen, aber jetzt war es völlig fehl am
Platze. Die ordentliche deutsche Lebensweise zerbröckelte, und es
hatte keinen Sinn, sich an Erinnerungen zu klammern.

An einem Sonntagnachmittag erhielten wir Besuch zum Tee. Der
Gast war ein freundlicher Mensch, der Typ, der einen guten Kaufmann abgeben würde. Er wünschte ein vertrauliches Gespräch mit
Eva-Ruths Mutter. Langsam, aber geschickt enthüllte er seine Geschichte. Er war selbst Jude, aber die Gestapo hatte ihn dafür
geworben, Kandidaten für die Deportation herauszusuchen. Die
Mittel, die man angewandt hatte, um ihn für diese unangenehme
Aufgabe gefügig zu machen, erwähnte er nicht. Die wenigen Juden,
die noch übrig geblieben waren, verstanden es auszuweichen, und
eine Großaktion lohnte sich sowieso nicht mehr. So hatte man sich
etwas Neues ausgedacht: Verhaftungen durch Überredung. Ein
unauffälliger Mann, der selbst Jude war, wandte dieses Mittel bei
einer Tasse Tee an.

Da ich die Grippe hatte, war ich einige Tage nicht auf dem
Friedhof gewesen.

Nun hörte ich von ihm, daß dort eine Razzia durchgeführt worden
war, bei der es nur wenigen Arbeitskameraden gelungen war, durch
das Hintertor zu entfliehen. Eva-Ruths Verhaftungsbefehl lag schon
auf dem Tisch. Mein Name war nicht auf der mit Bleistiftzeichen
versehenen Liste des Besuchers, aber er wandte seine ganze Berufs-
kunst an, um uns davon zu überzeugen, daß das bald der Fall sein
dürfte. Eine Aktion gegen die wenigen verbliebenen Juden und

Halbjuden, ob sie versteckt lebten oder nicht, sei schon beschlossen. »Freiwillig zu kommen ist besser, als nervenzerrüttende Tage zu verbringen und auf das unvermeidliche Klopfen an der Tür zu warten«, sagte er. Da er uns nicht überzeugt hatte, beschlossen wir, den Dingen ihren Lauf zu lassen. Mutter und ich verbrachten zwei weitere Tage in der verlassenen Wohnung und grübelten über die Zukunft. Ein sichtbares Zeichen für ein nahes Ende des Krieges gab es nicht, und ein zuverlässiges Versteck war nicht zu finden. Unsere Ersparnisse hätten kaum dazu ausgereicht, auch nur einen Monat in der Illegalität zu leben. Andererseits war ich an schwere Arbeit gewöhnt. Die »Arbeitslager im Osten« konnten so schlimm auch nicht sein, und wenn man sich anstrengte, konnte man vielleicht sogar ein anständiges Leben erarbeiten. Und schließlich blieb noch die Hoffnung, die wir nie aufgaben, daß ich vielleicht ein zweites Mal eine Entlassung bewerkstelligen könnte.

So machten wir uns wieder einmal auf und zogen mit den unvermeidlichen vier Koffern beladen durch die Straßen der Stadt. An der gleichen Ecke in Nordberlin, an der wir ihn vor drei Monaten abgenommen hatten, brachten wir nun unseren gelben Davidstern wieder an. Danach betraten zwei weitere Freiwillige das Sammellager.

Diesmal bevölkerte ein anderer Typ von Insassen das Haftlager in der Großen Hamburger Straße, das letzte seiner Art. Obwohl ein Dutzend Menschen in einem Raum zusammengepfercht und die Lebensmittel so knapp waren, wie sie in einem Gefängnis nur sein können, herrschte eine Atmosphäre trotziger Hoffnung.

Eine Gruppe junger Zionisten war aus einem deutschen Landarbeiterhaftlager angekommen. Jeden Abend organisierten sie Diskussionsgruppen, sangen gefühlvolle Lieder aus Palästina und tanzten sogar Hora. Woher sie ihre Begeisterung nahmen, war mir unbegreiflich, ebenso die Technik ihrer sonderbaren Tanzschritte. Ein weiterer Tanzzirkel bildete sich um einen dicken, halbjüdischen, blonden Akkordeonspieler, den man Pudding nannte, ein Experte für Kochen und Steptanz. Die kokettierenden Tänze dieser Paare zogen auch manchen Wachtposten als Zuschauer an.

Attraktive Mädchen, die ein Verhältnis mit den Offizieren hatten, standen in äußerstem Verruf. Trotzdem konnte man ihnen eigentlich keinen Vorwurf daraus machen, daß sie die christliche

Hälfte ihrer Herkunft genau so liebten wie die andere. Eine erfolgreiche Freundschaft konnte vielleicht sogar ihre Entlassung bewirken. Liebschaften unter den Insassen selbst waren häufiger. Auch Eva-Ruth hatte schließlich hier ihren Freund gefunden, einen weniger Naiven als mich, und war, was allgemein Anstoß erregte, in sein Zimmer gezogen. Ich war eifersüchtig und fühlte mich verlassen. Mir war nun jeder Gefährte willkommen, dem es nichts ausmachte, wenn ein unwissender Jüngling wie ich sich ihm aufdrängte.

Die buntgemischte, aber gutgelaunte Gefängnismannschaft setzte sich aus Halbjuden, gefaßten »Illegalen«, Ausländern, Gemeindearbeitern und alten Leuten zusammen. Die wenigen polnischen Juden, die aus Konzentrationslagern geflüchtet waren, besaßen unser aller Sympathien. Diese Leute aus dem Osten erzählten ihre Geschichten mit Feuereifer, daß nur wenige sie nicht für Übertreibung hielten. Besonders tat sich ein niedergeschlagener, nervöser, bejammernswerter junger Mann hervor, der behauptete, aus Auschwitz, einem der angeblichen schlesischen Arbeitslager, geflohen zu sein. Schon sein Mangel an Selbstbeherrschung schloß jede Glaubwürdigkeit der Berichte aus. Seine heftigen Anklagen gegen die westliche Zivilisation, für die er keine Beweise lieferte, führten nur zu einer allgemeinen Verärgerung. Es war nicht eine Frage bloßer hitzköpfiger Anschuldigungen, es war, in der Tat, Blasphemie.

Die Auswahl für die nahe bevorstehenden Transporte begann. Alte Leute und Träger von Kriegsauszeichnungen wurden nach Theresienstadt geschickt, der Rest nach Osten. Den Belehrungen darüber, wie wir uns auf dem Transport zu verhalten hätten, folgte die Ausgabe von Erkennungsnummern und Reiseverpflegung. Am nächsten Morgen bestiegen wir dann die Lastwagen, die uns zum Stettiner Güterbahnhof brachten.

Hinter der Lokomotive lief ein Personenwagen für die Polizeiposten, dann folgten etwa ein Dutzend geschlossene Güterwagen. Auf dem gegenüberliegenden Damm stand eine Reihe Posten, die an den Maschinenpistolen herumfingerten. Vom Dach des letzten Wagens war ein langläufiges Maschinengewehr drohend auf uns gerichtet.

Mutter und ich versuchten alles, um zusammenzubleiben, und wurden in einen Wagen gedrängt, der mit Stroh ausgelegt war. Seine vier versperrten Lüftungsöffnungen und ein verlassener Toiletteneimer mußten mit weiteren zwanzig Kandidaten für den Osten geteilt werden.

Meine spähenden Augen hatten gerade noch eine Beschriftung des Wagens aus dem Vorkriegsfrankreich erblickt. Als wir uns eingerichtet hatten, zitierte ich die sprachlich Talentierten unter meinen Gefährten herbei, um zu übersetzen: Die Fracht war einst auf »40 Personen, 8 Pferde« festgesetzt worden. Die amtliche Einschätzung seines gegenwärtigen Inhalts – der entscheidende Punkt unserer Sorgen – blieb ein Geheimnis.

Dann fuhr der Zug los. So manche unruhige Seele stimmte dem heimatlichen Berlin ein letztes Abschiedslied an. Die großen Fabrikschlote, Wegweiser der östlichen Vororte der Hauptstadt, die sich in der Dämmerung als Silhouetten abhoben, verschwanden zu beiden Seiten des Schienenstranges. Die geschäftige Stadt schien von einem Mantel des Schweigens bedeckt zu sein; in der Dunkelheit, die über ihr lag, erkannte sie ihre wenigen scheidenden Kinder nicht. Vielleicht hatten die anderen, die vielen, die sie niemals wiedersehen würden, ein letztes trauriges Abschiedsnicken gespürt. Für mich blieb sie fremd und kalt. Vielleicht schämte sie sich auch vor sich selbst.

Als wir unter dem gleichmäßigen Rhythmus der Räder aus Deutschland herausfuhren, verließen wir eine Welt, die für uns verloren war – eine Welt, die sich selbst verloren hatte.

Teil II

Verborgene Welt

Ich werde Häftling

Der Zug fuhr durch Gegenden, die für mich ein bekannter Anblick waren – die Kohlegruben Oberschlesiens. So oft ich an der Reihe war, etwas frische Luft zu schnappen, zog ich mich am Lüftungsgitter hoch und hoffte, einen Blick von unserer Heimatstadt Beuthen zu erhaschen, aber ohne Erfolg, wir hatten anscheinend einen Umweg gemacht.

Viel Zeit verbrachten wir damit, auf Abstellgleisen zu warten, um die Hauptstrecke den Verstärkungen für die Ostfront freizumachen. Dieser Vorgang, der meistens nachts eintrat, wenn niemand etwas daran lag, warf sämtliche Fahrpläne, die wir uns ausgemalt hatten, über den Haufen. Sogar die Redseligen hatten aufgehört, Betrachtungen darüber anzustellen, wo und wann wir ankommen würden. Die Menschen wurden reizbar und verärgert.

Auf den wenigen Stationen, wo es uns gestattet war, die Latrineneimer zu leeren und Wasser zu holen, brachen hitzige Zankereien darüber aus, wer was säubern mußte und wer wessen Gefäß benutzen durfte. Höflichkeit und gegenseitiges Verständnis waren von einer Welle von Egoismus abgelöst worden, die einen rücksichtslosen Kampf um das Überleben ankündigte. Zwei Reisetage voller Furcht und Unbequemlichkeit hatten genügt, um die traditionellen Umgangsformen, die so typisch für die Städter sind, zusammenbrechen zu lassen.

Die einzige Stelle, an der uns allen erlaubt war, etwas herumzulaufen, war ein einsamer, vom Wald umgebener Landbahnhof. Frische Luft zu atmen war gut, aber die Toilette aufzusuchen ein Muß. Die Möglichkeit dazu bestand auf diesem Bahnhof in einer viereckigen Grube, über der Holzbalken angebracht waren. »Ustem-

55

po« stand auf einem Schild neben dieser merkwürdigen Vorrichtung. Übersetzt bedeutete das einen Ort, an dem man, wenn man geschickt genug war, sein Bedürfnis verrichten konnte. Es bedeutete auch, daß wir Polen erreicht hatten.

Später enthüllte die Landschaft noch unbekanntere Gegenstände: fünf Meter hohe Holztürme, die mit Leitern versehen waren. Meiner Meinung nach konnten sie nur für die Luftbeobachtung gedacht sein. Aber warum so viele? Dann waren große Holzbaracken zu sehen, die in Reihen aufgestellt waren, und Menschen in blau-weißen zebragestreiften Uniformen. Zu Hause hatte ich Sträflinge in der gleichen Bekleidung gesehen, die Müllkarren schoben. Hier schienen die Häftlinge ihre Zeit damit zu verbringen, daß sie in abgezäunten Vorratslagern arbeiteten.

Offenbar erreichte die Anzahl von Verbrechern in Polen einen Rekord. Ich sah auf meine Uhr: Fünf Minuten, sieben Minuten, zehn Minuten, der Stacheldraht war immer noch nicht zu Ende. Ich reckte meinen Hals durch die Öffnung und suchte nach einem Gefängnisgebäude – aber ohne Erfolg. Der Zug hielt, rangierte dann auf ein Nebengleis. Das Schweigen wurde durch ein schrilles Pfeifen unterbrochen, Türen wurden aufgerissen. Rings um uns hörten wir rauhe Schreie: »Raus! Raus!« Vor uns standen bewaffnete, feldgraue SS-Männer.

Es war der Abend des 27. Juni 1943, der Ort war Birkenau in der Nähe der Stadt Auschwitz. Unsere alten Polizeiwachen waren längst abgelöst worden, denn dies war eine abgeschlossene Welt, die der Beobachtung durch Außenstehende entzogen wurde: »Raus, ihr Bastarde!« »Schneller, ihr Schweinehunde!« schrien unsere neuen Herren, die Herrenmenschen der Herrenrasse. Eine ganze SS-Kompagnie hatte am Bahnhof Aufstellung genommen. Beide Seiten waren mit Maschinengewehren bewacht. Bluthunde zerrten an den Leinen und bellten uns ein warnendes Willkommen entgegen.

Die Landschaft bot keinen Trost: Meilenweit war kein Baum zu sehen, nur leeres Feld. In der Ferne stieg Nebel auf, er kündigte die Dunkelheit an und verhüllte alles, was da lauerte.

»Schneller, schneller!« Dann und wann sauste eine Peitsche nieder. »Alles zurücklassen!« – »Arbeitsfähige Männer rechts, Frauen, die arbeiten können, links raus, der Rest bleibt in der Mitte des Bahnsteigs stehen.« Schnell umarmte ich Mutter zum Abschied und rannte nach rechts. Ich blies die Backen auf, um Eindruck zu machen, und hielt mich so gerade wie möglich. So passierte ich die Kontrolle der SS-Offiziere und ging dann in der Menge der Männer unter. Die Dunkelheit war hereingebrochen. Lastwagen kamen, um die Alten und Kranken abzuholen. Die Mütter und Kinder warteten noch. Wir stellten uns in Fünferreihen auf, wurden von Posten umgeben und marschierten ab.

Nach ungefähr einer halben Stunde erreichte unsere Kolonne von 117 Mann, noch benommen von dem unheilverkündenden Empfang, einen bewachten Schlagbaum. Schmutzige Pfützen, umgeben von schlammigem, unfruchtbaren Boden, ließen darauf schließen, daß die Natur an diesem Ort kein Interesse hatte. Wieder wurden wir gezählt und nachgezählt, bis die Posten uns passieren ließen.

Bald erreichten wir ein Gebäude aus roten Backsteinen, das, wäre es etwas kleiner gewesen, normalerweise ein Bauernhaus hätte sein können. Für seine finstere Umgebung gab es allerdings keinen Vergleich. Es war von elektrisch geladenen Stachelzäunen von zweieinhalb Metern Höhe und kleineren, die in gleicher Richtung verliefen, eingeschlossen. In regelmäßigen Abständen waren schwarze Schilder aufgestellt. Sie zeigten einen weißen Totenkopf und zwei sich kreuzende Knochen, dazu das Wort »Gefahr«. Das Auffälligste aber war der Turm mit den angrenzenden zweistöckigen Flügeln auf jeder Seite. Durch das weite Tor lief ein Eisenbahngleis, während sich auf dem pyramidenartigen Dach eine pilzförmige Sirene befand, deren Klagen die einzig passende Begleitung für die Passierenden sein konnte. Dahinter stand, in ein Lichtermeer getaucht, eine endlose Reihe von Holzbaracken.

Noch eine Zählung und dann gingen wir in Richtung dieser ungeheueren Gefangenenstadt. Geladene, summende Drähte auf beiden Seiten der Straße versetzten die Neuankömmlinge in Aufregung. Kein Baum, kein Strauch, nichts Grünes war zu sehen. Es war eine andere Welt, einmalig in ihrer deprimierenden Düsterkeit. Meine ständig forschenden Augen entdeckten an einer Öffnung des Zaunes, der immer länger zu werden schien, ein Schild. Ich wollte etwas mehr über unseren Aufenthaltsort erfahren und versuchte, die Aufschrift zu entziffern, was mir mit großer Anstrengung gelang:

57

Vernichtungslager. Vielleicht waren hier größere Mengen von Geheimdokumenten zu vernichten – oder konnte es Ungeziefer sein? Dann gingen wir auf eines der vielen Lager zu, eine Gruppe von Baracken unter Hunderten. An einem düsteren, grauen, unheimlich aussehenden Gebäude mit einem Stockwerk unter und einem über der Erde, an dem ein großer Schornstein auffiel, machten wir halt. Wir bildeten eine Schlange, um einzutreten.

Schließlich war ich an der Reihe. Die Kontrolle lag teilweise in den Händen gesund aussehender Häftlinge, die mir alle wie Mörder und Diebe vorkamen. Wenn man sie ansprach, reagierten sie nicht darauf, höchstens mit einem Kopfschütteln. Ich betrat einen Raum, in dem unzählige Berge von Kleidungsstücken lagen.

»Ausziehen!« – »Oberbekleidung nach rechts – Unterwäsche nach links – Wertsachen und Papiere in den Korb – Schuhe mitnehmen, sonst nichts.« »Allen anderen Trödel auch in den Korb. Geld, Fotos, Ringe usw.« Ich war schon nackt und gab zögernd meine Uhr ab. Mein Ausweis wanderte auf einen Stapel zu den übrigen: Ein weiterer Name hatte aufgehört zu existieren.

Dann kamen die Haare daran. Auf das Abschneiden erfolgte eine Rasur, so daß an keiner Körperstelle mehr ein Büschel blieb. Ich selbst hatte bis jetzt ja nur Haar auf dem Kopf. Es wurde zu dem anderen dunklen, blonden und roten geworfen, das sich auf dem Fußboden häufte.

Eine letzte Kontrolle ergab bei mir ein paar Weißkäsebrote. Sie waren ausgetrocknet und altbacken, denn ich hatte sie den ganzen Weg aus Berlin her aufgehoben, weil ich nicht in der Verfassung war, sie zu essen. Nun hatte ich versucht, sie zu verstecken und zusammen mit meinen Schuhen durchzubringen.

Deprimierter als je zuvor betrat ich die »Sauna«. Dort saßen meine Kameraden der letzten Stunden in langen Reihen auf dem Fußboden, der mit Latten bedeckt war und der als Treppe zu einigen kleinen Lüftungsöffnungen anstieg. Nackt, geschoren, erkannte ich keinen mehr wieder. Wir waren wie in einem unheimlichen, rätselhaften Theater zusammengepfercht und ahnten eine unirdische Vorstellung. Niemand beachtete mich, niemand äußerte seine Meinung. Jeder schien in seine eigenen Sorgen versunken zu sein.

Als ich so mir selbst überlassen war, überkamen mich Angstgefühle. Wenn all die Gerüchte über Massentötungen wahr waren?

58

War nicht auch von Gas die Rede gewesen? Da ich mich mit meinem Schicksal noch nicht abgefunden hatte, musterte ich die metallbeschlagenen Türen. Sie hatten schwere Riegel. Nur die hohen kleinen Fenster schienen erreichbar. Eingeschlossen warteten wir. Einige Zeit später wurde die Tür aufgerissen. Eine Gruppe blauweiß uniformierter Aufseher trat ein. Nach einer kurzen Beratung mit seinen Gehilfen in polnischer Sprache trat einer von ihnen vor und hielt eine Ansprache: »Ihr seid jetzt Insassen des Konzentrationslagers, und das leichte Leben hat ein Ende. Eure alten Gewohnheiten müßt ihr ablegen. Wenn nicht, dann werden wir sie euch abgewöhnen. Absoluter Gehorsam den vorgesetzten Häftlingen und natürlich der SS gegenüber ist Pflicht. Macht euch keine Illusionen, daß ihr hier jemals wieder rauskommt. Statt nachzudenken, werdet ihr hier hart arbeiten. Dieses Lager heißt Birkenau und fordert strengste Disziplin. Ihr kommt jetzt zur Desinfizierung.«

Dann wurden wir durch eine Grube mit Reinigungsmitteln in ein kaltes Brausebad gejagt. Zitternd versuchte ich daran vorbeizukommen, aber unsere neuen Vorgesetzten waren in ihrer Wachsamkeit sehr gründlich. Unter Zurufen wie »Schnell!« »Beeilung!« wurden uns Unterwäsche, Jacken, Hosen und Mützen entgegengeworfen. Ich zog mir eilig die stark geflickte Kleidung über meine nasse Haut. Es war keine Zeit dazu, über die groteske Masse meiner übergroßen Lumpen nachzudenken, oder irgendwelche Haken oder Bänder zu befestigen. Wir wurden bereits in das Lager getrieben. Die erste harte Probe hatte begonnen.

»Laufen!« »Schneller, ihr faulen Schweine.« Um meine kostbaren, aber unverschnürten Schuhe zu meistern, mußte ich bei jedem Schritt mit dem hartnäckigen Schlamm kämpfen. Sogar die häßlichen großen Hosen hatten sich gegen mich verschworen, indem sie nach unten rutschten und sich zu ihrem Verbündeten, dem kalten, spritzenden Dreck gesellten. Ich wehrte mich, arbeitete mit den Fußknöcheln vor und zerrte heftig mit den Händen an meiner Kleidung, der Schweiß triefte von meinem ganzen Körper.

Siegreich, aber erschöpft kam ich in der Aufnahmebaracke an. Am Eingang tauchte aus der Dunkelheit eine Gestalt in Häftlingskleidung auf. »Habt ihr Wertsachen? Ringe, Gold?« sprach er uns vertraulich an. »Versteckt nichts, die SS kriegt es ja doch. Gebt es lieber mir, ich bin auch ein Häftling – bei mir ist es gut aufgehoben.

– Na los, nicht lange überlegen. Ihr müßt doch irgend etwas bei euch haben, das ihr freundlichen Händen anvertrauen wollt.« Manche reagierten auf sein Ersuchen. Mich hätte nur interessiert, ob er auch mein vertrocknetes Weißkäsebrot aus der Sauna anzunehmen für würdig befunden hätte.

In der Registrierbaracke standen lange Reihe von Tischen, die mit Karteien beladen waren. Dahinter saßen Häftlinge und SS-Leute. Wir wurden angewiesen, uns alphabetisch in Fünferreihen aufzustellen, ein schwieriges Unternehmen für Leute, die nichts von Exerziermethoden verstanden. Ein Peitschenhieb und eine reiche Auswahl von Nazikniffen brachten bald den gewünschten Erfolg. »Wo sind nun die fetten Berliner Kaufleute?« spottete der SS-Schläger. Zwei ziemlich dicke Wesen, die seinen Vorstellungen von reichen Händlern zu entsprechen schienen, mußten um die Baracke laufen. »Sind hier auch Rabbiner drunter?« Niemand antwortete. Die Bärte, die sie hätten verraten können, waren ja geschoren worden. Er fühlte sich betrogen und fischte nach neuen Opfern. »Wie ich höre, sind hier unter euch Bastarde, deren Väter arische Mädchen vergewaltigt haben. Sehen wir uns doch mal die Blonden mit krummen Nasen an!« Die meisten von uns hatten helles Haar, und so mußte er diesen Geistesblitz aufgeben. In Wut geraten, ging er zu Drohungen über: »Das ist eure letzte Gelegenheit, versteckte Wertsachen los zu werden. Wir finden sie sowieso. Werft sie auf den Fußboden. Finden wir bei einem von euch nach Verlassen dieser Baracke noch irgend etwas, so wird er erschossen!« Dieser Teil des Dienstes eines SS-Beamten, das Geldzusammenraffen, wurde wohl im Vergleich zu den anderen mit dem größten Lärm und der größten Gründlichkeit durchgeführt.

Wir gingen weiter zu den Tischen. Ein junger russischer Häftling nahm meinen linken Arm und begann, ihn mit einer Parallelfeder, die er in blaue Tinte tauchte, zu tätowieren. Er machte es sanft, vielleicht sogar vorsichtig, aber es schmerzte trotzdem wie ein unaufhörlicher Stich unzähliger Nadeln. Als er fertig war, nahm er mich genau in Augenschein und sah, daß ich jung war. Zu meiner Überraschung murmelte er: »Viel Glück wünsche ich dir.« Ich besah mir seine Arbeit, eine sauber ausgeführte, sechsstellige Zahl – nach meinem Geschmack etwas zu groß. Beim Zusammenzählen kam 13 heraus. Sollte das Glück bedeuten? Ein unbedeutender Name war zu einer unbedeutenden Nummer geworden. Ein männlicher »Schutzhäftling« mehr füllte die unvermeidlichen Formulare aus. Mehr als 100 000 andere hatten vor mir das gleiche getan, in doppelter Ausfertigung: eine für das Lager, die andere für die Gestapo.

»Du Idiot, hier heißt du doch nicht mehr Israel«, schrie mich der Häftlingsschreiber an, als ich im Begriff war, meinen zusätzlichen Vornamen zu schreiben, der nach einer Verordnung vom Jahre 1938 für alle männlichen Juden verbindlich war. Ich füllte weiter aus: 13 Jahre – Beuthen – Berlin – Gärtnerlehrling – emigriert – deportiert – keine – Masern – Scharlach – Ziegenpeter – keine – keine – keine. Zum Schluß mußte ich noch eine Erklärung unterschreiben, in der ich mich als staaten- und vermögenslos bezeichnete. Daß diese Komödie eines der zahlreichen Dokumente sein könnte, die das Prestige des Dritten Deutschen Reiches aufrechterhalten sollte – das ging über meine Begriffe.

Es gab nun eine Art Pause: Ein heißes teeähnliches Getränk wurde in Metallnäpfen ausgegeben. Dann wurden wir wieder angeschrien, diesmal suchte man Ärzte und andere Spezialisten. Ungefähr ein Dutzend meldeten sich.

In mir erwachte der Trotz. Ich wollte noch einmal versuchen, von der Gestapo freizukommen. Jetzt oder nie. Es war ein verzweifelter Plan, aber den ersten Schritt zu tun, war möglich. Ich ging zu dem SS-Offizier, schlug die Hacken zusammen und versuchte, so schneidig auszusehen, wie das meine klägliche Erscheinung nur erlaubte. »Ich bitte Sie sehr um meine Versetzung. Ich bin noch nicht 14 Jahre alt und fühle mich hier nicht am Platze.« Ein hämisches Grinsen erschien unter seiner mit Totenkopf und Knochen versehenen Schildmütze: »Und wohin möchtest du?« »Ins Kinderlager«, erwiderte ich, stolz, daß mein Kniff wirkte. »Wir haben kein Kinderlager«, entgegnete er etwas verärgert. Ich ließ nicht locker: »Können Sie mich, bitte, wenigstens mit anderen Jugendlichen zusammen unterbringen?« Offenbar gereizt, wies er mich zurecht: »Eines Tages wirst du froh sein, daß ich es nicht gemacht habe. Du bist nun mal hier und damit basta. Und jetzt ab!«

Nach der Registrierung wurden wir durch die stockdunkle Nacht zu den Schlafbaracken geführt. Eine wie die andere der unzähligen Hütten war durch Zwischenwände in Kojen von 1,80 mal 1,80 Meter und 75 Zentimeter Höhe eingeteilt. Es lagen immer drei Kojen übereinander. Jede war mit einem Strohsack ausgelegt und bildete die Heimstatt für sechs Häftlinge. In der Mitte der Baracke verlief eine viereckige, aus Mauersteinen gebaute Heizungsleitung, an deren einem Ende sich ein Ofen, am anderen ein Schornstein befand. Wir wurden dem Blockältesten übergeben, einem langjährigen Häftling, dem die Aufsicht über die Insassen der Baracke übergeben war, und der mit Hilfe mehrerer Stubenältester die Neuankömmlinge schnell auf ihre Quartiere verteilte. Wir hatten kaum begriffen, daß wir wie die Sardinen auf einer Seite liegen mußten, wobei der Kopf von den Füßen der beiden Nachbarn eingeschlossen wurde (etwas Unumgängliches für Kojenschläfer), als uns ein schrilles Pfeifen zur Aufmerksamkeit rief. Unser neuer Vorgesetzter, der Blockälteste, wollte seine Rede halten, die er nun bald rückwärts hersagen konnte.

»Das hier ist Block 7a, Männerlager Birkenau – niemand darf aus dem Block rausgehen – eure Kojen dürft ihr zum Austreten verlassen, und zwar immer nur einer. Eine provisorische Latrine steht in der Mitte der Baracke – ihr habt euch absolut ruhig zu verhalten. Befehle des Blockpersonals oder anderer Häftlinge sind genauestens zu befolgen. Wir sind eure Vorgesetzten und können befehlen, was wir wollen. Wir verlangen vollständigen Gehorsam. Wenn ihr morgen früh aufwacht und eure Schuhe vermißt, so wagt ja nicht, euch zu beschweren. Wehe dem, der mich mit Lappalien belästigt: Er kommt nicht mehr lebendig aus dem Block heraus. Wenn ihr einem SS-Mann begegnet, habt ihr stramm zu stehen, die Mütze an der Hosennaht. Betritt ein SS-Mann den Block oder nähert sich einer Gruppe von Häftlingen, so habt ihr Achtung zu rufen und sofort die Achtungstellung einzunehmen. Geht er wieder, so ruft ihr Weitermachen, und die Arbeit geht weiter. Sollte es jemandem einfallen, einen SS-Mann nicht zu grüßen, dann wird er die Folgen selbst spüren. Ich habe euch gewarnt, Licht aus jetzt, und Ruhe!«

Ich war hundemüde, aber die vereinte Wirkung eines ereignisreichen Tages und einer Schüssel Tee zwang mich bald dazu, mich aus der gedrängten Koje herauszuwinden und nach der Latrine zu suchen. Menschen stöhnten und kratzten sich im Schlaf. Das mit Brettern verschalte Dach wimmelte von Mäusen. Als ich mein Ziel erreicht hatte, sah ich, daß die beiden Kübel bis zum Rande voll waren.

Ein durchdringendes Pfeifen beendete jäh unseren spärlichen Schlaf von zwei Stunden. Meine besten Sonntagsschuhe waren nirgends zu entdecken. Ich griff nach dem, was ich an ihrer Stelle vorfand: einen großen schwarzen Arbeitsschuh und einen braunen mit Lederverzierung besetzten, viel zu klein für mich. Jemand schrie: »Diebe!« Dann waren dumpfe Schläge zu hören. Wieder stellten wir uns in Fünferreihen auf, diesmal viel schneller. Gebrüllte Befehle und entfernte Schritte drangen vom dunklen Lager her. Eine unglückbringende Überraschung schien uns zu erwarten. Ich stand in der letzten Reihe und schlief an einem Kojenpfosten ein.

Durch einen Stoß vom Stubenältesten mit der Bemerkung: »Sei froh, daß ich kein SS-Mann bin«, wurde ich wieder in die Achtungstellung befördert.

Und wieder unterbrach irgend etwas mein Dösen, aber diesmal erkannte man die Ursache nicht so deutlich. Ich schüttelte die Müdigkeit ab und versuchte, aufmerksam zu lauschen. Es war grotesk, unangebracht und gänzlich unerwartet, aber es stimmte trotzdem: Musik, ein Orchester spielte Märsche.

Mehrere Stunden später – wir hatten unseren Platz noch immer nicht verlassen – kam eine SS-Abordnung an, in der sich hohe Offiziere befanden. Sie zeigten auf kräftiger aussehende Männer und sortierten sie für Arbeiten im Lager Monowitz aus. »Wo ist der Halbjude, der bei der Wehrmacht war?« rief ein Offizier, dessen geflochtene Epauletten auf seinen hohen Rang hindeuteten. Ein blonder junger Mann trat vor. Ich kannte ihn. Seine Erziehung war so deutsch gewesen, wie sie nur deutsch hätte sein können, aber seine wiederholten leidenschaftlichen Gesuche um Entlassung hatten keinen Erfolg. »Du wirst in diesem Lager bleiben«, wurde ihm gesagt, »und leichtere Arbeit erhalten«.

Dann kamen die Wachen mit zwei Bluthunden. Sechs Fünferreihen von Häftlingen waren übriggeblieben, und wir marschierten nach links ab. Durch den frühen Morgennebel enthüllte sich Birkenau auf seine eigene traurige, warnende Weise. Auch der größte Pessimist hätte sich keine schrecklicheren Zustände vorstellen können.

Weibliche Häftlinge schoben große Lieferwagen. In dem morastigen Boden kamen sie schlecht voran und wurden von ihren Vorgesetzten ständig angeschrien und bedroht. Hinter ihnen her trotteten einige kahlköpfige, magere Kinder, die dann und wann ihre zerlumpte Bekleidung hoben, um sich zu kratzen.

Eine Gruppe mit schwarzen und roten Kreisen auf der Kleidung war eifrig dabei, Steine für eine neue Straße zu zerkleinern. SS-Männer mit Peitschen bewachten sie, und die Leute wagten daher nicht, aufzusehen.

Wir ließen den Dschungel von Stacheldraht und Kontrollposten hinter uns und schleppten uns durch eine verlassene Gegend. Die unparteiische heiße Mittagssonne bedeutete gleiches Schwitzen für alle. Ob Geführte oder Führer – wir mußten alle unsere Unbedeutendheit gegenüber der Natur einsehen: Wir wurden langsamer. Auch die Neugier kannte keine menschlichen Unterschiede. Dann und wann kam ein Wachtposten näher heran, um Fragen zu stellen. »Woher bist du?« – »Warum bist du hier?« – »Ja, jetzt heißt es arbeiten!« – »Hier erfahrt ihr, was schuften ist; ihr werdet euch wundern.« – »Fragt nicht so viel, ihr werdet schon selber sehen.« – »Was meint ihr: Wie lange haltet ihr es hier aus? Ihr hättet euch über diesen Ort informieren sollen, bevor ihr hergekommen seid. Warum seid Ihr überhaupt hier?« – »Aber jetzt los, erste Reihe schneller gehen!«

Eine Stunde später passierten wir wieder Stacheldraht. Die blauweißen Anzüge waren wieder zu sehen. Häftlinge hoben Steine, trugen Ziegel, schleppten Baumstämme und schippten Kohlen. Parallel zur Straße warteten beladene Eisenbahnwaggons. Zu beiden Seiten waren immense Pyramiden aus Mauersteinen, Kohle und Holz aufgetürmt. Hunderte von Häftlingen drängten sich darum und führten die historischen ägyptischen Sklavenszenen wieder auf. Gellende Stimmen schrien Befehle und Flüche.

Wir lenkten auch die Aufmerksamkeit auf uns! Rufe in einem Babel von Sprachen empfingen uns. Nur einige konnten wir verstehen. »Seht mal, da kommen die Vollgefressenen, die wollen die Waggons schieben helfen!« »Die Fettwanste werden's nicht lange aushalten!«

Nach weiteren 20 Minuten erreichten wir das Lagertor von Auschwitz. Seine Inschrift in metallenen Zierbuchstaben lautete: »Arbeit macht frei«. Wir mußten abzählen. Dann wurden wir zur Desinfektionsbaracke gebracht und in die von Dünsten erfüllte Waschbaracke gedrängt.

Dort hatten wir zum ersten Mal Gelegenheit, frei mit anderen Häftlingen zu sprechen. Von ihnen hörten wir 24 Stunden nach unserer Ankunft die bittere Wahrheit: Es gab keine Kinderlager, kein Lager für die Alten, keine für die Kranken. Es gab nur den Totenwald hinter dem Lager von Birkenau. In seinen verborgenen Tiefen lauerten Gas und Vernichtung.

Uns war, als ob wir den Boden unter den Füßen verloren hätten. Unser vages, aber verzweifeltes Vertrauen in die Zivilisation lag zertrümmert vor uns.

Ich war nicht der Meinung, daß irgendein einzelner oder auch nur eine Gruppe von Menschen für das ungeheuerliche Ausmaß von Verbrechen verantwortlich gemacht werden konnte. Weder der vielbeschäftigte Hitler im weit entfernten Berlin, noch der Wachtposten, der auf der staubigen Landstraße wie wir geschwitzt hatte, schien mir das rechte Ziel meines Zornes zu sein. Eine erschreckende Einsicht überkam mich: Das feine Benehmen, das Studium der griechischen und römischen Kultur, die Bestrebungen nach Demokratie, der Eifer der neutralen Staaten, den Unterdrückten zu helfen, die vielen eindrucksvollen Kirchen, die ich gesehen hatte, die Schönheit der Kunst und des Fortschritts, die ich zu erfassen versucht hatte, das Vertrauen in die Urteilskraft meiner Eltern – all das erschien mir jetzt als eine widerliche Farce.

Es blieb uns keine Zeit, lange über unser vielleicht unvermeidliches Schicksal nachzudenken. Langjährige Insassen, die begierig waren, Nachrichten von der Außenwelt zu hören, überschütteten uns mit Fragen. Unsere Antworten erwiesen sich bald als Schätze: Jede Mitteilung über das Weltgeschehen wurde gegen wertvolle Auskünfte über das Lagerleben gehandelt. Bald hatten wir von dem Zusammensetzspiel, das jeden neuen Häftling beunruhigt hatte, ein fertiges Bild in unserem Gedächtnis. Stück für Stück begriffen wir den Mechanismus eines Konzentrationslagers.

80 Prozent der Insassen waren Nichtjuden. Von den 18 000 Häftlingen in unserem neuen Lager waren nur eine Handvoll Juden deutscher Abstammung. Polen, Ukrainer, und Russen bildeten die Mehrheit. Franzosen, Tschechen, Slowaken, Deutsche, Zigeuner und Juden die Minderheit. Die meisten Juden kamen aus Polen, Griechenland, Frankreich und den Niederlanden.

Die nationale Zusammensetzung war ungefähr die gleiche wie in den umliegenden Lagern, sie änderte sich aber von Zeit zu Zeit. Früher waren andere Gruppen vorherrschend gewesen. Seit 1941 hatte es große Kontingente an Gefangenen der Roten Armee und an holländischen und deutschen Juden gegeben. Nunmehr hatten sie jedoch »aufgehört zu existieren«.

Um die Identifizierung zu erleichtern, trug jeder Häftling ein farbiges Stoffdreieck und dahinter eine Nummer, die über dem Herzen und über dem rechten Oberschenkel an der Kleidung angenäht waren. Jede Kategorie hatte ihr eigenes Zeichen. Ein grünes Dreieck mit der Spitze nach unten bedeutete, daß sein Träger ein Berufsverbrecher, und mit der Spitze nach oben, daß er nicht vorbestraft war. Die offizielle Bedeutung eines schwarzen Dreiecks war »arbeitsscheu«. Es wurde von Russen, Ukrainern und Zigeunern getragen. Rote Dreiecke bezeichneten politische Gegner und waren für Deutsche, Polen, Tschechen und Franzosen reserviert. Die wenigen überführten Homosexuellen, die im Lager waren, trugen ein rosa Dreieck. Angehörige pazifistischer religiöser Sekten waren violett gekennzeichnet, aber auch sie hatten bereits »aufgehört zu existieren«.

Eine umfangreiche Kartei in der politischen Abteilung der SS-Lagerverwaltung bestimmte, wer was zu tragen hatte. Juden bekamen ein rotes Dreieck, zuweilen auch ein grünes, auf einem gelben, so daß der Davidstern gebildet wurde. Die Dreiecke der Nichtjuden erhielten einen Aufdruck mit dem Anfangsbuchstaben der Staatsangehörigkeit des Trägers.

Ein junger polnisch-belgischer Jude, der aufmerksam unserer Geschichte zugehört hatte, schien sich darüber zu amüsieren. »Hat der alte Halunke bei euch also auch diesen Trick mit den Schuhen angewendet«, grinste er. »Dieser verdammte Blockälteste aus Birkenau! Der ist ein notorischer Verbrecher, Pole, und er ist Jude genau wie wir. Man müßte ihn wie ein Schwein aufspießen. Es wird Zeit, daß wir ihn bald erledigen. Ihr habt Glück gehabt, aus der Hölle rauszukommen, ihr hättet es bestimmt nicht lange ausgehalten. Hier sind die Zustände etwas besser: Wir tun unser Bestes, solche Typen auszumerzen.«

Zwischen den kochenden, dampfenden Waschkesseln tauchte eine kleine Gestalt auf, sie kam auf uns zu und gesellte sich als weiterer Zuhörer zu dem Haufen. An der flott gearbeiteten Kleidung des Mannes erkannten wir ein grünes Dreieck neben einer Tausender-Nummer.

»Ihr seid also die Neuzugänge«, und er musterte uns mit seinen blauen, durchdringenden, aber alt wirkenden Augen. Dann murmelte er:»Deutschland, Deutschland, es war auch meine Heimat. Wir sind jetzt alle in demselben Spinnennetz gefangen. Ob wir ehrbare Bürger sind oder Abenteurer, unser Schicksal ist das gleiche. Laßt euch nicht durch mein grünes Dreieck täuschen. Meine Zeit im Gefängnis ist lange abgesessen. Ich bin aus demselben Grunde hier wie ihr: Vernichtung! An eine Flucht von hier ist nicht zu denken. Im Umkreis von 15 Kilometern wird alles von der SS kontrolliert. Ihr habt bis jetzt ja nur ein Lager gesehen. Dabei gibt es noch sieben andere in Birkenau. Männer, Frauen, Juden, Zigeuner und Deutsche – alle werden getrennt gehalten. In einer besonderen Umzäunung sind die Todeskandidaten untergebracht. Birkenau faßt 100 000 Häftlinge, der Rest wandert in die Krematorien. Aber ich möchte euch nicht mit weiteren Einzelheiten erschrecken.

Unser Lager Auschwitz ist angeblich ein ›Musterlager‹. Es ist das Schaustück für Rot-Kreuz-Delegationen, die das Lager besuchen, und ihr könnt froh sein, daß ihr zu den 18 000 Privilegierten gehört. Von euch sind ja auch ein paar nach Monowitz geschickt worden, das ist eine furchtbare Tretmühle. Da wird eine synthetische Gummifabrik gebaut, und die 11 000 Häftlinge schuften wie Sklaven. Obwohl das Essen und die Lebensbedingungen erträglich sind, geht man an der Arbeit dort innerhalb von Wochen kaputt.«

Unserem Gönner machte es anscheinend Spaß, uns zu beweisen, daß er die Umgebung genau kannte. Er gab uns mit deutscher Gründlichkeit eine Übersicht:»Birkenau, Auschwitz und Monowitz sind die drei Hauptlager. Um sie herum verstreut liegen die Nebenlager, die dazu da sind, den letzten Rest an Kraft aus den Häftlingen herauszupressen, solange sie noch leben, zum Beispiel Janina, Jawoschno, Jawischowitz, Myslowitz, Sosnowitz, Schwientochlowitz, Fürstengrube, Güntersgrube und Eintrachtshütte: die meisten davon sind Bergwerke. Dann gibt es die Fabriken in Gleiwitz, Bobrek, Althammer und Blechhammer, Steinbrüche in Gollischau und Trzebinia und landwirtschaftliche Betriebe in Babitz, Harmensee und Raisko. Manche Lager sind wirklich nur Käfige, obwohl in jedem

ungefähr 200 Häftlinge leben. Andere, die ebenso primitiv eingerichtet sind, beherbergen bis zu 5000. Die Gesamtzahl der Sklaven
in diesem SS-Reich, Auschwitz genannt, dürfte bereits bei 150 000
liegen, und trotz allem wächst es von Tag zu Tag.«
»Nein«, er schüttelte seinen scharfgeschnittenen Kopf mit der vor-
gestreckten dreieckigen Nase, »hier gibt es keinen Ausweg. Selbst
wenn man aus dem Lager fliehen könnte, wie will man denn durch
den Ring von Kontrollposten hindurchkommen, der das ganze östliche
Oberschlesien umgibt? Und könntet ihr mit eurer deutschen Sprache
überhaupt das Vertrauen der polnischen Bevölkerung gewinnen? Ich
bin ein schlauer Fuchs und ein privilegierter, langjähriger Häftling,
aber ich mußte den Gedanken an eine Flucht aufgeben, obwohl meine
Freundschaft mit SS-Offizieren sie möglich gemacht hätte. Ihr seid
ganz neu hier und gehört zu der niedrigsten Kategorie von Häftlingen,
ihr solltet nicht einmal davon träumen. In den letzten zwei Jahren
haben vielleicht zehn versucht zu fliehen, und vieren davon scheint es
wirklich geglückt zu sein. Also macht euch keine Illusionen über die
Zukunft: Die einzige Hoffnung liegt draußen, es ist die Intervention
der Alliierten. Aber auf die warten wir schon seit 1938.«

Als der Sprecher wegging, bewunderte ich seine elegante Uniform.
Die Enden seiner weiten, sauber gebügelten Hosenbeine flatterten
über einem Paar moderner glänzender Patentlederschuhe. Vielleicht
konnte er es sich leisten, Pessimist zu sein.

Als wir weiter zwischen den Waschfässern herumhockten, lernten
wir uns auch gegenseitig kennen. Schweren Herzens sprachen wir
von unserer Vergangenheit und unseren Angehörigen. Wir waren
vier Jungen, die noch nicht achtzehn waren: Sally, Jonathan, Gert
und ich. Feierlich schlossen wir einen »Viererpakt« und versprachen
uns gegenseitig, unsere Freuden und Leiden, unseren Hunger und
unsere Lebensmittel zu teilen. Sally Klapper, der zusammen mit
seiner Mutter aus Polen emigriert war, kannte ich aus Berlin. Er war
etwas älter als ich, und ich hatte ihn schon immer wegen seiner
drallen Freundinnen bewundert. Gert Beigel hatte wie ich früher auf
dem Friedhof in Weißensee gearbeitet. Er und sein älterer Bruder
waren geborene Berliner; es war ihnen gelungen, sich zu verstecken,
aber sie wurden verraten und verhaftet.

Plötzlich entstand unter unseren Besuchern eine Unruhe. Sie
zerstreuten sich oder fuhren mit ihrer Arbeit fort. Ein dürrer Häft-

ling kam auf uns zu, sein runzliges, finsteres Gesicht zierte eine Brille, seine Brust ein grünes Dreieck. Auf der gelben Binde an seinem linken Arm stand :»Lagerfriseur«. Er musterte uns überlegen und wandte sich dann uns Jungen zu. »Ich habe hier die Aufsicht über die Neuzugänge«, wußte er eindrucksvoll zu erzählen. »Gemeinsam mit meinen 17 Assistenten, Lagerfriseure genannt, bin ich dafür verantwortlich, das Lager – und euch – sauber zu halten. Laßt euch nicht durch unsere Armbinden täuschen, mit dem Haarschneiden haben wir nichts zu tun. Für die niedrige Arbeit gibt es genug von eurer Sorte. Wir tragen die Verantwortung für die sanitären Einrichtungen, die Desinfizierung und den Arbeitsablauf in dieser Baracke hier ... Anstatt zu befehlen, versuchen wir aber, euch zu helfen. Wenn ihr Kinder einmal Schwierigkeiten habt, dann kommt zu mir.«

»Und nun, ihr Alleswisser«, fuhr er fort, und sein fast zahnloser Mund grinste, »was macht die Politik draußen?« Er wollte wissen, wie und wann wir glaubten, unsere Freiheit wieder zu erhalten. Die Antwort jedes einzelnen – fünfzig im ganzen – schien ihn zu interessieren und wurde mit einem zufriedenen »Hm« gewürdigt. Es gab ein paar »gute Strategen« unter uns: »Oh, wir hoffen, Weihnachten wieder in Berlin zu sein. Die Alliierten sind doch schon in Italien!«

Die Türen öffneten sich und der Andrang zum Duschraum begann. Unser Empfang war wärmer – im wirklichen Sinne des Wortes – als der frühere in Birkenau. Mit Freuden zogen wir die geflickte Kleidung, die mit breiten, roten Streifen übermalt war, aus. Es wurde sogar Seife ausgegeben. Ein klein wenig Güte wirkte Wunder, und als die warme Dusche angestellt worden war, fühlten wir uns augenblicklich so frei und sorglos wie jeder Badende.

Dann wurden wir wieder mit einem beißenden Desinfektionsmittel bespritzt und erhielten gestreifte Kleidung und Holzschuhe. Die blau-weiße Uniform war aus einem dünnen Material, das sich wie Pappe anfühlte, aber sie war sauber und neu.

Bald klapperten wir los zum oberen Stockwerk der gegenüberliegenden Ziegelsteinbaracke. »Block 2a« stand am Eingang.

Zuerst hatten wir unsere Geschicklichkeit zu beweisen und unser neues Nummernzeichen selbst anzunähen. Dann mußten wir zusammen mit etwa hundert russischen Häftlingen antreten. Wieder kam der unvermeidliche Blockälteste, um seine Rede zu halten. Er sprach in seiner Muttersprache, polnisch, aber zu seinem Verdruß schien ihn keiner von uns zu verstehen. Als er fertig war, meldete sich jemand freiwillig, der die Anordnungen ins Russische übersetzte. Es war sicherlich auch jemand da, der es auf deutsch hätte sagen können, aber da das die Sprache der SS war, wollte es niemand sprechen. Zu unserer Überraschung stellten wir fest, daß man in unserem Block, in dem wir etwa vier Wochen in Quarantäne verbringen sollten, bei allem, was gesagt, angeordnet und verkündet wurde, polnisch sprach. Gelegentlich war auch Russisch zu hören. Sich in der Öffentlichkeit in einer fremden Sprache zu unterhalten, galt in Deutschland als strafbare Handlung. Auch hier sollte jeder, dem die deutsche Sprach nicht völlig unbekannt war, Deutsch sprechen. Trotzdem hörte man es selten. Wir hatten soviel Schwierigkeiten, unsere Häftlingsvorgesetzten zu verstehen, daß einige der Treudeutschen unter uns sogar die Absicht äußerten, sich bei der SS zu beschweren. Sie wurden aber überstimmt, und wir gingen daran, die slawischen Sprachen zu lernen, vor allem Polnisch, die Sprache des Landes, das uns umgab.

Die Mitinsassen unseres Blocks, Ukrainer und hier und da ein Pole, waren eine eigenartige, träge Gesellschaft. Es waren kräftig gebaute Leute vom Lande – offene Feindschaft mit ihnen mußte man unter allen Umständen vermeiden; also hatten wir auch stillschweigend zuzusehen, wie sie uns um den seltenen Nachschlag beim Mittagessen betrogen. Aber trotz unserer unterwürfigen Haltung, oder vielleicht gerade deswegen, sah man in uns zwei Übel in einem: Deutsche und Juden.

Wir fühlten uns ziemlich verlassen, da Häftlinge aus anderen Blocks uns nicht besuchen durften. Die Hauptereignisse des Tages bestanden darin, daß wir mit den Fingernägeln in den Holzpfosten unserer Kojen das Datum einritzten und unsere kärglichen Rationen verschlangen, um auf mehr zu hoffen. Bald hatten wir genug voneinander gehört. Geschichten über schmackhafte Gerichte erinnerten uns zu sehr an unseren Hunger und wurden deshalb wieder abgebrochen. Intime Einzelheiten über die weiblichen Reize unserer Freundinnen wurden lästig. Gelangweilt und ungeduldig warteten wir auf das, was kommen sollte.

Eines Tages kam ein kleiner stämmiger Russe in unsere Ecke. Die mongolischen Züge seines pockennarbigen Gesichts wurden durch den geschorenen runden Kopf noch betont. Er trug ein quadratisches Stück Pappe unter dem Arm und kam aus der gegenüberliegenden Stube, um nach Schachspielern Umschau zu halten. Damit war er bei uns an der richtigen Stelle, und bald wurde er unser ständiger Besucher.

Nach und nach, als wir sein Vertrauen gewonnen hatten, wurde der kleine Schachspieler unser Freund. Seine oberflächlichen deutschen Sprachkenntnisse hatte er auf der Schule und von seinem deutschen Großvater erworben. Mit den Ukrainern um uns herum, die zur »freiwilligen« Arbeit nach Deutschland geholt worden waren, hatte er wenig gemein. Er war Jagdpilot gewesen, ein Verbündeter, so wie wir sie uns vorgestellt hatten. Als neunzehnjähriger Flieger hatte er eine dieser kurzrumpfigen sowjetischen Maschinen geflogen, die ich in der Ausstellung in Berlin gesehen hatte. Den Nahkampf, in dem er abgeschossen worden war, schilderte er uns in der eindringlichen Sprache der Piloten: Die Hände stellten Flugzeuge dar, tiefes Brummen ahmte das Motorengeräusch nach, und der niedrige Raum zwischen den Kojen war der offene Himmel. Ja, dieser Junge hatte gekämpft und war dann in Gefangenschaft geraten. Wenn wir überhaupt am Kampf teilnehmen konnten, dann erst nach der Gefangennahme.

»Denkt ja nicht, daß eure Stubenkameraden typisch für die Rote Armee sind«, flüsterte er. »Mit denen hätten wir den Krieg schon lange verloren. Keine Angst, die Sowjetunion ist ein großes Land. Unsere wunderbaren, modernen Flugzeuge werden mit der Luftwaffe leicht fertig. Es ist nur eine Frage der Zeit. Ich werde jetzt jeden Tag vorbeikommen, um euch die neuesten Gerüchte zu erzählen, aber sprecht mit niemanden über mich. Es gibt hier viele Spitzel, besonders unter meinen eigenen Leuten, den Ukrainern. Ihr habt vielleicht schon gehört, was die Deutschen mit kommunistischen Propagandisten machen. Ich ziehe es vor, bloß Schachspieler zu sein.«

Da ein Schub Häftlinge den Block verließ, so daß er nicht mehr so überfüllt war, erhielten wir die Erlaubnis, einige Stunden am Tag auf dem Hof zwischen Block 13 und 14 zu verbringen. Dort saßen wir in der Sonne, unterhielten uns und machten Bekanntschaften.

Die Polen durften Lebensmittelpäckchen empfangen, die sie nie aus den Augen ließen, in ständiger, berechtigter Angst, bestohlen zu werden. Diese Schätze wurden zu einem fortwährenden Ärgernis für uns hungrige Habenichtse, da wir mit ansehen mußten, wie sie von ihren Eigentümern genau untersucht und dann Stück für Stück, Scheibe für Scheibe verzehrt wurden. Lebensmittel stellten auch eine Macht dar, und die Häftlinge, die den Hof abriegelten, waren keineswegs unbestechlich. Wasser wurde gegen ein Stück polnischer Wurst getauscht, Brot gegen Speck und Tabak gegen Margarine. Wir Hungerleider wandten unsere neidischen Blicke ab und konzentrierten uns auf unsere traditionellen Lagerhobbys.

Obwohl es verboten war, Messer anzufertigen, herrschte diese »Manie« überall. Ich hatte ein paar kostbare rostige Nägel gefunden, die Gestalt annahmen, als ich sie zwischen zwei Steinen flach klopfte. Sie erweisen sich als nützlich beim Aufstreichen von Margarine, konnten sich aber als verkäufliches Vermögen nie durchsetzen. Ein weiterer Zeitvertreib waren die Flöhe. Schwarz und glänzend tauchten sie aus unseren mit Filz besetzten Holzschuhen auf, um über den staubigen, mit Steinen übersäten Hof zu springen. Dort lagen die rachsüchtigen Häftlinge auf der Lauer. Eine erfolgreiche Jagd wurde damit belohnt, daß man seinen wohlgenährten Gegner zwischen den Fingernägeln zerknacken konnte.

Was wir vom Lager sehen konnten, wirkte unheimlich und unbegreiflich. Rechts, etwa fünfzig Meter hinter dem Zaun, war das Krematorium – wie es hieß, ein unbedeutender Ableger der größeren von Birkenau. Links konnte man die Lagerkapelle hören, die flotte Märsche für die zurückkehrenden Arbeitskommandos spielte. Außerhalb des Stacheldrahtes eilten SS-Männer von Büro zu Büro.

Aus dem unheilverkündenden Schornstein zur Rechten kam dünner grauer Rauch und breitete sich über uns aus. Er war der Anlaß dafür, daß ein trauriges Ratespiel bei uns aufkam: »Ich sehe, was du nicht siehst.« Abgebrühte Leute versuchten, seine Form und den Geruch zu analysieren. »Guck mal, sieht doch aus wie der alte Willi, nicht wahr?« »Quatsch, das ist 'ne Jungfrau, siehst du nicht die kleinen vorstehenden Brüste?« »Hau ab, das ist doch seine Nase!« Ich sah auf den Boden und suchte weiter nach Nägeln.

Der tägliche Segen der Zivilisation bestand aus einem Viertel Laib (350 Gramm) Schwarzbrot und einem Liter widerlich schmeckender Suppe, aus Unkraut und Disteln gebraut. Vierzig Gramm Margarine, die man in Deutschland aus Kohleteerrückständen herstellte, wurden am Mittwoch und Donnerstag, 50 Gramm am Sonnabend ausgegeben. Montags, dienstags und donnerstags gab es 50 Gramm Wurst und dienstags und freitags einen Löffel Marmelade. Das »Festessen« am Sonntag bestand aus 50 Gramm Käse, einem halben Liter Gulaschsuppe und einer Handvoll Pellkartoffeln. Zusammen mit der Kelle Eicheltee jeden Morgen und jeden Abend war das alles, wovon die Arbeitsmaschinen des Deutschen Reiches lebten. Nur wenige Häftlinge hoben sich ihre Verpflegung für später auf. Man verzehrte seine Ration, sobald man sie empfangen hatte. Da das Brot abends ausgegeben wurde, hungerten wir immer bis zum Mittag. Wenn durch einen Fehler bei der Verteilung einmal Essen übrigblieb, dann behielt das Blockpersonal das meiste davon für sich.

Der gewöhnliche Häftling hatte die Aufgabe, sich den Kopf darüber zu zerbrechen, wann es am zweckmäßigsten war, sich anzustellen, um zu dem richtigen Zeitpunkt seinen emaillierten Blechnapf hinzuhalten. Die individuellen Unterschiede in der Art, die Suppe auszuteilen, wurden Gegenstand eingehender Untersuchungen. Aber auch die verschiedenen Suppen selbst hatten ihre besonderen Eigenschaften: Fett schwamm, Kartoffeln lagen auf dem Boden des Kübels. Durch geschickte Berechnungen ließen sich Resultate erzielen, derer man sich rühmen konnte: Dicke ergiebige Gemüsesuppe, Kartoffel- oder Fleischstücke und süßer Tee. Wahrhaftig, das war etwas, wovon man träumen konnte.

Über das Lager und die Außenwelt hatte man uns in Unkenntnis gehalten. Da geschah eines Tages im Juli etwas Unerwartetes. Bei dem üblichen Appell wurde ich aufgefordert vorzutreten. Name, Nummer und Geburtsort wurden überprüft, und zur Überraschung der ganzen Stube wurde ich weggeführt. Überwältigt von Angst und Ungewißheit suchte ich nach Gründen, warum von all den vielen Häftlingen gerade ich es sein mußte, da ich doch alles getan hatte, um nur nicht aufzufallen. Hatte man etwas über Vater erfahren? War Mutter etwas zugestoßen? Hielt man mich für zu jung?

Im Blockbüro wandte sich ein sauber gekleideter, ziemlich kleiner, kräftiger Häftling, der fließend deutsch sprach, an mich. Sein Haar durfte im Gegensatz zur Lagerordnung wachsen und schoß hervor wie die Stacheln eines Igels.

»Ich gehöre zu den Häftlingen, die im Registrierbüro der SS arbeiten, das heißt, ich bin der Leiter, eine sehr verantwortungsvolle

Stellung«, sagte er mit ruhigem Selbstbewußtsein. »Ich habe mir deine Karteikarte angesehen und wüßte gern etwas mehr über dich. Erzähle mir etwas über deine Angehörigen. Wie ist es ihnen seit 1933 ergangen?«

Ich erzählte ihm in groben Zügen unsere Geschichte, er unterbrach mich und fragte nach weiteren Einzelheiten. Dann wollte er mehr über Vater wissen. Ich versuchte, nichts zu sagen. »Laß nur«, rief er triumphierend aus, »du brauchst es mir nicht zu erzählen. Ich weiß schon, er hat euch im Stich gelassen!«

»Ich habe dich nicht vergessen«, fuhr er zu meinem Erstaunen fort. »Ich kenne dich von dem Tag deiner Geburt an. Damals in der Nähe von Stettin habe ich euch gegenüber gewohnt. Erinnerst du dich noch an Keding, der euch die Lebensmittel ins Haus brachte? Das bin ich. Ich bin hier reingekommen, weil ich angeblich Parteigelder unterschlagen haben soll; aber man bedauert das jetzt, und ich werde bald entlassen. Deshalb darf ich meine Haare wachsen lassen und habe diesen Vertrauensposten bekommen. Solange ich noch hier bin, will ich dir helfen, so gut ich kann. Aber das muß ich heimlich tun. Ich habe hier viele alte Freunde, die schon lange drin sind und auch meine Hilfe brauchen. Sie werden neidisch sein und vielleicht sogar üble Gerüchte verbreiten. Erzähle also niemandem etwas von mir. Sei morgen zur gleichen Zeit am Mittelfenster, Südseite. Wenn du mich siehst, dann öffne es, aber verhalte dich ruhig. Bis dann, und mach's gut. Ich muß jetzt wieder an die Arbeit.«

Ich hielt mein Versprechen und schlich am nächsten Tag zum verabredeten Fenster. Als Keding den Platz unten betrat, sah ich hinaus. Ein kleines Päckchen wurde hereingeworfen. Es enthielt Brot und Wurst.

Die Lebensmittel wurden unter uns vier Freunden geteilt, das war die erste Manifestation unseres gemeinsamen Abkommens, alles zu teilen. Plötzlich waren wir Jungen allein aufgrund meiner neuen Bekanntschaft überall beliebt. Nach nur drei Wochen Konzentrationslager waren sogar ehemalige Intellektuelle bereit, sich so weit zu entwürdigen, daß sie andeuteten, wir sollten sie auch unterstützen. Sollte die Jugend ihrem Beispiel folgen?

Das Ende unserer Quarantäne kündigte sich dadurch an, daß Arbeitskommandos gebildet und in andere Lager geschickt wurden. Die riesige IG-Farben-Anlage in Monowitz, die Buna – synthetischen

Gummi – erzeugen sollte, brauchte immer mehr billige Bauarbeiter. Die motorisierten faschistischen Armeen schrien nach Reifen, und die Industriellen forderten mehr Arbeitskräfte an. In den Krematorien von Birkenau hatte man die ausgemergelten Körper der Menschen verheizt, deren Arbeit nicht mehr den erwarteten Profit brachte. An ihre Stelle mußten neue Opfer treten, die frisch aus der Quarantäne kamen.

Um die nötige Anzahl Leute zusammenzubekommen, schickte man sogar welche, die bei der vorigen Auswahl als zu schwach bezeichnet worden waren in diese Knochenmühle. Nur sieben von unserem Transport blieben in Auschwitz, darunter wir vier Jungen.

Wenn wir auch keine Erfahrungen besaßen, mußten wir uns nun doch darüber klarwerden, welchen Eindruck wir auf unsere Vorgesetzten machen wollten. Wir setzten uns zusammen, um eine gemeinsame Haltung zu beschließen. Sally und Jonathan wollten um die Erlaubnis ersuchen in die Maurerschule, eine höchst seltene Einrichtung im Lager, aufgenommen zu werden. Sie hatten gehört, das sei eine Art Asyl für die Jungen, wo man einige Wochen in Sicherheit verbringen und das Handwerk erlernen konnte. Weil wir mit der Gartenarbeit vertraut waren und uns für »kräftige Burschen« hielten, dachten Gert und ich daran, sofort die Arbeit aufzunehmen, mochte sie auch noch so schwer sein.

Nach vielem Überlegen kamen wir jedoch überein, uns nicht zu trennen, sondern zusammenzuhalten und unsere Schwächen und Stärken zum Gemeingut zu machen. So wollten wir versuchen, in die Schule aufgenommen zu werden, obwohl es gefährlich war, sich darauf festzulegen, daß man arbeitsunfähig war.

Anfang August verließen wir endlich die Quarantäne und sahen zum ersten Mal das Lager. Sein Kern bestand aus einigen zweistökkigen Gebäuden aus roten Backsteinen, die einst für die polnische Armee errichtet worden waren. Jetzt standen drei Reihen davon da, 28 Blocks, die durch die Asphaltpflaster verbunden waren. Freundliche Blumen grüßten von sauberen Beeten an den Straßenrändern und von farbenfrohen Kästen auf den Fensterbrettern. Eine gut gepflegte Rasenfläche trennte das Lager von dem Drahtzaun, der es umgab. Als Besucher hatte man sicher einen günstigen Eindruck von diesem Muster-Konzentrationslager; es war ein Schaustück für jede deutsche und neutrale Delegation, die es unternahm, dieses weitab von ihren Interessen liegende Gebiet zu besuchen.

In den Blocks befanden sich lauter kleine hölzerne Schlafkojen, jeder Häftling hatte hier eine eigene und dazu einen dürftigen Strohsack und drei graue Decken. Da die Kojen dreistöckig angeordnet waren, faßte ein Block im Keller 200 Mann, 400 im Erdgeschoß, das aus vier Räumen bestand, 600 in den beiden Räumen des ersten Stocks und 300 im Dachgeschoß, insgesamt 1500. Sieben Blocks waren für die Kranken bestimmt und drei für die Verwaltung. Es gab drei Lagerbaracken und eine Küchenbaracke.

Von zwei Reihen elektrisch geladenem Stacheldraht von drei Metern Höhe umgeben und durch eine Betonmauer von der Außenwelt abgeschlossen, hatten wir nun alles gesehen, was zu dieser neuen Version eines Gefängnisses gehörte.

SS-Männer sahen wir nur während der beiden täglichen Appelle. Die Lagerangelegenheiten wurden von den Häftlingen selbst erledigt. Die Hierarchie innerhalb des Stacheldrahtes bestand aus dem Lagerältesten, dem Lagerfriseur, dem Lagerdolmetscher, dem Lagerschreiber und dem Arbeitseinsatzleiter, die alle mit entsprechenden Armbinden versehen waren. Die Aufseher und Blockältesten bildeten das kleine Gefolge. Bei der Arbeit gab es Oberkapos, Kapos, Unterkapos und Vorarbeiter, das Wort »Kapo« kommt aus dem italienischen und bedeutet »Kommandeur«.

Der Lagerälteste, ein Deutscher, war ein alter Krimineller, den die SS unter den Kapos eines älteren Konzentrationslager ausgesucht hatte. Seine erfahrenen Vorgesetzten hatten den Richtigen gefunden, uns zu terrorisieren. Eine seiner Lieblingslaunen war, sich einen unschuldigen, nichtsahnenden Umherstehenden vorzunehmen und ihn ohne Grund brutal zusammenzuschlagen.

Die meisten Aufsichtsposten waren von deutschen Kriminellen besetzt, und sie hatten alle ihre Anfälle von Aggressivität. Russen, Juden und Zigeuner kamen über den Posten eines Unterkapos nicht hinaus. Nur in Birkenau, der Hölle auf Erden, gab es keine nationalen Unterschiede, dort konnten kriminelle Exemplare aller Rassen zeigen, zu welchen Grausamkeiten sie fähig waren.

Was uns betraf, so sollten wir erst jetzt die ganze Härte eines Häftlingsschicksals fühlen. Nur nach überstandenem großen Leiden enthüllte sich das vollständige Bild der verborgenen, brutalen Struktur.

Jugend in Ketten

Ein Dutzend schüchterne junge Menschen, ängstliche Erwartung in ihren Gesichtern, ging die Treppen von Block 7 hinauf. Allen voran, mit großen Schritten, Gert und ich. Da wir die einzigen waren, die ein einwandfreies Deutsch sprachen und außerdem mit guten Umgangsformen aufwarten konnten, waren wir als Wortführer ausersehen. Schritt für Schritt folgten Sally und Jonathan und langsam, in einiger Entfernung, die schüchternen Polen und Russen. Wir wußten, daß es darauf ankam, einen guten Eindruck zu machen, da das unsere einzige Waffe war, und betraten etwas unsicher das Dachgeschoß. Dort standen und saßen um Haufen abgeschlagener, feucht-roter Mauersteine und um Mörtelbottiche herum jugendliche Häftlinge. Sie bauten Mauerverbände, zogen Wände und rissen sie wieder ein, sie kratzten den Mörtel sorgfältig wieder ab und warfen ihn in die Bottiche zurück. Ein Ausbilder weihte sie in die Geheimnisse des Bogenbauens ein, ein anderer in die Kunst des Verputzens. Wir befanden uns in der Ausbildungsstätte für Maurer.

Das Blockpersonal und einige Lehrer, die uns überraschend freundlich empfingen, nahmen unsere Personalien auf. Ganz gleich, welcher Nationalität sie waren, bemühten sie sich genau wie wir, sich von ihrer besten Seite zu zeigen. Der Blockälteste, der Mann der alle Entscheidungen zu treffen hatte, war noch nicht da. »Es hängt alles von ihm ab«, wurde uns gesagt, »seht also zu, daß ihr anständig ausseht und diszipliniert seid«. »Er ist wirklich eigenartig und sehr launisch. Wenn er einen nicht leiden kann, dann wird er gräßlich, und jemanden, über den er sich geärgert hat, behandelt er mit einer Härte, vor der es kein Entrinnen gibt. Seine kaltblütige Entschlossenheit ist wie ein zweischneidiges Schwert, das seine Jungen vor den zudringlichen SS-Schnüfflern mit derselben Furchtlosigkeit schützt, mit der es sich gegen Widersacher unter euch richtet. Also, nehmt euch in acht!«

Als seine Ankunft gemeldet wurde, traten wir schnell in einer Reihe an und standen stramm, die Mütze gegen die Hosennaht gepreßt.

Ein mittelgroßer Häftling kam daher. Mit seiner verschossenen, aber gut gebügelten blau-weiß gestreiften Uniform mit weiten Hosenbeinen wirkte er wie ein Matrose, der an Land geht. Sein eckiges Gesicht mit den harten Zügen hätte das eines einfachen deutschen Arbeiters sein können. Er trug ein rotes Dreieck und daneben eine Tausendernummer auf der Brust. Offensichtlich handelte es sich um einen politischen Häftling, der schon viele Jahre in Konzentrationslagern im Westen Deutschlands zugebracht hatte, bevor er vor zwei Jahren hierherkam. Jetzt leitete er diese für ein KZ einzigartige Schutzinsel der Jugend, die Maurerschule. Dieser Mann von über 40 Jahren war Vater und Diktator für 400 Jugendliche, die von überall zwischen Sibirien und Frankreich zusammengekommen waren.

Er musterte uns wie ein General, der seine Truppen inspiziert. Dann ging er auf einen kleinen Ukrainer zu, besah sich genau dessen kahlrasierten Kopf, kratzte mit dem Fingernagel darauf herum und schrie: »Dreckschwein!« Die nächste Zielscheibe seines Spottes war ich; ich stand ganz vorn in der Reihe und meine abstehenden Ohren fielen ihm auf. Er zog daran und nahm sie gründlich in Augenschein. Ich überlegte ängstlich, ob auch ich seinen Zorn erregen könnte, aber andererseits gefiel es mir, wie er zu mir aufsehen mußte: »In deinen Ohren werden wir nächstens Mohrrüben aussähen«, knurrte er. Unser Ansehen mußte jetzt auf einem Tiefpunkt angekommen sein.

Dann stand er wieder vor der Reihe, breitbeinig und die Arme in die Hüften gestemmt. »Rührt euch, ihr Maikäfer«, herrschte er uns schließlich an, »ihr seid von jetzt an Mitglieder der Maurerschule«. Die weiten Enden seiner Hose schlugen ihm um die Beine, als er nun auf und ab ging und jedem einzelnen fest ins Gesicht sah.

»Bildet euch ja nicht ein, daß es hier so weitergeht wie in Block 2a«, sagte er warnend. Er blieb vor den polnischen Jungen mit ihren

Lebensmittelpaketen stehen,»das ist hier Block 7a, und hier bestimme ich die Lagerordnung, verstanden? Kümmert euch nicht um das übrige Lager, sondern bleibt auf euren Stuben. Auch Block 7, das Erdgeschoß, geht euch nichts an. Laßt euch nicht dabei erwischen, daß ihr euch irgendwo rumtreibt, wo ihr nichts zu suchen habt. Diebstahl und Streitigkeiten gibt es in meinem Block nicht. Wehe dem, der es wagt, jemanden zu bestehlen. Block 7a – das heißt Ordnung, Sauberkeit, Disziplin und Kameradschaft. Wer sich nicht daran halten will, soll draußen bleiben bei seinen erwachsenen Freunden und zusehen, wie lange er da am Leben bleibt. Es interessiert mich überhaupt nicht, wenn er halbtot zurückkommt und hier wieder aufgenommen werden will. Jeder, der es wagt, meinen Befehlen oder denen des Blockpersonals zuwiderzuhandeln, wird zu mir geschickt. Ich werde dafür sorgen, daß er die Folgen zu fühlen bekommt«, fuhr er fort. Er holte tief Luft und sah uns drohend an.»Ist es ein ernstes Vergehen, Rücksichtslosigkeit den anderen gegenüber, dann kenne ich kein Mitleid. Ich habe keine Lust, die Schule wegen einiger Unbelehrbarer schließen zu lassen. Wir werden übrigens Kontrollen durchführen und darauf achten, daß ihr euch richtig wascht, eure Betten ordentlich macht und keine Lebensmittel versteckt, daß eure Köpfe sauber sind und das Haar richtig geschnitten ist und daß ihr euch nicht mit Strümpfen ins Bett legt. Wenn ihr mit mir zusammenarbeitet, dann werde ich mein Bestes tun, um zusätzliche Lebensmittel für euch zu ›organisieren‹ und euch durchzubringen. Sobald ihr etwas gelernt habt, werdet ihr als selbständige Gruppe zur Arbeit geschickt, aber ihr gehört weiter zu diesem Block. Ich erwarte von euch, daß ihr mir dann alle Ehre macht, weil unsere gemeinsame Zukunft davon abhängt.«

»Und denkt daran«, sagte er in seiner dialektgefärbten Sprache, »nationale Cliquen und Streitereien über eure Vergangenheit werden hier nicht geduldet. In meinem Block hat es so etwas bisher nicht gegeben, und ich will auch über euch keine Beschwerden hören. Stubenältester, du kümmerst dich jetzt um die Jungen!«

Nach dem Appell schlenderten wir auf dem frisch geschrubbten roten Betonfußboden durch unsere neue Heimstätte. Wir bekamen Betten in der Abteilung für die Deutschen, wo jüdische Jungen aus Berlin untergebracht waren und die deshalb Klein-Berlin genannt wurde. Die meisten Blockinsassen waren eben erst von der Baustelle gekommen und müde von der anstrengenden Arbeit. Aber diese seltene Gelegenheit, Neuankömmlinge auszufragen, ließen sie sich nicht entgehen; dafür opferten sie gern einige Stunden ihres kostbaren Schlafs. Wir drängten uns alle zur Begrüßung zusammen und bald war eine lebhafte Unterhaltung im Gange. Klein-Berlin hatte nun einen »blonden Gert«, einen »schwarzen Gert«, einen »kessen Gert«, einen »kleinen Kurt« und einen »langen Kurt«, im ganzen waren wir neun.

Die anderen Ankömmlinge kamen nach Klein-Kiew zu den vielen Waskas und Wanjas oder nach Klein-Warschau und seinen Janeks und Teddeks. Jungen aus Frankreich, Belgien, der Tschechoslowakei und Österreich schauten uns zu. Als ersten Beweis unseres Verstehens lernten wir alle ihre Namen und wie man sie richtig aussprechen mußte. Später konnten wir vielleicht sogar versuchen, die verschiedenen Sprachen zu meistern. Bis dahin schienen uns jedoch die seltsamen Namen der Zigeuner zu kurz, um sie auseinanderhalten zu können, und die langen der Jungen aus Klein-Saloniki zu kompliziert, um sie zu behalten.

Im Hauptlager von Auschwitz gab es verhältnismäßig viele junge Häftlinge. Auf hundert Insassen kamen etwa zwei zwischen dreizehn und achtzehn Jahren. Im Jahre 1943 waren es fast ausschließlich Russen, Zigeuner aus der Tschechoslowakei, aus Deutschland, Österreich und Polen, griechische Juden und Polen.

Es war erstaunlich, wie sehr wir Jugendlichen uns von unseren erwachsenen Landsleuten unterschieden. Wir hatten noch nicht all die nationalen Vorurteile und Illusionen in uns aufgenommen, die den Haß nähren. Wir waren noch nicht an eine bestimmte Lebensweise gewöhnt, das hatte der Krieg verhindert. Jetzt trugen wir unser Los gemeinsam, weil uns alle eines verband: unsere Jugend.

Unsere individuellen Unterschiede gaben nie zu ernsthaften Streitigkeiten Anlaß, sondern sie machten eher unsere Unterhaltung interessant. Die Ukrainer brüsteten sich mit ihren starken Muskeln und vollbrachten akrobatische Kunststücke; sie forderten damit andere heraus, die sich noch stark genug fühlten, sich mit ihnen zu messen. Wenn ich auch herzlich wenig über die Heimat dieser geschickten Osteuropäer wußte, so erfuhr ich doch, daß sie genau so gute Freunde sein konnten, wie die Jungen, mit denen ich aufgewachsen war.

Die Zigeuner waren schon schwieriger zu verstehen. Hatte man aber erst einmal bewiesen, daß man nicht auf sie herabsah, dann konnte es geschehen, daß man sogar in die Geheimnisse der Zigeunersprache, die sie verband, eingeweiht wurde. Einem Außenstehenden konnte keine größere Ehre erwiesen werden; sie wurde auch nur wenigen wirklichen Freunden zuteil, denen es gelungen war, das ganze Vertrauen der Zigeuner zu gewinnen. Andere hatten allenfalls Gelegenheit, an ihren Hellsehersitzungen teilzunehmen.

Die Juden erwiesen sich als genauso gute und geschickte Arbeiter wie die anderen, jedoch paßten sie sich der neuen Umgebung am besten an. Sie waren stolz, ihr Wissen zeigen zu können, und deshalb führten mehrere den Spitznamen »Professor«.

Wir waren tief beeindruckt von dieser Atmosphäre aus Optimismus, die sich die Jugend inmitten dieser Welt der Zerstörung selbst geschaffen hatte. Vielleicht hatte der Blockälteste doch recht mit seinen scharfen Drohungen gegen alle, die sie stören wollten.

Die Tage vergingen und wir gewöhnten uns an die tägliche Routine. Punkt fünf Uhr morgens ließ uns das Läuten der Lagerglocke aus unserer warmen, wohligen Vergessenheit hochfahren. Tausende Bettgestelle im ganzen Lager begannen zu knarren, Strohteilchen flogen durch die Stuben und Staubwolken verhüllten für kurze Zeit die rauhe Wirklichkeit. Da streiften die Menschen, die von Brot und Wasser lebten, hastig die Hosen über und liefen zu den überfüllten Waschräumen. Sie verrichteten ihre Notdurft und wuschen ihre mageren Hände und kahlen Köpfe. Dann kehrten sie in die Stuben zurück und stellten sich an. Eine Brühe, die aus Eicheln und Wasser bestand, wurde ausgegeben. Sie schien auch denen gut zu schmecken, die von der kargen Ration des vorangegangenen Nachmittags keine ausgetrocknete Scheibe Brot in einem Versteck aufbewahrt hatten.

Dann wurden die Betten gemacht, dabei die Strohsäcke sorgfältig geschüttelt, damit sie wieder eine volle, gleichmäßige Form annahmen — so wie es das Dritte Reich von allen seinen Untertanen, besonders aber von den Blonden, erwartete. Das »Tausendjährige Reich« hielt es mit dem Bettenbauen so streng, daß von Zeit zu Zeit dabei einer seiner Aufseher erschien, der sich natürlich völlig dessen bewußt war, daß die Lebensdauer der Einrichtungsgegenstände des Führers ungleich größer war als die der Häftlinge, die sie benutzten.

Gegen sechs Uhr waren die Blocks dann leer, die Insassen bildeten Gruppen, die die Bezeichnung »Arbeitskommando« trugen. Eine Viertelstunde später marschierten sie, am Podium der Musikkapelle vorbei, aus dem Lager hinaus. Das Blockpersonal und die etwa 80 Jungen aus der Maurerschule blieben zurück.

Um zwölf Uhr läutete die Glocke wieder und kündigte die Mittagspause an. Große, schwere Holzfässer wurden aus der Küche herangeschleppt. Aber der sorgfältig gemessene Liter Suppe machte eher hungrig als satt. Nur an ein oder zwei Tagen in der Woche konnte der Magen durch einen Nachschlag gefüllt werden. Also wurde die Mittagspause weiter dazu benutzt, im Lager herumzustreifen, in der Hoffnung, mehr Eßbares zu »organisieren«.

Organisieren bedeutete, sich mit allen Mitteln, vom Betteln bis zum Plündern, etwas zu verschaffen. Sah man erbärmlich genug aus, dann ließ sich vielleicht ein weichherziger Stubenältester, der ein zu großes Faß bekommen hatte und dessen Schützlinge nicht in der Nähe waren, dazu bewegen, eine Schüssel Suppe auszugeben. Oder wir stürmten, an der Spitze die ukrainischen Bauernjungen, den stinkenden und faulenden Küchenabfallhaufen. Wenn wir dort weggejagt wurden, kamen wir wieder und versuchten, mit den langen, spitzen Stangen durch das Gitter an die Schätze heranzukommen, die man uns verwehrte – schimmliges Brot, verfaulten Kohl und Kartoffelschalen. Hatte man bis zum Ertönen der Einuhrglocke etwas Eßbares erwischt, so wurde man wegen seines Erfolges bewundert und gebeten, die Beute zu teilen.

Dann machten wir uns wieder daran, die Mauersteine, die durch unsere Hände gingen und die Stunden bis zur nächsten Mahlzeit zu zählen. Ich mußte jetzt oft an den russischen Kriegsgefangenen im fröhlichen Berlin denken.

Um dreiviertel sechs kamen die ersten Kolonnen zurück, schmutzig und erschöpft von der Arbeit. Der Appell begann um halb sieben und dauerte eine Viertelstunde oder länger, oft bis zu einer Stunde. Danach strömten wir zurück in unseren Block, wo die Verpflegungsration ausgegeben wurde.

Zwei Stunden blieben uns noch für »persönliche Angelegenheiten«. Die meisten Jugendlichen verbrachten sie damit, sich nach möglichen Gönnern, erwachsenen Freunden, umzusehen, die zusätzliche Lebensmittel organisieren konnten. Einige nutzten es aus, daß jetzt in den Waschräumen kein Andrang herrschte, oder sie flickten ihre Kleidungsstücke. Andere stellten sich vor der Sanitätsstelle an oder hörten den Proben der Lagerkapelle zu und ließen sich in das Land der Träume versetzen. Manche besuchten auch Freunde, von denen sie etwas lernen konnten – auf den verschiedensten Gebieten, vom »Organisieren« bis zur Politik. Und schließlich gab es Jungen, die nach dem anstrengenden Arbeitstag alles Interesse verloren hatten, das sie sonst vielleicht für ihre Umgebung aufgebracht hätten. Wenn sie ihre Rationen verschlungen hatten, legten sie sich sofort ins Bett.

Die Angehörigen von »Klein-Berlin« hatten wenig Freunde und noch weniger Landsleute, sie blieben daher auf ihrer Stube. Der schwarze Gert und Jonathan, beides schweigsame Jungen, saßen auf ihren Betten und grübelten. Der lange Kurt, wegen seiner Größe wohl der Hungrigste von uns allen, hatte eine Strumpfstopfzentrale aufgemacht. Während er seine kostbare Nadel in die zerrissenen Strümpfe seiner Kunden steckte und wieder herauszog, unterhielt er uns mit Geschichten aus seiner Heimatstadt Königsberg. Für diejenigen, die lachen wollten – wie der kleine Kurt mit seinem Kindergesicht, den seine kindliche Naivität noch immer nicht verlassen hatte –, war der kesse Gert da, der nie zu müde war, einiges aus seinem Repertoire an saftigen Witzen zum besten zu geben.

Um halb neun, manchmal um halb zehn, ertönte die Glocke zur Bettruhe. Einige Minuten später gab sie das Signal: Licht aus!

Unsere Ausbilder waren auf Grund ihrer Sprachkenntnisse ausgewählt worden. Außer einem waren alle Juden und kamen nicht aus dem Bauhandwerk.

Der Bedeutendste unter ihnen war ein polnischer Jude aus Belgien, der bereits auf polnisch, russisch, tschechisch, jiddisch, deutsch und französisch unterrichtete und jetzt noch begann, Griechisch und die Zigeunersprache zu lernen.

Dann war Herr Pollak da, ein älterer Feldmesser aus der Slowakei; er war der einzige natürliche Kahlkopf der Schule (und auf diese Errungenschaft unermeßlich stolz). Diese Tatsache lieferte ihm immer wieder den Stoff für humorvolle Unterhaltungen mit

Besuchern von draußen, die er als eine Art Verbindungsmann zu betreuen hatte. Einer seiner Klienten war der dicke Unternehmer, der als Zivilist für unsere Schule verantwortlich war und von dem es hieß, daß er aus Berlin käme. Wenn dieser Gast mit dem vergnügten Gesicht zu seiner monatlichen Inspektion kam, ging er schnell an uns vorbei und schloß sich mit Herrn Pollak ein. Diese Sitzungen dauerten eine gute Stunde und endeten damit, daß der Zivilist mit einer so geschäftsmäßigen Miene wie möglich davoneilte. Einige Minuten später tauchte auch Pollak auf, rieb sich mit ausgestreckten Fingern seine dicke Nase und setzte seine Brille zurecht. Er schritt einher, wie es sich für einen Schullehrer geziemt, dabei bemühte er sich, sein Grinsen zu verbergen. Schließlich gab er es auf, setzte sich hin und zündete sich eine Zigarre an – seine geschätzte Belohnung. »Ja«, hörten wir ihn dann zu den anderen Lehrern sagen, »es sieht schlecht aus für Deutschland, aber für uns auch nicht viel besser«.

Unser jüngster Lehrer war »Poldi«, Leopold Weil, ein schweizerischer Jude, der in Frankreich verhaftet worden war. Seine Mutter hatte um seine Entlassung nachgesucht, man hatte sie lange warten lassen und dann schließlich einen Termin für seine Rückkehr in die Schweiz festgesetzt. Einige Tage davor kam er jedoch in Einzelhaft. Er wurde angeklagt, »für eine fremde Macht Spionage getrieben zu haben«, was, wenn er freigelassen worden wäre, sich vielleicht bewahrheitet hätte, so wurde er in ein Strafkommando versetzt, und niemand hörte mehr etwas von ihm.

Unser Stubenältester, Sigi, war ein schwächlicher kleiner deutscher Jude, der wegen einiger krimineller Vergehen schon viele Jahre Konzentrationslager hinter sich hatte. Vor dem Krieg hatte er in einem Lager bei der Arbeit in einer Maschinenwerkstatt einen Arm verloren, und der andere war schwer verstümmelt.

Kaum war morgens das Läuten der Fünfuhrglocke verklungen, da rannte er auch schon in der Stube umher und schrie: »Aufstehen, aufstehen!« Mit seinem verstümmelten Arm gelang es ihm, uns die Decken wegzuziehen und machmal sogar Wasser in die verschlafenen Gesichter zu gießen. Da wir seine Beweglichkeit bewunderten, nahmen wir es ihm nicht übel, sondern schrieben diese Schauer am frühen Morgen unserer eigenen Faulheit zu. Mit der Zeit hatten wir seine Streiche sogar gern.

Als seine Landsleute versuchten wir alles, seine Gunst zu gewinnen, aber ohne Erfolg. Er ließ sich von seinem Standpunkt einer gleichen Behandlung für alle nicht abbringen.

Unser jüngster Vorgesetzter war »Ello«, der stellvertretende Stubenälteste. Er war ein kräftiger Bursche, und es machte ihm Spaß, uns Episoden seiner früheren amourösen Heldentaten aufzutischen, die er regelmäßig schloß mit »Oh, laß mich sein, Ello, du bist ein Schwein«, gesungen nach seiner Lieblingsmelodie »Rosamunde«. Er hatte sich mit 19 Jahren als slowakischer Soldat am Bahnhof stellen müßen, um an die Ostfront geschickt zu werden. Gestapoagenten, die sich auch eingefunden hatten, verlasen die Namen der anwesenden Juden, entwaffneten sie und schickten sie direkt nach Auschwitz.

Ich fand es recht seltsam, daß die Zahl der Juden in den faschistischen Armeen in Osteuropa, die ja für Hitler gekämpft hatten, um so viel größer war als die der aller überlebenden Juden in den Lagern von Auschwitz zusammen.

Der Ansturm auf das Krankenrevier in den Abendstunden war so groß, daß viele Kranke abgewiesen werden mußten. Deshalb hatten sich die Behörden damit einverstanden erklärt, daß unsere Schule einen eigenen »Arzt« bekam. Wir waren sehr dankbar dafür, weil Besuche im Krankenrevier immer ein Risiko für das eigene Leben bedeutet hatten.

Der »Arzt«, ein Krankenpfleger, der zu weichherzig war, um sich durchzusetzen, und uns wie kleine Kinder behandelte, mußte seinen »Laden« in einer Ecke des Dachgeschosses einrichten. Immer wieder stahlen wir uns einer nach dem anderen von den Stapeln unserer nassen Mauersteine weg und stellten uns zur Behandlung an. Die meisten von uns suchten ihn jede Woche auf, entweder wegen wirklicher Beschwerden oder um ihn ausrufen zu hören: »Ach, hau ab, du kleiner Halunke, dir fehlt nichts, du wirst noch hundert Jahre alt.«

Seine Ausrüstung bestand aus einem Tablett mit vielfarbigen Salben, von denen man sich die aussuchen konnte, die einem am besten gefiel. »Kleiner Jendrö«, sagte er dann gutgelaunt zu einem Zigeunerjungen, der gerade vorbeikam, »unser Janek ist sehr, sehr krank, erzähl ihm doch, welche Farbe dir für deine Hautkrankheit am besten gefallen hat«.

Wir sorgten für seine Beschäftigung, denn wir hatten viele Beschwerden, für die wir keine Erklärung fanden und die wir vor den Augen der SS verborgen halten mußten. Hatte unser Arzt, ein belgischer Jude, einmal Zeit übrig, dann benutzte er sie, um Medizin zu »organisieren«. Zuweilen bekam er von seinen Revierkollegen Vitamintabletten. Wenn er die gerecht verteilen konnte, war er glücklich. »Nur für diejenigen, die keine Päckchen von zu Hause bekommen«, sagte er dann, dabei wußte er genau, daß wir alle – außer den fünf Polen – überhaupt keine Post bekamen.

Da mich der Hunger plagte und ich ihn nicht stillen konnte, versuchte ich mit Herrn Keding in Verbindung zu treten, dem Bekannten unserer Familie, dessen plötzliches Auftauchen im Quarantäneblock solches Aufsehen erregt hatte. Abend für Abend hoffte ich vergebens, ihn ausfindig zu machen und schlenderte vor dem Block 3 entlang, der in bequeme kleine Zimmer eingeteilt war, das Heim der prominenten Häftlinge, Kapos und alter deutscher »Krimineller«. Kein gewöhnlicher Lagerinsasse, selbst wenn er eingeladen worden wäre, konnte es wagen, dort einzutreten.

Dann traf ich ihn eines Tages. Er erzählte mir seine Geschichte: »Wie du weißt, war ich Kaufmann, und du wirst dich vielleicht fragen, wie ich hierher gekommen bin. Nun, es handelt sich eigentlich um eine Familienangelegenheit. Ich vermißte Geld in meiner Ladenkasse und hatte meine Frau in Verdacht. Ich entschloß mich, es ihr ins Gesicht zu sagen. Wir gerieten aneinander, und es gab Streit. Sie behauptete, sie habe das Geld der NSV, dem Nazi-Wohlfahrtsfonds, gegeben, aber in meiner Gereiztheit änderte das für mich nichts an der Sache, und ich muß wohl beide etwas zu sehr verflucht haben. Dann verließ mich meine Frau. Anscheinend hat sie den Leuten von dem Vorfall erzählt, denn bald darauf wurde ich angeklagt, die Institutionen der Partei ›schwerstens‹ angegriffen zu haben. Und deshalb bin ich hier. Jetzt«, sagte er, und es schien ihm gar nicht recht zu passen, »schickt man mich wieder nach Hause. Meine alte Parteimitgliedschaft muß sie wohl beeindruckt haben, besonders jetzt, da es ziemlich schlecht für Deutschland aussieht«.

Er stellte mich einem feindselig aussehenden deutschen »Kriminellen«, einem seiner Freunde, vor: »Dieser Kumpel hier wird dir helfen, wenn ich weg bin. Merk dir seinen Namen und seinen Block. Wenn du einen Rat brauchst, denn geh zu ihm.« Keding fragte mich, ob ich gerne Zucker esse. Natürlich tat ich das, und wir vereinbarten, uns am nächsten Tag wieder zu treffen. Ich fragte mich, warum in aller Welt, in der es nicht einmal alte Brotkrumen zu nagen gab, er sich um meine Vorliebe für Süßigkeiten kümmern sollte, und konnte es kaum erwarten, ihn wieder zu treffen. Sofort nach dem Abendappell eilte ich zu Block 3, Keding wartete schon auf mich mit einem Beutel voll nassem, braunen Zucker.

»Das ist alles, was ich für dich tun konnte«, entschuldigte er sich, »aber es ist ein ganz schlauer Trick von mir. Einmal in der Woche, wenn ich von der Arbeit komme und als Ein-Mann-Arbeitskommando durchs Tor gehe, darf ich mir eine große Kanne Kaffee für die deutschen Insassen von Block 3 mitnehmen. In der SS-Küche kann ich ihn mir selbst süßen. Ich fülle dann die Kanne mit Zucker und tränke ihn mit Kaffee. Im Block gieße ich dann die Brühe ab, und hier ist der Zucker.«

Ich schnappte mir das großzügige Geschenk und kam mir vor wie ein Bettler, der einen Hundertmarkschein bekommen hat, aber unruhig ist, weil er diesen Schatz nun verbergen muß.

»Mach's gut,« rief mein eiliger Wohltäter, als er auf sein Zimmer ging, »du wirst mich nicht mehr sehen, ich gehe nächste Woche nach Hause. Alles Gute, Kleiner.«

Als ich in unseren Block zurückkam, wurde ich sofort von meinen Stubenkameraden umringt. Zucker war im Konzentrationslager etwas, das man nur vom Hörensagen kannte. Jeder wollte kosten. Ich konnte es ihnen nicht verwehren, denn sie waren Bettler wie ich.

Den Rest des Beutels teilten wir unter uns vier Freunden, den Mitgliedern des Teil-Paktes. Wir verschlangen den Zucker so schnell wie möglich, trotzdem reichte er zwei Tage. Aber viel länger als der süße Geschmack auf unserer Zunge hielten die Beschwerden an, daß ich mich auf ihre Kosten bei den anderen beliebt gemacht hatte. »Du hattest kein Recht dazu«, wurde mir vorgehalten, »mit unserem Anteil des Beutels so großzügig zu sein«.

Erst viel später erzählte mir jemand eine andere Version von Kedings Vergangenheit. Vor 1933 schien das Steckenpferd unseres Freundes sein Pfadfinderleben zu sein. Als Führer hatte er dann und wann seine kleine Gruppe von Pfadfindern bei sich zu Hause. Das hörte auf, als er vor Gericht gestellt und wegen homosexueller Beziehungen zu seinen Schützlingen angeklagt wurde. Dann kam Hitler. Keding zog eine braune SA-Uniform an, und alles war wieder in Ordnung.

Warum nur, fragte ich mich, war er dann als politischer Häftling eingestuft worden? Sein Dreieck war verblichen, aber vielleicht war es überhaupt nie rot gewesen, sondern rosa, die Farbe der überführten Homosexuellen! Das würde auch seinen Wunsch erklären, so kurz vor seiner Entlassung nicht in meiner Gesellschaft gesehen zu werden.

Der Strom der Häftlinge kam und ging, und die wahre Geschichte Kedings blieb ein Geheimnis. Der dicke, kleine Krämer war vergessen.

Es kamen Neuzugänge, und ein Teil von uns mußte in ein anderes Lager geschickt werden. Diesmal hieß das Ziel Birkenau, die angebliche Arbeit Mauern. Aber von dort war es nur eine Fahrt von fünf Minuten bis zum Wald, der die getarnten Gaskammern verbarg. Wir wußten das nur zu gut. Und das wußte auch unser Blockältester, der Mann, der das schmerzliche Aussuchen zu erledigen hatte.

Wir mußten uns aufstellen. Wir waren hundert zuviel. Zuerst rief der Blockälteste, ohne von seiner Liste aufzusehen, die Namen von denen auf, die Unruhe in das Lagerleben brachten: der polnische Junge, der sich mit Schwarzmarktgeschäften befaßte, die Zigeunerjungen mit schwachen Blasen, die Jungen mit ansteckenden Kopfkrankheiten, die wenigen extremen Nationalisten und diejenigen, die mit Strümpfen schliefen. Dann ging er die Reihen ab. Da er keine andere Wahl hatte, pickte er die heraus, von denen er dachte, daß sie sich auch ohne ihn durchschlagen würden.

An diesem Abend blieben wir auf unseren Stuben. Unsere Moral war schwer angeschlagen. Alles, was von Klein-Berlin übriggeblieben war, waren der blonde Gert, der kleine und der lange Kurt, mein Freund, der freche Gert, und ich. Wir waren noch nicht einmal sicher, daß wir damit Glück gehabt hatten. Erst vor acht Monaten, als man alle überlebenden Jungen in der Maurerschule zusammengefaßt hatte, war der gesamte Block, auch die Lehrer, nach Birkenau verlegt worden, und niemand hörte mehr etwas von ihnen.

Der jüngste Lagerinsasse war ein zwölfjähriger polnischer Jude von slawischem Aussehen mit einem Kindergesicht. Zusammen mit seinen vier Cousins, die etwas älter als er, aber genauso klein waren, war er im Mai 1943 nach Auschwitz gekommen. Am Bahnhof, wo ihr neuangekommener Transport die verhängnisvolle Auswahl erlebte, wurden diese fünf Jungen herausgesucht und zu Lagerboten bestimmt. Die drei, die unserem Lager zugeteilt waren, wohnten in Block 16. Diese »Läufer« waren den ganzen Tag damit beschäftigt, umherzulaufen und zwischen den Kapos und der SS-Leitung Verbindung zu halten.

Wir versuchten, uns mit diesen flott gekleideten, kleinen Burschen gutzustellen, denn abgesehen davon, daß sie immer die neuesten Nachrichten wußten, waren sie intime Freunde so mancher einflußreichen Persönlichkeit im Lager. Die freundschaftlichen Bande zwischen uns und den »Läufern« wurden allerdings immer wieder zerrissen, weil man ihnen allgemein vorwarf, sie hätten ihren so lange andauernden Erfolg in solch einer beneidenswerten Position dadurch erkauft, daß sie Huren spielten. Wenn man Gerüchten glauben durfte, trugen sie sogar rosa Spitzenhöschen.

»Warum auch nicht?« belehrte mich der blonde Gert. In Monowitz hatte ich auch homosexuelle Beziehungen zu meinem Kapo. Wir hatten beide unsere Befriedigung, und es gab überhaupt keinen Grund, das abzulehnen. Was hätte mich sonst vor schwerer Arbeit, Hunger und Krankheit bewahren können?«

»Guck dir doch den kleinen Kurt an«, fuhr Gert fort, »der ist naiv wie ein Kind. Aber das macht er auch. Frag ihn mal danach, dann wirst du sehen, wie er darüber noch kichert, der alberne Esel.«

Jungen, die sich aus Mangel an Selbstbeherrschung den Wollüsten ihrer sexuell hungrigen Bekannten hingaben, wurden allgemein verachtet und mußten über ihre Erlebnisse schweigen. Aber Kurt konnte man für seine Handlungen nicht verantwortlich machen, denn er war noch zu unschuldig und wußte gar nicht, was er tat. Wenn er seine Grimassen schnitt und Kinderreime vortrug, konnte er einem in seiner Hilflosigkeit nur leid tun.

Kurt war unser Sorgenkind. Er kam aus einer angesehenen Berliner Familie von Intellektuellen und schien von zu Hause verwöhnt und in Unkenntnis über die Welt um ihn herum gehalten worden zu sein. Jetzt machte er sich selbst so sehr zum Gespött, daß wir begannen, an seinem Verstand zu zweifeln, und ernsthaft anfingen, ihn väterlich zu betreuen.

Zu seinen Verrücktheiten gehörte zum Beispiel, daß er uns Jungen, Lehrern, Stubenältesten und allen anderen mit einem neuen Liedchen über Mädchen auf die Nerven fiel, das wir selbst ihm aber erst beigebracht hatten. Wir erwischten den armen Jungen sogar dabei, daß er es auch in einem Nachbarblock zum besten gab, wo man seine lächerlich ernste Art zu singen mit lautem Beifall begrüßte – und sie dann großzügig mit einer Schüssel Suppe belohnte. Eine andere Laune von ihm, die wir ihm nicht so leicht abgewöhnen konnten, war es, jeden anzuspucken, der ihn ärgerte. Da er aber nun einmal eine komische Figur darstellte, war es nur natürlich, daß man sich über ihn lustig machte. Er gab sogar selbst zu, wie ein »Arsch mit Ohren« auszusehen. Und wie ein solcher benahm er sich auch bei der Wahl seiner Gegner, vor denen wir ihn dann später retten mußten: er suchte sich mit Vorliebe große, muskulöse Ukrainer aus.

Die Mehrheit der SS-Wachposten war aus faschistischen Satellitenländern angeworben worden. Obwohl diese Leute Vertreter des »germanischen Ruhmes« waren, beherrschten sie dessen Sprache ebensowenig wie die Häftlinge aus ihren Ländern. Vielleicht waren diese Söldner sogar von dem gleichen Haß erfüllt wie sie.

Man brauchte kein Philosoph zu sein, um die Ironie in der Zivilisation unserer Gegenwart zu erkennen. Hier direkt in unserem Block gab es ein Beispiel dafür, das Opfer war ein Zigeunerjunge. Sein eigener Vater trug die Uniform der Unterdrücker. Dieser Slowake war noch vor Hitlers Entscheidung, die Zigeuner – wahrscheinlich die älteste Rasse arischen Ursprungs – auszurotten, Soldat geworden. Er trug das silberne SS-Emblem mit Totenkopf und Knochen an seiner Feldmütze und fuhr einen Lastwagen, genau so einen wie der, mit dem seine Angehörigen in die Gaskammern transportiert worden waren. Manchmal kam er an unserem Lager vorbei, aber sein Sohn wagte es nicht, ihn anzusprechen. Sie hatten beide Angst vor einer Denunziation und winkten sich nur gegenseitig zu. Vielleicht war sogar jeder froh, daß der andere ihn nicht an sich erinnerte.

Es war eine seltsame Welt, in der wir lebten, aber ich konnte beim besten Willen nicht herausfinden, wer dafür verantwortlich zu machen war. Ich tippte auf die ergebenen Werkzeuge des SS-Reiches, aber wenn ich an den Vater des Zigeunerjungen dachte, der von Befehlen und Furcht beherrscht war, wenn er in seiner einsamen Kabine dahinfuhr, dann änderte ich meine Ansicht wieder. Ich wollte Hitler für unser Los verantwortlich machen, aber ich hatte ihn doch selbst nur wenige Schritte entfernt von mir gesehen: Er war nicht mehr und nicht weniger von Fleisch und Blut als ich hilfloses Wesen. Ich konzentrierte meinen Haß auf die Aristokratie, deren Geschäft der Krieg war, deren Profite aus der IG-Farbenfabrik in Monowitz flossen und deren Söhne als Offiziere hierher gekommen waren, um uns zu überwachen; aber ich sah mich in eine Welt gestellt, die nicht durch Gefühlsreaktionen, sondern durch den Zwang der Tradition beherrscht wurde.

Ich stellte Betrachtungen über Gott an, das himmlische Wesen, dessen Allmacht ich nicht spürte. War es überhaupt sicher, daß er sich mit den Menschen mehr befaßte als mit all den anderen Kreaturen des Universums?

Das Nächstliegende für das Kreisen unserer Gedanken war die Stube, in der wir wohnten. Durch die tägliche Routine war sie unser Heim geworden, eine Stätte, vor der wir uns nicht mehr zu fürchten brauchten.

Um den Ärger darüber zu beseitigen, daß jeden Morgen Staub und Stroh auf die frisch gemachten unteren Kojen fielen, hatten wir eine Bettenbaumethode entwickelt. Die Bewohner der oberen Kojen (alte Häftlinge und Blockpersonal) sollten als erste ihre Decken in einer festgesetzten Zeitspanne ausschütteln. Dann kamen die mittleren und die unteren Kojen an die Reihe.

Prominente Insassen wählten die oberen Betten, weil sie mehr Raum über dem Kopf boten und man schnell darüber weglaufen konnte, wenn es darauf ankam, sich davonzumachen. Es waren die Leute in den mittleren Kojen, die all den Widerwärtigkeiten der zahlreichen Stubenappelle ausgesetzt waren. Die Bewohner der unteren Kojen waren dann ebenfalls außer Sicht, aber dafür hatten sie am meisten unter den unvorsichtigen Kletterschritten der anderen und den heißen und kalten Flüssigkeiten, die oben verschüttet wurden, zu leiden.

Als ob man uns damit erheitern wollte, waren einige Stuben mit Losungen für das Lagerleben bemalt. Auch in unserer Stube fiel ins Auge, was auf der weißgetünchten oberen Hälfte der Wand stand und auf die oberen Kojen starrte: »Es gibt nur eine Straße zur Freiheit – ihre Meilensteine sind Fleiß, Gehorsam ...« Wir ignorierten das, die einen, weil sie es nicht lesen konnten, und die anderen, weil sie sich darüber ärgerten. Man hatte, um uns zu beeindrucken, die gleichen Phrasen verwendet, mit denen die deutsche Jugend eingelullt und zu der verhängnisvollen Unterwürfigkeit gebracht worden war, die sie den üblen Absichten ihrer Lehrer gefügig machte. Hier wirkten solche Parolen einfach lächerlich. Als die Stube renoviert wurde, verschwanden sie.

Der tägliche Appell, bei dem wir in Zehnerreihen und in Achtungstellung zu stehen hatten, während wir von den behandschuhten Fingern eines arroganten Unterscharführers gezählt wurden, dieser Appell brachte uns immer wieder unsere Bedeutungslosigkeit zum Bewußtsein. Wenn die Gesamtzahl der anwesenden Häftlinge nicht mit der Zahl übereinstimmte, die in den Büchern stand – und das kam fast jede Woche vor – dann zog sich diese schwere Prüfung über Stunden hin. Es reizte diese Ausgeburten des Sadismus zu sehen, daß ein ganzes Lager müder »Untermenschen« angetreten und ihnen auf Gnade und Ungnade ausgeliefert war. Und das wußten die Nazis sehr schnell für sich auszunutzen.

Der »sogenannte Blockführer von 7a« hatte eine Vorliebe für »Blumenkasten-Exerzieren«, und sein Lieblingskandidat dafür war unser Schularzt. Dabei mußte man einen der hübschen, aber schweren grünen Kästen, die die Fensterbretter schmückten, hochheben und balancieren, während der Unterscharführer mit gezogenem Revolver eine Pyramide von Blumentöpfen darauf aufbaute.

Bald hatten wir eine Methode entwickelt, mit der wir die häufigsten Opfer gegen die Willkür schützen konnten: Wir tauschten sie aus. In der ersten und in der letzten Reihe standen nur noch stärkere Häftlinge, die auch besser aussahen und die nicht so leicht herausgepickt wurden. Als die SS das merkte, gab sie es auf herumzulaufen und ging dazu über, in die Reihen einzubrechen, zu treten und zu schlagen.

Wer typisch russisch aussah oder eine jüdische Nase hatte, der war ein ständiger Sündenbock. Aber sah man nicht wie die erwartete

Karikatur aus, sondern machte einen anderen Eindruck, dann erging es einem auch nicht viel besser. »Wie kannst du lausiger Zigeunerbalg dich unterstehen, blond zu sein?« wurde man angebellt. »Deine Mutter muß ja eine ziemliche Hure gewesen sein!«

Ein Sonntag im Lager war eine relativ ruhige Angelegenheit. Die Morgenstunden waren angefüllt mit zahlreichen Aufgaben, für die wir im Verlaufe der anstrengenden und ermüdenden Woche keine Zeit hatten. Der einzige Anzug, den man besaß, hatte immer eine Säuberung nötig. Dann mußte man neue, saubere Nummern annähen und Socken stopfen. Wem es nicht genügte, alle vierzehn Tage die Unterwäsche zu wechseln, der wusch seine Unterhosen. Wir stellten uns beim Friseur an und machten den Block sauber. Dann, gegen Mittag, fetteten wir unsere derben Lederschuhe ein – gewöhnlich zwei einzelne, die nicht zusammen paßten – und gingen hinunter zum Appell.

Sonntagsappelle waren gleichzeitig Kontrollen, und ein Block mußte nun einmal der schmutzigste sein. Wir von der Maurerschule konnten es uns in unserer unsicheren Lage aber nicht leisten aufzufallen.

Nach der Essensausgabe war eine zweistündige Ruhezeit angesetzt, während der das Lager Mittagsschlaf halten sollte. Mit Ausnahme der wenigen, die bis zum nächsten Morgen durchschliefen, wachten wir dann alle mit leeren Mägen wieder auf und waren gezwungen, den Rest des Tages mit »Organisieren« zu verbringen, um auf irgendeine Weise etwas heranzuschaffen.

Den Nachmittag über durchstöberten wir also das Lager vergeblich nach Freunden und Lebensmitteln. Unsere Lage wurde noch schwieriger durch die Tatschache, daß einem Elend und Hunger nicht besonders auffallen, aber Wohlstand und Reichtum sich auf vielerlei Weise bemerkbar machen. So nahmen wir nicht die Gefühle unserer Leidensgenossen wahr, sondern nur die Lebensmittelpakete der wenigen Privilegierten. Und erst recht stach uns die Arroganz der SS-Familien ins Auge, die, als ob sie uns in unserer Not noch verhöhnen wollten, hinter dem Zaun ihren Sonntagsspaziergang machten. Der einzige Trost war ein guter, langer Schlaf.

Eines Tages kam ein großer, freundlicher Pole zu mir, der erste Besucher seit der Quarantäne. »Ich weiß, daß euer Blockältester

Fremde hier nicht gern sieht, aber ich mußte dich persönlich sprechen«, sagte er langsam in gebrochenem Deutsch. Sein Selbstbewußtsein beeindruckte mich, bevor ich noch seine Mission kannte, und wir gingen in eine ruhige Ecke. Dort holte er ein sorgfältig gefaltetes Stück Papier hervor: »Das ist für dich. Gib mir bis morgen eine Antwort, ich werde zur gleichen Zeit wieder hier sein. Jetzt muß ich machen, daß ich hier wegkomme. Also auf Wiedersehen, alles Gute!«

Als ich es ganz auseinandergefaltet hatte, hielt ich schließlich ein beschmutztes Blatt Papier in der Hand, das eine mit Bleistift geschriebene Mitteilung enthielt. Ich starrte auf die Unterschrift. Es gab keinen Zweifel, da stand: »Deine Mutter«.

Ich war ganz rot vor Aufregung. Die Nachricht von meinem Glück verbreitete sich schnell, und bald war ich von ein paar Dutzend Stubenkameraden umgeben, die alle für sich in Anspruch nahmen, meine besten Freunde zu sein, um weitere Einzelheiten zu erfahren – vor allen Dingen aber das Wort »Muttter« sehen wollten. Es gab einen doppelten Grund zur Freude: Jemand hatte eine Mutter gefunden, die doch jedem das Liebste war, und außerdem hatte ein edler Freund sein Leben gewagt, um eine Nachricht aus dem Frauenlager von Birkenau hereinzuschmuggeln.

In der Mitteilung hieß es, daß in der nächsten Woche einige Frauen, darunter meine Mutter, an unserem Lager vorbeikommen würden. Fast alle Stubenkameraden, die nicht zur Arbeit hinausgingen, wollten mich unbedingt begleiten, um sie zu begrüßen. Mehr noch als die »Mutter« war es die »Frau«, die sie anzog. Sie hatten sich schon so lange nach dem Anblick von Frauen gesehnt; aber zu ihrer großen Enttäuschung entschied der Blockälteste, der Ärger von Seiten der SS befürchtete, daß nur der Stubenälteste und ich sie sehen durften.

Nach einer Woche ungeduldigen Wartens gingen wir beide dann mit Körben unter dem Arm – angeblich um Verpflegung zu holen – die Hauptstraße hinunter, die in den Morgenstunden ganz verlassen war. Die Kolonne von Frauen in den gestreiften Kleidern und mit schmutzfarbenen Kopftüchern wurde von weiblichen bewaffneten, grau uniformierten SS-Wachtposten herangeführt. Wir hatten hübsche Frauen erwartet, und nun sahen wir genauso elende Häftlinge, wie wir selbst es waren. Veteranen – dachte ich. Ihre Leiden standen ihnen im Gesicht geschrieben.

Ich erkannte meine Mutter kaum. Sie war doch erst Anfang dreißig und sah schon genauso verhärmt aus wie ihre Leidensgenossinnen. Ich küßte sie. Im Weitergehen sagte sie, sie hoffe, daß meine Arbeit nicht zu schwer sei. Dann wollte sie mir ein Stück Brot geben. Noch während ich das ablehnte, kam ein Posten dazwischen und jagte mich weg.

Unsere Begegnung hatte genau fünfzehn Sekunden gedauert ... Das Schicksal der Frauen war, wie ich durch den Überbringer der Mitteilung wußte, nicht leicht. Sie waren Fabrik- und Magazinarbeiterinnen, Erdarbeiterinnen, Landarbeiterinnen und Näherinnen, und sie arbeiteten wie wir elf Stunden am Tag. Nur die Jungen und Anziehenden kamen – aus Gründen, die bei männlichen Häftlingen wegfallen – für Büroarbeiten in Frage.

Daß ich Mutter gesehen hatte und ihr nahe gewesen war – dieses Erlebnis übte eine starke Wirkung auf mich aus. Ich war jetzt entschlossen durchzuhalten, koste es, was es wolle, und wurde darin durch drei Erwägungen bestärkt. Im Nachbarlager war Mutter und wartete auf Briefe von mir, die ihre Angst beschwichtigen sollten. Jenseits des Wassers kämpfte Vater auf der Seite der Alliierten und hoffte, daß seine Anstrengungen uns helfen könnten. Draußen in der Welt lag die Zukunft, die uns Jungen zuwinkte, Männer zu werden.

Nach der Begegnung mit meiner Mutter beschloß ich, zu dem Lagerfriseur in Block 1 zu gehen und ihm davon zu erzählen. Vielleicht würde er sein unbestimmtes Versprechen, mir zu helfen, das er mir bei unserer Ankunft gegeben hatte, nun verwirklichen.

Er muß wohl eine wichtige Persönlichkeit sein, wenn er sogar ein eigenes Zimmer hat, dachte ich beeindruckt und klopfte an die Tür. »Ach, nett daß du gekommen bist«, begrüßte er mich. »Aber bevor wir uns unterhalten, iß erst einmal etwas – deshalb kommen ja die meisten Besucher zu mir.«

Während ich durch das kleine Fenster zum Duschraum beobachtete, wie ein Trio von Zigeunersängern mit einer Gitarre vor ein paar »hohen Tieren« des Lagers musizierte, bereitete er mir ein Essen, das sogar in der Hauptstadt des Überflusses, Berlin, schwer zu haben gewesen wäre. Und unter den sentimentalen Zigeunermelodien der anderen werbenden Hungerleider, die zu mir herauftönten, ließ ich es mir schmecken.

Als ich meinen Teller ausgekratzt hatte, erzählte ich ihm die Neuigkeit. Sie beeindruckte ihn gar nicht. Nein, er könne für mich und auch für die anderen Jungen außerhalb dieser vier Wände, in denen allein er vor seinen Konkurrenten sicher war, leider gar nichts tun.

»Aber ich habe natürlich für euch Jungen immer einen Leckerbissen übrig. Komm doch ab und zu abends hier vorbei, vielleicht bist du sogar ein guter Gesellschafter«, tröstete er mich.

»Weißt du, ich bin ein alter Zuchthäusler und habe einige Erfahrung im ›Organisieren‹. So lebe ich nun schon über zehn Jahre. Ob Hitler oder nicht, ich komme hier sowieso nicht mehr heraus – aber ihr, die ihr rauskommen könntet, ihr werdet es nicht überstehen. Es wäre besser für dich gewesen, wenn du so einen Ort nie gesehen hättest.«

»Guck mal hier aus dem Fenster«, sagte er und zeigte auf die endlosen Reihen elektrischen Drahtes, über denen sich rote und weiße Birnen erhoben. »Glaubst du etwa, das dort und die Gaskammern und Krematorien in Birkenau sind gebaut worden, damit wir sie überleben? Sie sind zur Vernichtung da. So sieht die Welt aus, die uns Verbrechern und euch Jungen zeigen soll, wie man zivilisiert wird!«

Mein neu entdeckter Gönner war bei weitem kein Hoffnungsstrahl für mich, aber da er freigiebig und einer der fünf einflußreichsten Lagerinsassen war, entschloß ich mich, seine Freundschaft zu pflegen. In der Regel besuchte ich ihn zwei Mal in der Woche. Sein runzliges Gesicht hätte in ihm einen einfachen, bescheidenen Buchhalter vermuten lassen können. Er hatte eine Glatze und trug eine Zahnprothese. Seine blauen Augen blickten durch eine gepflegte Brille. Etwas erinnerte jedoch noch an seine glänzende Vergangenheit. Auf der Brust und an den Armen war eine verbleichende blaue Auswahl von Tätowierungen zu sehen: Herzen, Dolche und Anfangsbuchstaben.

Er erzählte mir Geschichten von seinen Heldentaten als Geldschrankknacker, aus den Tagen seiner glorreichen Freiheit, von seiner Familie, die ihn längst vergessen hatte, und von den schweren Tagen in den Moorlagern an der Ems. Er war ein alter Experte in Fragen des Zuchthauslebens und schien sich mit seinem Los abgefunden zu haben.

»Kannst du dir denken, warum mich die nackten Neuankömmlinge so sehr interessieren, gerade bevor sie zur Dusche gehen?« fragte er mich. »Nicht etwa aus Sympathie. Es ist meine Aufgabe, die neuen Häftlinge auszufragen. Wenn sie mich ansprechen, wende ich mich schnell einer anderen Gruppe zu. Diejenigen, die schweigen, interessieren mich. Leute, die Angst haben, den Mund aufzumachen, haben darin etwas zu verbergen. Meine Aufgabe besteht also darin, herauszufinden, was. Gewöhnlich sind es Wertsachen, die ich dann der SS ausliefern soll.«

»Aber«, fuhr er fort und öffnete ein Schubfach, das glänzende Juwelen und goldene Münzen enthielt, »ich bin natürlich nicht so ein Narr, ihnen alles zu geben. Bei guten Freunden kann ich für diese Schätze alles eintauschen, was ich brauche, und du kannst mir glauben, daß sogar SS-Offiziere dafür empfänglich sind.«

Der Lagerfriseur lenkte meine Aufmerksamkeit auf einen viereckigen Fleck im Fußboden, neben der Wand, der einen anderen Farbton aufwies. »Siehst du das hier? 1941 stand hier noch ein Schrank und darunter war der Eingang zu einem Fluchttunnel, den russische Kriegsgefangene gegraben hatten. Es erscheint fast unglaublich, aber sie kamen bis auf einige Meter an den letzten Zaun heran, bevor sie entdeckt wurden. Jetzt ist natürlich alles wieder zugeschüttet, und von den armen Teufeln lebt nicht einer mehr.«

Dann, eines Tages, als er mir wieder seine üblichen entmutigenden Geschichten erzählt und auch wieder auf seine Feinde hingewiesen hatte, die nur nach einer Gelegenheit suchten, ihn zu ruinieren, jagte er mir einen Schrecken ein. »Jetzt ist es so weit, daß ich es mir nicht länger leisten kann, dir zu helfen, ohne eine Gegenleistung dafür zu verlangen. Du weißt ja, wir müssen hier nicht nur auf unsere Frauen verzichten, sondern wir können uns schon kaum noch an die Freuden mit ihnen erinnern.« Er hatte die Tür verschlossen und begann seine Hosen aufzuknöpfen. Ich war entsetzt. Die einzige Möglichkeit herauszukommen wäre gewesen, ihm einen Schlag zu versetzen, aber das wagte ich nicht. Weil mir nichts einfiel, blieb ich ganz reglos sitzen ohne das geringste Anzeichen, dazu bereit zu sein. Er drängte und redete auf mich ein, daß er zu frieren beginne.

Dann gab er auf. »Ach, ich habe jetzt genug von dir, sitzt da, als ob ich jemand umbringen will. Du bist schlecht, ich verschwende nur meine Zeit«.

Als er die Tür öffnete, wollte ich verschwinden, um ihn niemals wiederzusehen, aber er hielt mich fest. »Macht nichts, ich finde schon genug andere. Trotzdem werde ich dich nicht ganz und gar fallenlassen. Du kannst von Zeit zu Zeit mal zum Block 1a gehen und dir die Suppe abholen, die da für mich reserviert wird.«

Der kesse Gert und der lange Kurt lachten mich nur aus, als ich ihnen von meinem Abenteuer berichtete. »Ja, dieser alte Lump ist für seine Leidenschaft bekannt«, grinsten sie, »und wenn jemand versucht, ihn anzuzeigen, dann schickt der alte Intrigant ihn nach Birkenau. Du kannst von Glück reden, daß er dir nicht gedroht hat. Gar keine schlechte Idee, einfach Naivität und Unschuld vorzutäuschen. Viele Jungen versuchen es mit diesem Trick, aber im entscheidenden Moment wird das ziemlich gefährlich. Nachdem du diesen alten Fuchs wochenlang an der Nase herumgeführt hast, mußt du ja jetzt direkt ein Experte sein.«

Sie kannten das Lagerleben und hatten wahrscheinlich recht. Von den Jüngeren hatten fast alle schon solche Angebote erhalten, und nur wenige prominente Häftlinge machten dieses Angebot nicht. Homosexualität war ein offenes Geheimnis, trotz aller Bemühungen, sie »auszurotten«.

Ein paar Monate später hörten wir, daß der Lagerfriseur nach einem Streit mit einem SS-Offizier in ein neu errichtetes Nebenlager geschickt worden sei. Die zynischen Bemerkungen unseres Blockältesten über »erwachsene Freunde« erwiesen sich als berechtigt. »Mit Leuten, die im Mittelpunkt stehen, Umgang zu haben, ist ein gefährlicher Sport. Wenn sie untergehen, ziehen sie ihre Freunde mit hinab.«

Trotz seiner strengen und manchmal erbarmungslosen Gesetze blieb der Block 7a eine Schutzinsel vor den Intrigen, die im Lager herrschten. Es war ein Zufluchtsort, an dem das Häftlingsdasein mit seinem »Mal-oben-mal-unten« neben der Klarheit eines freien und ehrlichen Meinungsaustauchs verblich – und sich in dem überwältigenden Strahl der jugendlichen Hoffnung verlor.

Bald erlebten wir wieder eine von den gefürchteten Auslesen, bei denen Häftlinge, die ihren Herren keinen Profit mehr versprachen, für die Todesfabriken in Birkenau herausgesucht wurden.

Nach dem Abendappell mußte das gesamte Lager zum Birkenweg marschieren, das war der Fahrweg, der zum Badehaus führte. Auf einer Seite waren die elektrisch geladenen Drähte und auf der anderen die Wachtposten – an eine Flucht aus dieser Gasse war also nicht zu denken. Unsere Stimmung hatte schon ihren tiefsten Punkt erreicht, und wir warteten stundenlang, während die riesige Schlange sich im Schneckentempo in die Untersuchungsräume bewegte. Das unheimliche Schweigen wurde nur unterbrochen durch ein einsames Geklapper, das aus der Hauptstraße widerhallte, es waren die eiligen Schritte der Glücklichen, die die Prüfung überstanden hatten. Manche von uns beteten. Einige dachten an zu Hause. Anderen – die bereits die Hoffnung auf ein Überleben aufgegeben hatten – schien es gleichgültig zu sein, wenn das Schicksal sie abberufen würde.

Von den Wachttürmen waren vier Maschinengewehre auf uns gerichtet, die sehr wohl in der Lage waren, all unseren Plänen und Hoffnungen ein Ende zu setzen. Selbst die alten, erfahrenen deutschen Häftlinge, die sich ihrer privilegierten Stellung bewußt waren, hatten Angst. Aber was für Gedanken uns auch bewegen mochten, alle schwiegen wir.

Jetzt waren wir an der Reihe. Wir betraten den feuchten, kalten Baderaum, zogen uns aus, nahmen unser Bündel Kleider und liefen, so schnell uns unsere jungen Beine trugen, an den SS-Ärzten vorbei. Die gut durchgekommen waren, rannten zurück in den schützenden Block, ohne sich lange mit dem Anziehen aufzuhalten.

Der Blockälteste setzte seinen ganzen Einfluß ein, um uns zu retten, und raunte dem SS-Offizier zu: »Die Kinder haben heute wirklich schwer gearbeitet, lassen Sie sie schnell durchlaufen, damit sie ins Bett kommen.« Diesmal war das gefährliche Glücksspiel gelungen, nur ein paar von uns wurden zurückgehalten.

Und doch konnten wir an diesem Abend nur schwer einschlafen. Wir hatten zwar einen weiteren Monat Lebensfrist erhalten, aber wir dachten an die Jungen, die jetzt in Lastwagen weggefahren und bald dem Terror der Gaskammern ausgeliefert wurden. Die Welt hatte sie vergessen. Wir konnten nichts dagegen tun.

Die Furcht, die immer wieder auf uns einstürmte, und unsere gemeinsamen Nöte führten dazu, daß wir uns noch enger zusammenschlossen. Bekannte wurden Gefährten, Gefährten Kameraden.

Zu meinen neuen Freunden gehörte Mendel Tabatschnik, ein aufgeweckter jüdischer Junge aus Bialystok, den ich sehr gern hatte.

Er war nicht viel älter als ich, aber schon seit Winter 1942 im Lager, wirklich eine Leistung für einen Jugendlichen. Mendel war ein Idealist; er lebte von der Vergangenheit und für die Zukunft, und sein moralisches Verhalten war bewundernswert. Er sprach nie über Lagerprobleme, befaßte sich auch nicht viel mit »Organisieren«, sondern schien von seinen Träumen und Erinnerungen zu leben.

Einer der eindrucksvollsten Augenblicke seines Lebens war es gewesen, als er 1940 in Moskau bei einer Massengymnastik-Vorführung mitgewirkt hatte. »Stell dir vor, du stehst auf der Spitze einer Menschen-Pyramide vor einer riesigen Zuschauermenge auf dem berühmtesten Platz der Hauptstadt, von der die ganze Welt am meisten spricht,« sagte er, und seine Augen glänzten vor Begeisterung.

Dann der »kleine Berger«, ein unterhaltsamer junger Zigeuner aus Österreich. Er war ein aufgeweckter Bursche, intelligent und geistreich, und hatte seine Zeit im Lager dazu benutzt, sich die Kunst des Schreibens anzueignen. Wir schätzten ihn wegen seiner berechtigten Kritik an dem Benehmen der anderen Zigeunerjungen, die sich selbst in den Vordergrund rückten und mit ihrer zur Schau gestellten Kindlichkeit die Lieblinge des ganzen Blocks waren, die in Wirklichkeit aber viel älter waren, als sie aussahen und sich gaben.

Der kleine Berger war ein offenherziger Freund, solange sich das Gespräch um Lagerangelegenheiten drehte; erwähnte man aber die Außenwelt, dann zog er sich in seine Schutzhülle zurück. Er hatte zweifellos Minderwertigkeitskomplexe. »Du brauchst nicht zu denken, weil ich nur ein Zigeuner bin ...«, war eine seiner ständigen Redensarten. Vielleicht hatte er sogar recht, wenn er sagte: »Die Juden draußen sind alle hohe Tiere, die den Zigeunern genauso schaden wollen, wie alle anderen.«

»Sollte er jemals dazu Gelegenheit haben, so dürfte er einen ehrgeizigen, vielversprechenden Studenten abgeben«, sagten unsere Lehrer. »Aber bis dahin muß unsere Welt sich noch gewaltig verändern.«

»Jendrö«, ein 13jähriger tschechischer Zigeuner, war der kleinste und daher derjenige unter uns, der am meisten prahlte und am überheblichsten war. Er hatte immer die Unterstützung seiner Brüder und verstand sehr gut, die Sympathie, die wir alle für ihn hegten, auszunutzen – eine Fertigkeit, durch die er es zu einigem Ansehen gebracht hatte. Um ihn scharten sich die anderen tschechischen Zigeuner, Angehörige desselben Stammes, die ängstlich ihre mystischen Vorstellungen vor den prüfenden Augen modern denkender Jungen, wie der kleine Berger, hüteten.

Ein weiterer Blockinsasse, der viel Lärm machte und der auch versuchte, Anhänger zu gewinnen, war ein Junge aus Odessa, der sich selbst als Judenhasser ausgab. Sein Vater hatte an Pogromen teilgenommen und ihn zum Antisemitismus erzogen, und jetzt, da »die jüdischen Bosse ihn den Deutschen überlassen, während sie selbst sich nach Moskau zurückgezogen hatten«, waren in seinen Augen dessen Prophezeiungen eben eingetroffen. »Sogar hier im Lager«, brüllte er, und ihm stand der Schweiß auf der zarten Stirn unter dem blonden Haar, »sind es die Juden, die mich umbringen wollen.« Seine Angst war nicht unbegründet, gelegentlich bezog er von uns Prügel.

Auch ein einsamer Deutscher, ein ungebildeter Junge vom Lande, der ein rotes Dreieck trug, war in der Schule. Wieso er als »politischer Gegner« galt, blieb ein Geheimnis. Sogar er selbst konnte sich nicht »erinnern«. Vielleicht hatte man ihn beim Herumstreifen auf dem Lande als angeblichen Zigeuner aufgegriffen, und als er sich seines Schicksals bewußt geworden war und seine Fänger ihren Irrtum bemerkt hatten, war es wahrscheinlich schon zu spät gewesen für seine Entlassung. Bei seiner Schwerfälligkeit war er jetzt noch mehr beunruhigt durch die Tatsache, daß wir ihn alle, soweit wie möglich, mieden. Wie der »kleine Kurt« befand er sich auf dem Wege zum Wahnsinn.

Im Frauenlager von Birkenau lebte das einzige jüdische Kind, ein Junge von vier Jahren, der bei den Wachtposten und Häftlingen gleichermaßen beliebt war. Einmal kam er in unser Lager, um seine Mutter zu besuchen, die sich zu dieser Zeit in Block 10, dem Versuchskrankenhaus für Frauen, befand. Da ich mit dem gleichen Transport gekommen war und ihn vom Durchgangslager her kannte, richtete ich es so ein, daß ich ihn sah.

»Was willst du?« zischte mich der blonde Berliner an und schwenkte verächtlich seinen kleinen tätowierten Arm, wie man es ihm beigebracht hatte. »Schieß in Wind!«

Die besten Freunde eines Häftlings waren Melodien. Wenn die Lagerkapelle sonntags morgens vor den SS-Unterkünften jenseits des Zaunes spielte, drängten sich viele von uns auf die Straße zwischen Block 1 und 12, um Blicke davon zu erhaschen. Die Mitglieder der Kapelle saßen in ihren zebragestreiften Repräsentationsanzügen mit hochglänzenden Blasinstrumenten auf einer Rasenfläche, die von einer Hecke umgeben war. Im Landschaftsgarten promenierten die Ehrengäste, die Offiziere mit ihren Mädchen und die Frauen und Kinder. Hinter den Hochspannungsdrähten stand die Menge ungeladener Zuschauer, die der Beachtung nicht wert waren und die müde von einem Bein auf das andere traten. Aber Melodien sind unparteiisch und lassen den Menschen vergessen, und während unsere Ohren ihrem Zauber lauschten, wurden die Augen auf beiden Seiten des Zaunes gleichgültig.

Im Sommer, wenn jeden zweiten Sonntagnachmittag ein Konzert veranstaltet wurde, saßen die Mitglieder der Kapelle auf einem hölzernen Podium in der Nähe der Lagerküche und bildeten ein richtiges Orchester. Der Dirigent war ein Pole, der einmal ein bekannter Mitarbeiter von Radio Warschau gewesen war.

Es war, als seien die Melodien ausgewählt worden, um uns Hoffnung einzuflößen, und wir fühlten, daß sie an keinem anderen Ort einen so tiefen Sinn haben konnten.

Wenn die Abendwolken nach Westen zogen, als hätten sie es eilig, von uns fortzukommen, und ein paar Musikfetzen mitnahmen, dann vermischten sich unsere Gedanken mit ihnen. Die Wolken waren frei. Die Musik war zeitlos. Den Gedanken waren keine Grenzen gesetzt.

Aber wir, und gleich uns Millionen, lagen in Ketten; in unsichtbaren Ketten, die wir nicht zerbrechen konnten; Ketten, die uns unbekannt gewesen waren; Ketten von einer sterbenden Zivilisation geschmiedet, um ihre Jugend zu fesseln.

»Arbeit macht frei«

Es war ein trüber Morgen, der Nebel, der aus der Sola aufstieg, hielt sich über dem Lager, und die ersten Sonnenstrahlen aus dem Osten drangen nur zögernd durch die Dunkelheit. Die Lagerglocke läutete, und in uns begann der tägliche Kampf: himmlischer Schlaf gegen rauhe Wirklichkeit. Ich rieb mir die Augen und mußte mir erst einmal darüber klarwerden, wo ich mich befand, dann fiel mir ein, daß heute mein vierzehnter Geburtstag war. Ein einsamer Brief war gekommen und erinnerte mich daran – er war von Mutter. Ich verstaute ihn in meiner Hemdtasche; Mutter schrieb, ich solle tapfer sein.

Der Geburtstag eines Kindes ist eine wichtige Angelegenheit, aber wenn es dann älter wird, erhält es immer weniger Geschenke. An diesem Tage gab es überhaupt keine; ich war wohl ein Mann geworden.

Am Abend suchte ich den Boten auf, der mir den Geburtstagsbrief gebrachte hatte, es war derselbe treue, unersetzliche polnische Freund, der mir die erste Nachricht zugestellt hatte. Als ich in seinem Block ankam, sinnigerweise war es Nummer 14, schien er mich schon zu erwarten. Er hielt eine Schüssel Suppe und etwas Brot bereit, wirklich ein Geburtstagsessen.

Um mich aufzumuntern, erzählte er mir mehr von Mutter. Sie arbeitete als Mechanikerin in den Unionswerken und wohnte in Block 2 des Frauenlagers von Birkenau.

Dann machte mein neuer Freund – er war groß und in den Dreißigern – einen Spaziergang mit mir. »Jetzt, da ich dich besser kenne – und du um ein ganzes Jahr älter bist – , sollst du etwas mehr über mich und meine Ansichten erfahren«, sagte er mit gedämpfter

Stimme und drehte sich um, um sich zu vergewissern, daß uns niemand folgte. Langsam, aber offen enthüllte er mir die Geschichte seines Lebens – eines Kampfes für seine Überzeugung, für die er nun noch stärker als je zuvor eintrat. »Im alten Polen hatten es auch Juden nicht gut«, vertraute er mir an. »Ich habe keine besondere Vorliebe für sie, aber für mich als Sozialisten gibt es keine solchen Unterschiede zwischen den Menschen, besonders, da uns jetzt ein gemeinsames Ziel verbindet. Wir leiden nicht nur schweigend, wie ihr Jungen das müßt. Wir halten unsere Verbindungen mit unseren Freunden draußen aufrecht, auch mit den Häftlingen in den anderen Lagern. Unsere Freizeit verschwenden wir nicht, sondern nutzen sie zum Wohl des neuen Polens, unserer Heimat, die wir einmal wiederzugewinnen hoffen. Und so kämpfen viele von uns, in Worten und Taten, um die Fehler der Vergangenheit auszumerzen. So sehr wir beide uns vielleicht auch unterscheiden mögen, bin ich doch froh, daß dir unsere Bemühungen nützen können. Ich kann dir zwar nicht mehr versprechen, als daß ich dir weiter von deiner Mutter Nachricht geben werde, aber darauf kannst du dich jedenfalls verlassen!«

»Dir mit Lebensmitteln zu helfen«, so hatte mein Freund gesagt, »wäre gegenüber meinen anderen jungen Bekannten, polnischen Landsleuten, die ich nicht im Stich lassen kann, unfair«. Seine Offenheit gefiel mir, und ich war sogar überzeugt, daß seine Haltung berechtigt war.

Die anderen Polen, die ich kannte, waren ländlich und ungebildet und ziemlich unangenehme Charaktere, ich hatte mir über sie ein verallgemeinerndes Urteil gebildet, und ähnlich war auch ihre Meinung über die Juden entstanden. Erst jetzt sah ich, daß nicht alle aggressive Egoisten waren, wie ich geglaubt hatte. Einige waren offenbar sogar fähig, Ausländern, die sie angeblich haßten, zu helfen.

Polens Nachbarn, die Ukrainer, hatten schon vor ihrer Inhaftierung in Deutschland Zwangsarbeit leisten müssen. Das dürfte erklären, warum diese rauhen Leute sich vor nichts scheuten, solange es ihnen Gewinn brachte, und warum sie die Radaubrüder des Lagers wurden. Sie waren weder auf die Russen noch auf die Polen gut zu sprechen, so hatten sie sich auf einen rücksichtslosen Kampf um ihr Überleben eingestellt und schreckten auch nicht davor zurück, andere Häftlinge wegen einer Scheibe Brot zu überfallen. Auf irgendeine Weise, die uns unverständlich blieb, ihnen aber logisch erschien, rechtfertigten sie ihre Räubereien. Die Beute eines Ukrainers wurde immer sofort verschlungen und gewöhnlich unter Freunden geteilt. Jeder Häftling war ein potentieller Dieb, jeder Ukrainer ein potentieller Räuber. Offene Überfälle auf schwächliche Insassen hatten in einem Ausmaß zugenommen, daß wir dazu übergingen, Schutzkommandos zu bilden, die mit den gleichen Methoden arbeiteten wie die Plünderer selbst. Als Köder diente uns dabei ein magerer, schrecklich aussehender Häftling, einer von denen, die »Muselmann« genannt wurden und die versuchten, ihre Brotrationen gegen Tabak umzutauschen. Wenn eine der Banden ihn belästigte, trat die gegnerische Truppe, die auch vorwiegend aus Ukrainern bestand, in Aktion und stürzte sich auf sie, um ebenso rücksichtslos Vergeltung zu üben.

Diebe waren schwerer zu überführen. Diese Waghälse ließen nachts, ungesehen und unbemerkt, ihre geschickten Hände tief in unsere Strohsäcke gleiten und griffen nach der kostbaren Scheibe Brot, die wir uns aufgespart hatten. In den wohlhabenderen Blocks war der Anreiz für die Schnüffler so stark, daß freiwillige Nachtwachen gegen die Herumstreifenden gebildet werden mußten. Wenn der Schlaf dadurch unterbrochen wurde, daß jemand das Licht einschaltete, um einen der vielen listigen Missetäter zu überführen, der eilig in seine Koje flüchtete, dann wurde dieser mit einer Rücksichtslosigkeit zusammengeschlagen, die nur ein Konzentrationslager lehren kann. Ein Dieb, der einmal gefaßt worden war, konnte von Glück sagen, wenn er nach vollzogener Bestrafung wieder aufstehen konnte.

Weniger gefährlich, aber ein größeres Kunststück war es, aus der Lagerküche zu stehlen. Das nannte man »organisieren«, und es war eigentlich mehr eine Art Überlistung der SS, da wohl kein Häftling, der seine tägliche Schüssel Suppe erhielt, ihren Mangel an Nahrhaftigkeit der Tatsache zuschreiben konnte, daß dem Koch ein paar Rüben gestohlen worden waren.

Einige waghalsige Jungen führten sogenannte »Suppenüberfälle« durch. Wenn zwei Häftlinge, gebückt unter der Last des Kübels, mit der Zuteilung an frischer, dampfender Suppe für ihren Block anka-

105

men, so fielen flinke Burschen plötzlich über sie her und tauchten ihre Schüsseln in die Kübel. Da das aber gewöhnlich damit endete, daß die Plünderer, die ihre wässrige Beute sorgfältig balancierten, im Lager umhergejagt wurden, bis sie sich in die Sicherheit einer entlegenen Latrine retten konnten, war das mehr Sport als Diebstahl.

Wann immer die gärenden Unruhen, die teils durch Befehle von oben ausgelöst, teils durch die Häftlinge selbst verursacht wurden, ein ernst zu nehmendes Ausmaß erreicht hatten, wurde über unseren Block eine Sperre verhängt. Das hieß, wir mußten früh schlafen gehen und hörten einen strengen, aber humorvollen Vortrag von dem Meister des Zynismus, unserem Blockältesten.

Wie gewöhnlich ermahnte er uns zu unbeugsamer Selbstbeherrschung, sie allein könne uns retten. »Und denen, die an die himmlische Glückseligkeit glauben«, spöttelte er und erhob seine Stimme in Richtung von Klein-Warschau und Klein-Saloniki, den katholischen und jüdischen Ecken der Stube, »und die meinen, daß ich hier leeres Stroh dresche und meine Ermahnungen etwa wiederhole, weil ich mich selbst gern reden höre, denen kann ich nur sagen, daß ich sie um ihren Zufluchtshafen nicht beneide. Wer da hin will, braucht nicht weit zu gehen und lange zu suchen. Das ›Himmelfahrtskommando‹ versammelt sich alle vierzehn Tage. Ich kann nur hoffen, daß ihr, wenn ihr aus den Schornsteinen von Birkenau aufsteigt, noch sauber seid, daß eure Engel euch empfangen«.

»Der Rest«, brüllte er und ging den Gang auf und ab, »tut besser daran, sich an das zu halten, was ich euch sage. Wenn ich euch nachtwandelnde Maikäfer heute Abend wieder erwische, dann könnt ihr euch auf was gefaßt machen. Wer von mir Prügel bezieht, der hat für eine Weile genug. Ich wiederhole, niemand hat zur Schlafenszeit in den Waschräumen herumzulungern. Verstanden? Niemand!«

Dann ging das Licht aus. Wir wußten, das waren keine leeren Drohungen, die wir vernommen hatten, aber auch ein so energischer Blockältester wie der unsere brauchte seine Ruhe. Eine halbe Stunde, nachdem das Licht in seiner Stube ausgedreht worden war, nahmen wir an, daß er schlief, und hielten die Zeit für gekommen, unser traditionelles Nachtleben zu genießen. Ungeachtet der Warnungen waren immer ein paar Dutzend abwesend. Wir rannten die kalten Treppen hinunter, flitzten in die Latrine und füllten unsere Bäuche mit dem einzigen Mittel, das nicht knapp war – Wasser.

Häßliches Wetter kündigte das Herannahen des Winters an, und da unsere Kräfte fast erschöpft waren, fürchteten wir uns davor. Es hatte sich nichts zu unserem Vorteil verändert. Die Propheten hatten Unrecht gehabt. Deutschlands Wehrmacht war – dank derjenigen, denen nichts daran lag, mit Hitler schnell Schluß zu machen – noch eine mächtige Kraft. Der Nationalsozialismus war noch so erfolgreich wie je. Alles, was wir tun konnten, um ihn zu bekämpfen, war – leiden.

In dem Glücksspiel um das Überleben standen die Karten schwer gegen uns. Auf der Seite der SS gab es vier Trümpfe, Gefahren, die uns ständig bedrohten. Das waren die Peitsche, die Folterzelle, Krankheit und die Gaskammer.

Die täglichen Kandidaten für die Bestrafung, in der Regel drei, wurden kurz vor Ende des Zählappells zum Küchenvorplatz abgeführt. Dort wurde dann jeder einzeln auf einem Prügelbock festgeschnallt und ausgepeitscht. Für kleinere Vergehen gab es 25 Schläge, für andere 50, 75, oder sogar 100. Verdächtige, deren Kreuzverhör nicht genug ans Tageslicht gefördert hatte, wurden in den Folterkeller in Block 11 eingeliefert. Zur Folterausrüstung gehörten dunkle und feuchte Einzelzellen, die so beschaffen waren, daß sie den stehenden Körper der Insassen gerade umschlossen und ihn daran hinderten, sich auch nur einen Zentimeter zu bewegen.

Es wäre töricht gewesen anzunehmen, daß bei diesem harten Lagerleben die jüngere Generation milder behandelt würde. Jungen, die ertappt wurden, wie sie auf der Arbeitsstelle einschliefen, waren 25 Peitschenhiebe sicher. Wer auf dem Außenkommando dabei erwischt wurde, wie er sich mit Zivilisten befaßte, mußte die Zelle kosten.

Ein kräftiger Körper, den ein entschlossenes Bewußtsein stärkte, konnte die Strafen überleben. Mittel, um Malaria, Typhus und die Gaskammer abzuwehren, gab es nicht. Da konnte bloß das Schicksal helfen.

Ein neuer Feind hatte seinen Einzug gehalten: der polnische Winter. »Im vergangenen Jahr«, sagten die alten Häftlinge, »war er sehr schwer, von den Häftlingen aus den westlichen Ländern, die daran nicht gewöhnt waren, überlebten ihn nur wenige«.

Diesmal schienen unsere Aussichten besser zu sein. Es gab gestreifte Häftlingsmäntel, Schals und Handschuhe, die uns halfen. Den so verpackten Jungen in der Schule brachte der Frost sogar eine willkommene Abwechslung. Alten und neuen Schlittschuhfreunden boten sich die glatten Straßen zum Wettlauf an. Die kräftigeren Jungen lieferten sich Schneeballschlachten und fühlten sich dabei in ihre Kindheit zurückversetzt.

Es wurde ein gewohntes Bild, jemand dastehen zu sehen, der kräftig mit den Füßen stampfte und wunderlich die Arme übereinanderschlug – ein Experte, der sich selbst half, indem er Wärme erzeugte, und der versuchte, seine Jünger davon zu überzeugen, daß seine Methode, sich warm zu halten, die beste sei. Die Glieder zu verrenken, um die Kälte abzuwehren, half uns aber nicht viel. Wir hatten einfach keine Zeit dazu. Tagsüber mußten wir sowieso arbeiten. Später, beim Zählappell, wo die Kälte uns am meisten anhaben konnte, hatten wir hilflos und bewegungslos stillzustehen. Danach aber sausten wir so schnell wie möglich in den gemütlicheren Block.

Die Winterabende verbrachten wir im allgemeinen auf unseren Stuben. Wir warteten ungeduldig am eisernen Ofen, bis eine Stelle zum Rösten einer Scheibe Brot frei wurde, oder rauchten mit viel Geschick große, kostbare Zigarren, die wir uns selber wickelten, und zwar aus Stroh von unseren Kojen, Splittern von den Holzgerüsten, auf denen wir gearbeitet hatten, und Papierfetzen von den Zementsäcken. Auf dem verlassenen, winterlichen Appellplatz wurden inzwischen unsere dunklen Fußstapfen, die die Zehnerreihen vom Zählappell noch erkennen ließen, allmählich von neuen, weichen, weißen Schneeflocken bedeckt.

Von Zeit zu Zeit war unser vierzehntägiges Bad mit einer Desinfektion verbunden, was dem vergeblichen Bestreben diente, der hartnäckigen Flöhe Herr zu werden. Das hieß, wir mußten, wenn wir aus der heißen Dusche kamen, splitternackt den ganzen Weg durch das mit Eis bedeckte Lager zum Block rennen. Als wir dieses Kunststück einige Male vollbracht hatten, ohne ernstlichen Schaden zu nehmen, mußte ich feststellen, daß – so erstaunlich es war – wir und die Flöhe gemeinsam zäh geworden waren.

Das Ende meiner Zeit in der Schule war gekommen, und ich wurde einem Arbeitskommando zugeteilt. Wir waren etwa 400

Mann. Mit unserem Kapo, einem erfahrenen Maurer, an der Spitze, versammelten wir uns schon lange vor Morgengrauen im Hof. Dann marschierten wir, an der Kapelle vorbei, aus dem Lager. Frische Melodien wie »Oberst Bogey« und das Sternenbannerlied, die Lieder der Alliierten, durchdrangen die Dunkelheit. (Entweder die Nazis hatten Sousa, den Lieblingskomponisten der Kapelle, zu einem Deutschen erklärt oder sie wurden geblufft.)

Nach einer Stunde erreichten wir die mit Schnee bedeckte Arbeitsstelle. Unsere Aufgabe war es, das Frauenlager aufzubauen, und zwar zwanzig Blocks von der gleichen Art wie die unseren. Die meisten Vorarbeiter waren Zivilisten, Polen, Tschechen und Deutsche. Sie waren bereits in einem Lager untergebracht und mieden uns nach Möglichkeit, damit man sie nicht auch noch einsperrte.

Wachtposten gab es nur in der Dreimeilenzone, die rings um das Lager verlief. Dieses Gebiet umgaben Wachtürme in 200 Metern Abstand voneinander. Wenn die Häftlinge abends im Lager waren und der Zählappell vorüber war, zog sich die Postenkette zurück. War jemand geflohen, so war das Heulen der Sirenen für die Posten das Zeichen, im Lager zu bleiben. Dann kamen Verstärkungen heran und besetzten die zusätzlichen Postenstände, so daß auf alle 50 Meter im Ring eine Feuerwaffe kam.

Die Arbeit bestand im wesentlichen aus Betonieren, Mauern und Verputzen. Wir hatten unser Tagespensum zu erfüllen und mußten uns ständig nach dem Aufseher umsehen. Im Laufschritt entluden wir Zementsäcke, und beim Betonschaufeln diktierte die Mischmaschine die Geschwindigkeit. Unfälle waren so häufig, daß sie kaum noch unsere Aufmerksamkeit erregten.

Unter den wachsamen Augen der SS-Offiziere, die uns beaufsichtigten, hatten wir alle die Gewohnheit angenommen, ständig in Bewegung zu sein. Ob wir wirklich arbeiteten oder nicht, wir sahen immer sehr beschäftigt aus. Einer unserer beliebten Tricks bestand darin, daß wir, wenn wir unser Pensum vorzeitig erfüllt hatten – so selten das auch vorkam –, uns in die oberen Räume schlichen, um auszuruhen. Wir mußten mindestens zu viert sein, um den Erfolg dieses Unternehmens zu sichern. Einer wurde zur Beobachtung der Treppe postiert, während zwei andere, in jeder Hand so etwas wie einen Hammer, Arbeitsgeräusche vortäuschten.

Es dauerte eine ganze Weile, bis wir uns mit unseren Arbeitskameraden, ihren Launen, Stärken und Schwächen vertraut gemacht hatten. Meine eigene Einweihung erinnerte mich an das einst so beliebte Ränkeschmieden der Schulzeit. Zusammen mit einigen kräftigen Russen schob ich tatkräftig eine Lore Sand. Es ging bergauf, und die Ladung wurde schwerer und schwerer. Wir kamen immer langsamer voran. »Schiebe, Junge, schiebe«, schrien sie mich an, »willst du, daß die Lore wieder zurückrollt?« – »Dann bist du fauler Stümper daran Schuld.« – »Willst uns wohl ausbeuten, du Hurensohn, was?« Ich bekam Angst und schob mit meiner ganzen Kraft, stemmte die Beine fest in den Boden und preßte meine Schultern gegen den kalten Stahl der Lore. Aber meine Anstrengungen waren vergeblich. Die Räder standen schließlich still und begannen zurückzurollen. Schnell legte jemand einen Holzklotz davor. Die breiten slawischen Gesichter meiner Arbeitskameraden grinsten. »Du viel schieben!« – »Du hilfsbereit!« – »Du ganz allein schieben, du tapfer!« – »Wir – du – Kameraden.«

Sie klopften mir auf die Schulter. Das neue Mitglied der Mannschaft hatte die Probe bestanden.

Während der Arbeitszeit, die nur durch eine kurze Mittagspause zur Einnahme der Suppe unterbrochen wurde, war Sitzen ein Vergnügen, das nur den Besuchern der Latrine zuteil wurde. Die Bude über einer stinkenden Grube, die ständig überzulaufen drohte, war der einzige Ort, der Abgeschiedenheit gestattete. Es fehlte ihr deshalb nie an fleißigen Bewunderern, und sie wurde in ihrer Beliebtheit nur noch durch die Wärme einer mit drei Decken versehenen Lagerkoje übertroffen.

Andere beliebte Aufenthaltsorte waren die Lagerlatrinen, die zwar moderner waren, aber groteskerweise keine Trennwände hatten. Sie waren traditionelle Treffpunkte für die Lagerkameraden, denn sie bestanden aus zwei Reihen von Becken, die wie Sitze in einer Bar aussahen. Während wir darauf herumhockten, die Wasserspülung schätzend, den Hosengürtel um den Hals geschlungen, machten wir Bekanntschaften und tauschten Neuigkeiten aus. Dann und wann gesellten sich unverbesserliche Raucher dazu, die ein Stück Papier gefunden hatten und nun versuchten, daraus noch etwas zu machen. Um Holzspäne herumgewickelt, brannte es auch, saugte man daran, so hatte man eben eine Zigarette.

Kamen wir müde und durchgefroren von der Arbeit zurück, so galt der erste Gang der Latrine. Zehn Minuten später läutete die Glocke zum Zählappell und wir mußten wieder stehen – das war das Schicksal eines Häftlings. Die Zählung war gewöhnlich gegen sieben Uhr zu Ende. Als die täglichen Neuzugänge und Abgänge so zahlreich wurden, daß es notwendig war, die Namen aufzurufen, dauerte es länger. Wurde jemand vermißt, dann zog sich die Feststellung der Einzelheiten bis nach Mitternacht hin, und wir erschöpften Kreaturen waren zwanzig Stunden auf den Beinen. Alles, was wir dagegen tun konnten, war, sich von einem Bein auf das andere zu stellen und zu hoffen, daß wir das nächste Mal mehr Sympathie erwarten durften von denen, die sie uns entgegenbringen konnten – wenn es die gab.

Unsere erfahrenen Lagerveteranen hatten mit ihren grimmigen Prophezeiungen Recht gehabt, daß wir Neulinge es nicht lange aushalten würden. Die kärglichen Rationen, die zwar gerade ausreichten, um den Hungertod zu verhindern, gaben einem schlecht gekleideten, ausgezehrten Körper gegen die zermürbende Kälte des polnischen Winters nicht genug Widerstandskraft.

Eines Abends nach der Arbeit ereilte mich das Unvermeidliche. Mein Kopf brummte vor Fieber, ich schleppte mich zur Revierbaracke. Vor Block 25 wartete eine Menge leidender Häftlinge, die nach Nationalitäten gruppiert waren. Ich stellte mich in der Schlange an, die zuallerletzt an die Reihe kam, die für die Zigeuner, Russen und Juden. Wir erhielten die schlechteste Behandlung von allen, falls überhaupt noch Zeit blieb, uns zu berücksichtigen. Ich war mir klar darüber, daß ich mich der Gnade von Leuten auslieferte, denen Leben und Tod nichts bedeuteten, und versuchte, einen Ausweg zu finden. Aber es gab keinen.

Nach stundenlangem Stehen und Grübeln wurden wir hereingelassen. Wir zogen uns aus, stellten uns wieder nach Nationalitäten auf und traten dann vor den SS-Arzt. Seine Arbeit bestand darin, zu notieren: »zurück ins Lager«, »angenommen« oder »Birkenau«. Offenbar war an diesem Tage im Revier noch Platz, denn ich wurde nach Block 19 überwiesen. Beim Einschlafen erinnerte ich mich nur an drei Dinge, die feststanden: daß Bettlaken vorhanden waren, daß ich Grippe haben sollte und daß das Thermometer auf 40 Grad stand.

111

Als ich wieder zu Bewußtsein kam, hatte das neue Jahr – 1944 – begonnen. Das war für mich das Gebot, den Kampf fortzusetzen.

Bei meiner Entlassung aus dem Revier – das Fieber hatte sich etwas gesenkt – konnte ich einen Blick in die chirurgische Abteilung werfen. Ich hätte nie gedacht, daß es so einfach war, Geschwüre und Abszesse, die unvermeidlichen Lagerkrankheiten, zu behandeln. Man schnallte die betroffenen Arme oder Beine einfach an einer Schiene fest und schnitt den Entzündungsherd heraus, wobei die Operation und die durchdringenden Schreie der Patienten vor Roheit miteinander wetteiferten.

Ich kehrte zur »Maurerschule« zurück und entdeckte, daß sie sich gewaltig verändert hatte. Von meinen Gefährten und Freunden waren die meisten nicht mehr da, sie hatten neuen Gesichtern Platz gemacht. Ich sollte ein paar Tage dort bleiben und dann eine neue Arbeit erhalten. Wieder fühlte ich mich wie ein Neuer, wie ein Häftling, dem die anderen keine Sympathien entgegenbringen, weil sie einfach nicht wissen, ob er sie verdient.

Einige Lehrer meinten, ich sähe sehr blaß aus, und rieten mir, mich nach erwachsenen Freunden umzusehen, die mir irgendwie helfen könnten, was ich sowieso getan hätte. Um meine Genesung zu beschleunigen und um zu verhindern, daß ich auch eine von den Gestalten wurde, deren Körper zu schwach war, um den Geist zu tragen – »Muselmänner« nannten wir diese ausgemergelten Kerle – war zusätzliches Essen notwendiger als je zuvor. So machte ich mich mit meinem Freund, dem kessen Gert, zusammen auf, etwas zu beschaffen. Abend für Abend durchstreiften wir das Lager und forschten nach Bekannten. Wie enttäuschte Bettler stellten wir schließlich fest, daß unser einziger Gewinn in einer neuen Erfahrung bestand: Es gab nur Ratschläge, und die waren ungewiß und nützten gar nichts.

Der kesse Gert kannte einen Berliner, einen jüdischen Mechaniker, von dem man sagte, daß er eine günstige Arbeit habe, weil er dabei mit Zivilisten Geschäfte machen konnte. Da wir ihn für »reich« hielten, versuchten wir, seine Freundschaft zu gewinnen. Wir hatten dabei nichts weiter zu tun als auf ihn zu warten, an seinem Block 22a, manchmal stundenlang. Gelegentlich erwies er uns seine Gunst

112

und spendierte uns das Äußerste, das er zu opfern bereit war – eine Schüssel Suppe, für jeden einen halben Liter.

Wäre unser Bekannter offen gewesen, so hätte er gesagt: »Tut mir leid, Jungens, aber ich kann euch nicht helfen. Ich kenne eure Angehörigen überhaupt nicht, also könnt ihr auch von mir nicht erwarten, daß ich mich mit euch verbunden fühle. Berliner ist auch nur einer von euch. Ich bin bestimmt nicht an eurer Lage schuld; warum sollte ich gerade bereit sein, sie euch zu erleichtern? Wir haben doch alle das gleiche Leid zu tragen. Mein zusätzliches Essen verdiene ich mir durch gefährliche Schmuggeleien. Die Profite, die ich daraus ziehe, muß ich dazu verwenden, daß ich weiter diese Geschäfte machen kann.«

Aber er war ein Heuchler, höflich und doch rücksichtslos. Er wartete lieber ab, bis wir es selbst aufgaben, ihn zu belästigen. Vielleicht war er tatsächlich Zionist, wie er behauptete. Möglicherweise stand er sogar noch zu den religiösen Überzeugungen, zu denen er erzogen worden war. Jedenfalls kannte er sich in allen Finessen der modernen Zivilisation aus, aber alle seine Eigenschaften schienen gegen uns zu arbeiten.

Unsere eifrigen Ratgeber in der Maurerschule hatten gemeint: »Geht zu euren Landsleuten, den deutschen Juden.« So hatten wir uns an sie gewandt; es waren so um zwei Dutzend beklagenswerte Wesen. Der einzige von ihnen, der uns hätte helfen können, hatte sich als Versager erwiesen.

Da wir keinen anderen Gönner fanden, machte ich mich auf die Suche nach dem deutschen Kriminellen, dem alten Zuchthausinsassen, den mir Keding vorgestellt hatte. Als ich ihn schließlich fand, freute er sich, daß ich kam. »Wenn du rumläufst und bettelst, bist du dumm«, belehrte er mich. »Du mußt deine Ellbogen gebrauchen und dich durchsetzen. Je schlauer die Gegner sind, desto härter verdienen sie getreten zu werden.«

Er entschuldigte sich, daß er es nie zu einem Geschäftsmann gebracht habe, sondern nur von den Rationen und gelegentlichen Päckchen von zu Hause lebte, und bedauerte, daß er mir, was Essen anbelange, nicht helfen könne. Über meine unzulängliche Bekleidung wunderte er sich: »Mit diesen Lumpen auf den Knochen wirst du nie ein flotter Bursche. Damit siehst du ja aus, wie ein Muselmann. Hier, nimm«, fuhr er fort und gab mir zwei gute warme

Hemden, Geschenke von seinen Angehörigen, »damit bist du ansehnlicher«.

Ich dankte ihm, vergaß aber nicht zu fragen, was ich tun sollte, wenn man sie bei der nächsten Besichtigung beschlagnahmen würde. »Sag dem Blockältesten einfach, daß sie von mir sind«, erwiderte er. »Er müßte eigentlich wissen, wer ich bin.«

Wochen später, als das eintrat, was ich befürchtet hatte, faßte ich den Entschluß, mich lieber von den Hemden zu trennen, als die Aufmerksamkeit des Blockältesten darauf zu lenken, daß ich mit Kriminellen verkehrte, denn die waren bei politischen Häftlingen wie ihm sehr unbeliebt. Wieder hielt ich mich an die Warnungen der Leute, die mir rieten, niemals aufzufallen. Die Folge war, daß ich nie mehr den Mut aufbrachte, meinen Gönner aufzusuchen, der nicht nur Spender meiner Hemden war, die ich nun verloren hatte, sondern auch der Fürsprecher des Prinzips, sich rücksichtslos durchzusetzen.

Ich versuchte immer noch, etwas zu essen aufzutreiben, und hielt mich oft vor dem Block 1a auf, um an die Suppe heranzukommen, die mir der Lagerfriseur einst versprochen hatte.

Dadurch lernte ich einen belgischen Juden kennen, einen schwächlichen Schneider von ungefähr 30 Jahren. »Besuch uns doch mal«, sagte er, »und erzähl uns was von dir«. Ich folgte gern seiner Einladung, und das um so mehr, als ich sah, daß er und sein Freund, der auch aus Belgien kam, ihre Betten oben hatten, ein Zeichen dafür, daß sie »reich« waren. Auch ihr Spind, ein seltenes Privileg, entging nicht meiner Aufmerksamkeit.

»Der Lagerfriseur ist kein guter Einfluß für die Jungen wie dich«, sagten die beiden – als ob ich das nicht schon gewußt hätte. »Am besten, du gehst überhaupt nicht mehr zu ihm. Du kannst zu uns kommen, wir haben gute Verbindungen mit Zivilisten und Zugang zu Bekleidung, das ist ein ausgezeichneter Artikel zum Tauschen. Wir teilen gern unser Glück mit dir. Du brauchst weiter nichts zu tun als uns zu besuchen. Wir haben dich gern und möchten mit dir Freundschaft halten.«

Nach dieser warmen Begrüßung war ich fast täglich ihr Gast und wurde oft zum Abendbrot eingeladen, ein Luxus, den nur wenige Häftlinge kannten. Sie lehrten mich Französisch und so manches sentimentale Lied über die Fremdenlegion. Obwohl gewöhnlicherweise belgische Schneider mit den harten Burschen der Sahara wenig gemein haben, schien es so, als hätte ihre gemeinsame Not sie zu Brüdern gemacht. Wenn sie mit glühender Begeisterung die ergreifenden Melodien der Wüstensoldaten sangen, die so weit von ihren Lieben getrennt waren – das verfehlte nicht seine Wirkung auf mich.

Mein Beitrag zu unseren gemütlichen Zusammenkünften waren Anekdoten aus der Schulzeit, Witze und die letzten Heldentaten unseres Blockältesten – des »nachtwandelnden Maikäfers«, wie wir ihn nannten. Wir wurden gute Freunde, und ich fühlte mich, als ob ich in ein zweites Zuhause gefunden hätte.

Dann kam eines Abends ein Besucher, einer ihrer Freunde, dessen Mangel an Humor der erste Grund für meine Abneigung gegen ihn war: ein jüdischer Kapo aus dem Lager Birkenau. Er sollte dorthin zurückversetzt werden und machte mir einen Vorschlag: Wenn ich bereit wäre, seine »Freundin« zu werden, dann würde er mich als seinen Vertrauten mitnehmen.

Meine Freunde hielten das für ein wunderbares Angebot. »Du hast Glück, daß er sich so für dich interessiert, er ist reich und ein bedeutender Mann. Wenn du sein Schützling wirst, bist du vor allen Gefahren des Lagers sicher«. »Und nimmst du erst mal eine hervorragende Stellung ein, dann ist es leicht für dich, deiner Mutter zu helfen.«

Ich war beeindruckt von all diesen Versprechungen und unterhielt mich mit dem Besucher. Er nahm mich mit in eine der dunklen unteren Kojen. Aber anstatt mir dort meine Fragen zu beantworten, fing er an, an meinen Hosen herumzuspielen. Ich mußte eine schnelle Entscheidung treffen. Ich sprang hoch und verließ den Block.

Nach diesem Vorfall ging ich nie wieder zu meinen Freunden. Wenn wir uns auf der Straße trafen, schauten wir weg; die eine Partei schämte sich wegen ihrer gemeinen Machenschaften, die andere, weil sie fast darauf hereingefallen wäre.

»Weiß ich schon lange«, war Gerts Kommentar zu meinem letzten Abenteuer, »du bist sicher nicht der erste, der feststellen muß, daß diese ›Freunde‹ alle gleich sind, wenn man sie erst einmal näher kennt. Man darf einfach niemand vertrauen – nur sich selbst.« Später hörte ich, daß mein erfolgreicher Freier, der schon lange wieder nach Birkenau zurückgekehrt war, geflohen sei. Ich wünschte ihm viel Glück.

Man wies mir eine neue Beschäftigung im Baustofflager zu, bei dem größten und langweiligsten Arbeitskommando überhaupt. Es war tausend Mann stark und setzte sich zum größten Teil aus Neulingen, ungelernten Arbeitern, zusammen – das waren die Arbeitssklaven mit dem geringsten Wert. Die Arbeit war schwer. Wir mußten Eisenbahnwaggons mit Mauersteinen, Zement und Splitt entladen, und zwar nach einem festgelegten Zeitplan, der nur durch schnelles Tempo und Überstunden eingehalten werden konnte. Gab es nichts auszuladen, so wurden wir damit beschäftigt, das Baumaterial zu Pyramiden aufzutürmen, oder was noch schlimmer war, es einfach von einem Stapel zum anderen zu tragen. So verbrachten wir unsere Tage damit, Block für Block, Bohle für Bohle zu schleppen, und dabei quälte uns der Gedanke, daß wir nur noch lebten, um als menschliche Schubkarren, als moderne Galeerensklaven zu enden.

In den ersten Tagen, als mein Gesicht den Vorarbeitern auf dem Bahnhof noch neu war, gelang es mir gelegentlich wegzuschleichen. In jugendlicher Neugier durchstreifte ich das Gelände, das Industriegebiet des Konzentrationslagers Auschwitz. Es war eine richtige Stadt, Werkhalle folgte auf Werkhalle, ich sah die vielbeschäftigte Bäckerei, die großen D.A.W. (Deutsche Ausrüstungswerke) und die Union Munitionswerke. Hier wurde Tag und Nacht gearbeitet, und immer erreichten diese Schwitzbuden die festgesetzte Norm. Regelmäßig alle acht Stunden rollten ihre Erzeugnisse auf der Einspurbahn hinaus zum Bahnhof und fütterten Deutschland Kriegsmaschinerie.

Vom gleichen Bahnhof, über den gleichen Schienenstrang kamen andere Gegenstände zurück, die auch von schweigenden Sklaven sortiert, klassifiziert und gestapelt werden mußten – die herrenlosen Sachen neuer Transporte, die nach Birkenau verschleppt worden waren.

Nach einigen Wochen zumeist sinnloser Arbeit, während der wir ständig angeschrien und angetrieben wurden, war ich so erschöpft, daß ich nicht mehr weiterarbeiten konnte. Meine Hände waren voller Blasen, die Füße wund, so ging ich zum Arbeitseinsatzleiter, dem Häftling, der uns auf die über 60 Arbeitskommandos verteilte.

116

Ich war mir darüber klar, daß man sogenannte gute Arbeit nur durch Bestechung bekam, hoffte aber trotzdem, irgendwohin versetzt zu werden, wo die Arbeit leichter wäre als jetzt. »Es gibt viele, denen es so geht wie dir und die leichtere Arbeit haben wollen«, antwortete er mir auf meine Bitte. »Ich kann doch nichts dafür, daß du jung bist. Ja, früher hätte ich dich zum Beispiel in die Maurerschule schicken können, aber jetzt bist du ja schon acht Monate hier, nun ist es dafür natürlich zu spät. Da kann ich nichts machen.«

Die kalte Gleichgültigkeit, mit der meine Bitte, die sich doch so leicht erfüllen ließ, abgelehnt worden war, deprimierte mich sehr. In meiner Verzweiflung suchte ich den Rat des Blockältesten. Ich argumentierte, daß es ungerecht sei, einen eben aus dem Revier entlassenen Jungen mit der gleichen Rücksichtslosigkeit zu behandeln wie einen Neuankömmling. Der Vater von Block 7a hatte auf die Arbeitseinteilung keinen Einfluß, außerdem war er ein Erzfeind jeder Günstlingswirtschaft, aber sein unüberwindlicher Sinn für Gerechtigkeit und seine Entschlossenheit rechtfertigten mein Vertrauen. Irgendwie drehte er es, und es dauerte nicht lange, bis ich in ein Kommando von Bauarbeitern versetzt wurde.

Die Ordnung in Block 7a war etwa die gleiche wie zu der Zeit, als ich die Maurerschule besucht hatte. Fast die gleichen Jungen, die die Treppen zu den undichten Wasserhähnen im Waschraum auf und ab jagten. Die gleichen bekannten Kontrollen, die nachsahen, ob die Ohren und die Füße sauber gewaschen waren. Und auch der Stubenälteste wurde noch genauso übers Ohr gehauen, indem man nur das Bein wusch, das man ihm zu zeigen gedachte.

Aber die Gesichter der Bewohner hatten sich verändert. Meine alten Bekannten waren nicht mehr da. Es war inzwischen wieder mehrmals gesiebt worden. Die trostlosen Augenblicke, in denen wir bei verhängter Blocksperre die Lastwagen nach Birkenau abfahren sahen, die Freunde und Verwandte wegbrachten, waren ein Teil unseres Daseins geworden.

Der kleine Kurt war weg. Der blonde Gert war im Revier. Der kesse Gert, der noch mein bester Freund war und sich bemühte, mir zu helfen, war in den Landarbeiterblock versetzt worden. Ich war der einzige deutsche Jude, der im Block verblieben war, der letzte von Klein-Berlin.

Da ich niemand hatte, mit dem ich meine Sorgen teilen konnte, fühlte ich mich sehr einsam. Wenn ich ganz verzweifelt war, nahm ich Mutters Briefe zur Hand, und ihre Worte der Hoffnung erklangen in mir wieder. Draußen wurde es Frühling, aber zum erstenmal in meinem Leben konnte ich mich nicht darüber freuen.

War ich in gedrückter Stimmung, dann stellte ich, um mich zu zerstreuen, philosophische Betrachtungen an und versuchte, unser Elend zu analysieren. Bei diesen Betrachtungen über Dinge, die wir in der Schule nicht gelernt hatten, war Schorsch mein Partner, der mich nie verließ. Schorsch war ein Jahr älter als ich, besaß eine gute Bildung und war der einzige Freund, der mein Streben nach Wissen, mein Verlangen, die Welt zu verstehen, zu würdigen wußte.

Schorsch hatte blaue Augen und um Mund und Nase einen fischähnlichen Ausdruck, in seinem Betragen war er der typische zukünftige Intellektuelle. Eine österreichische Familie hatte ihn adoptiert, und er hatte sich auf eine technische Laufbahn vorbereitet. Als Hitler, ein Landsmann von ihm, nach Österreich zurückkehrte, stellte man fest, daß Schorschs Eltern Zigeuner gewesen waren.

»Wir Zigeuner«, überlegte mein Freund, »dürften den Ariern näherkommen als diese verbastardierten Exemplare, die sich selbst Herrenmenschen nennen. Das ist vielleicht auch der Grund, weshalb sie uns töten wollen. Daß die Juden Fremde sind, läßt sich nicht leugnen, sie sind schon immer gewarnt und aufgefordert worden, wegzuziehen, und ihr gegenwärtiges Schicksal hätte man voraussagen können. Aber in unserem Falle gab es keinen Grund dafür, daß die Nazis sich gegen uns wenden sollten. Unser Elend war überhaupt nicht vorauszusehen.«

»Allerdings«, räumte er ein, »hat es auch diese herumvagabundierenden Haufen gegeben, die in Wohnwagen lebten. Das waren unangenehme Taugenichtse, die auch von uns selbst, den österreichischen und deutschen Zigeunern in den Städten, verachtet wurden. Glaube ja nicht, daß wir alle verlaust und in Lumpen umhergezogen sind. Es gibt Zigeuner, die Professoren, Ärzte und weltberühmte Musiker geworden sind. Ich habe selbst einige gekannt. In Rußland sollen sie sogar ein eigenes Theater haben.

Ein weiterer verbreiteter Irrtum ist es, uns zu Feiglingen zu stempeln. Haben wir uns nämlich erst einmal von dieser stammesverbundenen Wohnwagenmentalität gelöst, dann geben wir auch unsere Furcht und den Aberglauben auf. Bedarf es noch eines besseren Beweises, als die Leistungen des Zigeuners, der es sogar bis zu einem General der Roten Armee gebracht hat?«

»Du siehst also«, fuhr Schorsch fort, »wir sind genauso ein Volk wie ihr Juden, es gibt überall gute und schlechte Menschen. Wir haben zwar keine Bibel als Beweismittel, aber unsere Geschichte ist vielleicht sogar noch älter als eure. Aber ihr habt ja immer mehr Glück gehabt. Ihr habt immer euer Palästina gehabt. Hätte man uns Zigeunern wie euch erzählt, was uns erwartete, wir hätten trotzdem nirgendwo anders hingehen können. Hinter den Juden stehen Geld und einflußreiche Freunde. Für uns gab es immer nur Verachtung.«

Zusammen mit anderen Zigeunern hatte Schorsch zuerst, noch in Zivilkleidung, in einem Sonderlager in Birkenau gelebt. Die Insassen erhielten dort anständiges Essen, sie brauchten nicht zu arbeiten und die Lebensbedingungen waren annehmbar. So waren sie alle zuversichtlich. »Sobald die Wehrmacht das Gebiet von Partisanen gesäubert hat«, erzählte man ihnen, »werdet ihr in die Ukraine umgesiedelt«.

Dann kam eines Tages der Befehl, sie zu liquidieren, Männer, Frauen und Kinder. Als sie sich hilflos zu den Gaskammern schleppten, begegneten sie einem Offizier, der nach Anwärtern für die Maurerschule suchte. Schorsch war gerettet.

Von Schorsch hörte ich auch den ersten Augenzeugenbericht über den Totenwald von Birkenau. Es kam mir zu Bewußtsein, daß wir das gleiche erlitten, und ich interessierte mich immer mehr für meine Zigeunerbekannten.

Ich hatte sogar schon einige Zigeunerfamilien, Gruppen, die vorübergehend in Block 8 untergebracht waren, gesehen. Zwar waren wir durch Stacheldraht und farbig gestrichene Fenster von ihnen getrennt, aber wir hatten sie trotzdem ankommen sehen. Es war ein Gemisch aus hübschen Mädchen in farbenfrohen Volkstrachten, Frauen in Lumpen und Männern mit langen Stiefeln und Bauernkleidung – ein buntscheckiges Volk, das man nicht so leicht vergißt. An ihrer Kleidung konnten wir sehen, woher sie kamen, an deren Schäbigkeit sogar abschätzen, wie lange sie schon im Lager waren. Nur ihre Gedanken blieben ein Geheimnis.

Der größte Teil der Zigeuner im Lager wohnte in Block 7a, in unserem also, der aus irgendeinem Grunde ihre traditionelle Unterkunft geworden war. Versuche, in Kontakt mit ihnen zu kommen, schlugen jedoch fehl, denn die Zigeuner suchten ihr Heil darin, unter sich zu bleiben. In besonderer Abgeschlossenheit hielten sich die Stämme, die aus den Bergen der Tschechoslowakei und Polens kamen, abergläubische Menschen, die durch ihre Unwissenheit in einem Zustand ständiger Furcht lebten. Sie gebrauchten eine Zeichensprache und einen besonderen Zigeunerdialekt und gaben selbst ihren eigenen Leuten, den Zigeunern mit moderner Lebensweise, Rätsel auf. Als unser Block überbelegt war, schliefen wir zu zweit in einem Bett. Für einige Nächte hatte ich einen Zigeuner zum Gefährten, einen scheuen und feigen Burschen. Das einzige, worin er hartnäckig blieb, war seine Entschlossenheit, mir eine kleine Schere zu verkaufen. Das war ein seltener Schatz im Lager, und ich fragte mich, woher er sie wohl hatte. Ich sagte ihm, daß ich beim besten Willen keine Verwendung dafür hätte, aber er versuchte weiter, mich davon zu überzeugen, daß sie ein ausgezeichnetes Werkzeug zum Brotschneiden sei.

»Ich tausche meine Verpflegung nicht ein«, entschuldigte ich mich, »und schon gar nicht für Krimskrams.«

»Ich weiß, ich habe auch einen großen Magen«, erwiderte er, indem er eine allerletzte Anstrengung mit seinem kaufmännischen Talent machte, »aber kauf sie mir doch ab, um der Freundschaft willen.« Ich habe es nicht getan. Aber als wir uns unter unseren gemeinsamen Decken zusammenkauerten, mit den Köpfen an den gegenüberliegenden Enden, schien es, daß wir trotzdem Freunde geworden waren.

Als ich am nächsten Morgen aufwachte, war die Koje naß – naß von dem widerlichen Urin irgendeines Häftlings, der an dem Tag ein zu großes Quantum Leitungswasser getrunken hatte. Wir machten uns gegenseitig heftige Vorwürfe und zogen bald die Aufmerksamkeit unserer Stubenkameraden auf uns, die zu der Überzeugung kamen, daß so etwas bestraft werden müsse. Es wurde festgestellt, daß der Übeltäter nur der Zigeunerjunge, der Neuling, »ein Abkömmling dreckiger, unerzogener Diebe« sein könne.

Einen Tag später entdeckte ich den wirklichen Bettnässer: es war der Pole in der Koje über mir, auch ein Neuer. Gleichzeitig stellte ich fest, daß ich unbewußt auf dieselben Vorurteile hereingefallen war, die ich selbst zu verurteilen suchte.

Es war Sommer geworden. Wir waren damit beschäftigt, die Union Munitionswerke um weitere zwölf Fabrikhallen zu vergrößern. Der erste Bauabschnitt bestand darin, den Boden zu ebnen, Fundamente auszuheben und die Erde wegzukarren.

Die Geschichtsbücher zeigen die Sklaven als große, starke Burschen, denen der Schweiß auf der entblößten Brust stand. Aber solche Privilegien genossen wir nicht. Wir schufteten in der Mittagssonne, unterernährt und schwächlich, und mußten dabei unsere Häftlingsjacken anbehalten. Sie auszuziehen wäre der Vorbereitung zur Flucht gleichgekommen.

Da wir Material aus dem gesamten Arbeitsgebiet des Lagers heranzubringen hatten, konnten wir unser Verlangen, mehr über das Lager zu erfahren, befriedigen, indem wir Umwege machten. Als wir einmal ein paar Baracken an der Eisenbahnlinie abrissen, hatten wir Gelegenheit, Waggonladungen mit neuen Häftlingen zu beobachten. Juden aus Ungarn, Holland, Belgien und Frankreich kamen an – mit den gleichen Hoffnungen wie wir damals. Sie drängten sich an die Lüftungsöffnungen der verschlossenen Güterwagen und winkten uns zu. Und wir konnten nichts sagen und nichts für sie tun ...

In der Mehrzahl der Fälle fuhr der gesamte Transport direkt in den Tod wie Vieh auf die Schlachtbank. Das Ziel der Reise kündigte dunkler dahinziehender Rauch an, der langsam am westlichen Horizont aus dem Krematorium von Birkenau aufstieg.

Der Posten an der Desinfektionsbaracke der Zivilarbeiter, die an unsere Arbeitsstelle grenzte, hatte die Gewohnheit, sich Jungen herauszupicken, die allerlei für ihn persönlich erledigen mußten.

Einmal rief er mich, ich sollte die Wachstube sauber machen. Als ich mich bückte, um den Fußboden zu fegen, bot er mir ein belegtes Brot an. »Hier, nimm«, sagte er hastig, »aber laß dich damit nicht am Fenster sehen.«

Er war überrascht, daß ich in fließendem Deutsch »danke schön« sagte, und befahl mir weiterzufegen, bis er mir sagen würde, daß ich aufhören solle. Dann wurde er gesprächig.

»Ja, ich bin SS-Mann, aber trotzdem ein Mensch. Dann und wann prügeln wir auch – das gehört zu unserer Aufgabe. Aber du brauchst nicht zu glauben, daß das, was dort vor sich geht«, und er zeigte in Richtung Westen, »unsere Schuld ist. Wir sehen das mit der gleichen

Qual und Hilflosigkeit an wie ihr. Offiziell wird uns natürlich nichts darüber gesagt, aber wer kann schon die Vorgänge in Birkenau übersehen? Da wir besser darüber Bescheid wissen, was vor sich geht, als ihr Häftlinge, werden viele von uns wahnsinnig. Als wir Soldat wurden, wußten wir nicht, wozu man uns holte. Jetzt ist es zu spät. Für uns gibt es keinen Ausweg mehr.«
Es schien, als ob er wollte, daß ich ihn bedauere. Ich fegte weiter den Fußboden, schweigend und unbeeindruckt. Dann schickte er mich weg und schrie so laut, wie man es von ihm erwartete.

Der kesse Gert hatte Nachtschicht und war mit Reparaturarbeiten in der Bäckerei beschäftigt. Das war eine gute Arbeit, denn sie bot Gelegenheit, zu Brot zu kommen, es über den Zaun der Bäckerei einem wartenden Komplizen zuzuwerfen und dann in das Lager einzuschmuggeln. Aber Gert war nicht zufrieden. Er klagte, daß er immer müde und nervös sei.

»Die Bedingungen sind schon gut«, vertraute er mir an, »aber trotzdem halte ich es nicht mehr lange aus. Nacht für Nacht stehen wir auf dem Baugerüst und sehen Birkenau, sehen die Feuer. Es ist ein Anblick, der mich nicht mehr losläßt; ein brennender Horizont mitten in der dunklen Nacht. Ihr aber«, fuhr er fort, »schlaft in euren warmen Betten, während all das geschieht, und seht nur die Brote. Du kannst mir glauben, sie sind keine Entschädigung für das, war wir durchmachen müssen.«

Wir zerbrachen uns den Kopf über unsere Hilflosigkeit. Aus Haß einen Posten umzubringen – etwas, wozu wir durchaus fähig gewesen wären – wäre unsinnig gewesen und hätte nur Repressalien nach sich gezogen. Die Lagerbesatzung durch eine organisierte Revolte zu überwältigen, hätte uns hilflos der herbeieilenden Verstärkung ausgeliefert. Wenn die örtlichen SS-Truppen selbst meuterten, so schickten die Nazis Panzer.

Wir hatten vom Kampf im Warschauer Ghetto gehört, wo die Bedingungen für einen Aufstand weitaus günstiger waren als bei uns. Es war daher nur natürlich, daß wir schließlich Pessimisten wurden. Da ich von meinen Lagerkameraden langsam in die Grundlagen der Kriegsführung eingeweiht worden war (die ich mir vorher mehr als eine dem Fußballspiel ähnliche Angelegenheit vorgestellt hatte und nicht als eine Wissenschaft für sich), wurde auch ich schließlich deprimiert.

Wie ein einsames, wunderbares Symbol für das Trotzbieten erschien allen im Lager Jakob, ein großer stämmiger jüdischer Boxer. Er war in Polen aufgewachsen, später – so hieß es – war er als Trainer in der ganzen Welt herumgekommen und hatte sich Ruhm erworben. Alles andere als ruhmreich war seine jetzige Tätigkeit – Kalfaktor in den Bunkerzellen. Wir hatten ihn gern, vor allem wegen seines enormen Körpers, dem selbst die SS Respekt zollte. Man hielt ihn eingesperrt, und er durfte nur heraus, um die Verpflegung zu holen. Bei diesem täglichen Gang vom Block 11 zur Küche wurde er von zwei bewaffneten Posten bewacht.

Von Zeit zu Zeit mußte Jakob uns auspeitschen. Manche erwarteten von ihm, daß er das ablehnte. Andere, darunter die vielen Jungen, die ihn und auch die Bestrafung in den Bunkerzellen kennengelernt hatten, sagten, er sei sanft. Jedenfalls zogen sie es vor, die Hiebe von einem Mitgefangenen zu bekommen und nicht von der SS.

Eine andere Gruppe von Mitinsassen, deren Fähigkeiten gegen uns ausgenutzt wurden, waren die Ärzte, die Kastrierungen durchführen mußten. Sie fungierten in Birkenau, der Hölle, die zu ihrer Tätigkeit paßte; und wir kannten sie durch ihre Opfer, unsere jüdischen Blockkameraden.

Wenn wir unsere Freunde und Feinde zusammenrechneten, dann vergaßen wir nie den Feind in unserer Mitte. Wir waren uns klar darüber, daß einige Kapos und Blockälteste mehr zu unserer Lage beitrugen als die Posten, und trachteten danach, uns zu rächen. Es gab viele Lagerpersönlichkeiten, die zu uns hielten; mit deren Unterstützung setzten wir unseren Widersachern so lange zu, bis sie beseitigt waren. In unserem Lager erreichten wir das durch Erpressung. Andere Lager, in denen es härter zuging als bei uns, schreckten auch vor Mord nicht zurück.

Es wurden Transporte mit Häftlingen an die Ostfront geschickt, um dort Gräben auszuheben. Andere, hauptsächlich Frauen und Polen, erhielten neue Holzschuhe, frische blau-weiße Häftlingskleidung und wurden nach Deutschland gebracht und in Fabriken gesteckt. Von meiner Mutter kamen keine Briefe mehr. Es hieß, sie sei auch abtransportiert worden.

Trotzdem kamen weiterhin neue Häftlingstransporte an. Birkenau war überfüllt, und es mußte für sie Platz geschaffen werden.

Wieder wurden Selektionen durchgeführt. Beim Abzählen stellte ich bestürzt fest, daß die Juden in unserem Block auf ganze fünfzehn zusammengeschmolzen waren, das waren nicht mehr als zwei Prozent. Der blonde Gert war an Lungenentzündung gestorben. Der kesse Gert, der Mittel und Wege gefunden hatte, den Revierblock zu betreten, um ihm die letzte Ehre zu erweisen, fragte mich, ob ich mitgehen wolle. Ich war an den Anblick von Toten gewöhnt. Meinen lieben Großvater hatte ich gesehen, bleich und vom Alter verbraucht. Die ganze trauernde Familie war um sein Bett versammelt gewesen. Dann hatte ich auf dem Friedhof gearbeitet. Und später hatte ich leblose Körper am elektrisch geladenen Lagerzaun hängen sehen. Aber diesmal war es anders. Gert hätte nicht zu sterben brauchen. Er war jung und unschuldig, gesund und voller Leben gewesen. Mehr noch, er war unser Kamerad gewesen, der mit uns für das Überleben gekämpft, auf eine bessere Zukunft gehofft hatte. Nein, ich konnte das Werk des Todes nicht anerkennen. Ich hätte es nicht ertragen können, Gert mit seinem jugendlichen Gesicht und dem blonden Haar, seiner großen Nase, den dicken Lippen und den strohfarbenen Sommersprossen tot und hilflos auf einer Lagerpritsche liegen zu sehen. Nein, ich mußte es ablehnen hinzugehen.

Ich teilte dem kessen Gert meine Entscheidung mit. Er meinte, wenn nur überhaupt jemand ins Revier gehe, sei es im Grunde gleich, ob wir es beide täten oder nur er allein.

Der blonde Gert war von uns gegangen und würde bald vergessen sein. Ich fühlte, wie ähnlich unser Los dem der deutschen Jugend war. Die Söhne unseres Feindes mußten gleichermaßen gegen ihren Willen sterben. Vor Jahren hatte der blonde Gert mit ihnen zusammen auf der Schulbank gesessen, und der Lehrer hatte den Ruhm der Vergangenheit gepriesen, die Interessen derjenigen, deren Brot er aß. Dann mußte die Jugend den Preis bezahlen: Der blonde Gert kam in ein Konzentrationslager, seine Klassenkameraden eroberten Europa. Nun hatte das Schicksal sie wieder vereint. Der eine, dessen gestreifte Häftlingskleidung schon wieder ein anderer trug, landete nackt auf einem Scheiterhaufen im abgelegenen Birkenau. Die anderen, in feldgrauer Uniform, denen man längst die Stiefel geraubt hatte, vermoderten in den Steppen Rußlands.

Die bitteren Nachrichten brachten mich ganz aus der Fassung und änderten meine Haltung, das Lagerleben unbeugsam zu ertragen und darauf zu warten, daß es anders werde. Sie drängten sich ganz in mein Bewußtsein, und die Hoffnung schwand. Daß ich der Übermacht noch lange trotzen könnte, erschien nun recht zweifelhaft. Unsere Not nahm kein Ende und hatte ihren Tribut gefordert, ich war abgemagert und schwach geworden. Die Befreiung war ein weit entfernter Traum und das Überleben auch für die Stärksten eine Leistung. In meiner Verzweiflung begann ich, mich für die Taten der wenigen zu interessieren, die es gewagt hatten zu fliehen. Um sich für diesen Notfall vorzubereiten, verbesserte ich mein Polnisch und lernte die Umgebung auswendig.

Die aufregendste Flucht aus dem Lager Auschwitz hatte sich in der Nähe meiner früheren Arbeitsstelle zugetragen, dort, wo das Frauenlager aufgebaut wurde. Ein Lagerkamerad, der Gold und andere Wertsachen gehortet hatte, die er entweder vom Raubgut der Nazis oder direkt von den neu angekommenen Häftlingen gestohlen hatte, versuchte damit sein Glück. Anstatt das Gold allein für Lebensmittel aufzuwenden, wartete er so lange, bis er genug zusammen hatte, um sich die Unterstützung eines Zivilisten, der ein Mitarbeiter von uns war, zu kaufen. Dann bemächtigte er sich des Motorrades des SS-Aufsehers und steuerte auf eines der unfertigen Gebäude zu. Dort ließ er sich in einer abschüssigen Aushöhlung unter der Treppe von seinem mutigen Helfer, einem Maurer, einmauern. Fünf Tage lang wurde die Gegend von den Posten und Bluthunden durchgekämmt, aber der Flüchtling hatte viel Zeit und guten Schutz. Er hatte sein Versteck mit Lebensmitteln und einem Luftloch versehen und blieb noch eine ganze Woche darin. Dann zertrümmerte er die Mauer, bestieg sein Motorrad und fuhr in die dunkle Nacht hinein, der Freiheit entgegen.

Nach diesem Vorfall wurden alle Zivilisten, die mit uns zusammen arbeiteten, sorgfältig überprüft. Einige wurden ins Gefängnis geworfen, andere zum Tode verurteilt.

Die meisten anderen Fluchtversuche waren erfolglos und bewiesen nur die Tüchtigkeit unserer Unterdrücker. Es gab Flüchtlinge, die bis zu den Frontlinien der Alliierten gekommen waren, nur wenige Meter vom Rettungshafen entfernt aber gefangen und in das Lager zurückgebracht wurden. Kaum noch am Leben, mußten sie sich dort auf ein Podium stellen, für die zurückkehrenden Arbeitskolonnen gut sichtbar, und wurden gezwungen, Plakate in die Höhe zu halten mit Aufschriften wie: »Hurra, wir sind wieder da!« »Wir haben es trotz schlauer Verschwörung nicht geschafft!« »Aus diesem Lager kommt niemand heraus!«

Dann wurden sie zum Galgen geschleppt, der den Küchenvorplatz noch bis zum Abend des nächsten Tages »zierte«, und erhängt.

Trotz alledem entschloß ich mich, wenn sich mir eine Gelegenheit zur Flucht bieten würde, sie zu nutzen. Um die Gefahr der Entdeckung zu verringern, müßte meine Flucht ganz allein mein eigenes Werk sein, ich dürfte keine fremde Hilfe in Anspruch nehmen und niemanden in mein Geheimnis einweihen.

Meine Tat würde ihren Eindruck nicht verfehlen; ich wäre der jüngste Gefangene, dem es je gelungen war, aus einem Konzentrationslager zu fliehen. Und gelänge meine Flucht nicht, so hätte ich zumindest Mut bewiesen.

Täglich erregte der Güterzug, der aus dem Lager herausfuhr, meine Aufmerksamkeit. Die Waggons, von schuftenden Häftlingen geschoben, wurden vor dem Kontrollposten zusammengestellt und warteten dort auf die Lokomotive. Einige, beladen mit Kisten oder Schrott, waren offen. Wäre man erst einmal aus dem Lager heraus, denn böte die Plane ein gutes Versteck. Wenn der Bestimmungsort weit weg läge, denn würde ich damit bis tief nach Europa kommen, wenn nicht, dann müßte ich mein Glück in Oberschlesien versuchen und mich zu meiner ehemaligen Heimatstadt Beuthen durchschlagen. Das Problem, Zivilkleidung zu beschaffen, machte mir keine Sorgen. Da ich schon ein Hemd ohne Häftlingszeichen trug, würde ich meine Jacke wegwerfen, die Hosenbeine abschneiden und die weißen Zebrastreifen vorübergehend mit Dreck beschmieren. Wie ein gehetztes Wild würde ich das Land durchstreifen und dabei eine Doppelrolle spielen: Ich wäre ein harmloser Junge und zugleich ein rücksichtsloser Flüchtling, der weiß, was es bedeutet, wenn er entdeckt wird.

Tagelang studierte ich die Gewohnheiten des Postens, der die Kontrolle durchführte. Mit deutschem Pflichtbewußtsein kam er genau fünf Minuten vor Abgang des Zuges an, schaute auf die Dächer der Waggons und untersuchte die Fahrgestelle. Hier und dort hob er eine Ecke der Plane hoch, machte sich aber nie die Mühe, sie aufzuknoten. Dann ging er in die Wachstube – dieselbe, die ich einmal für eine Schnitte Brot und einen Vortrag über die Ausweglosigkeit der Posten ausgefegt hatte –, um mit seinem Kollegen zu sprechen. Wenn er das Pfeifen der Lokomotive hörte, kaum jemals pünktlich, kam er wieder, warf noch einen schnellen Blick auf die Waggons und gab dem polnischen Lokomotivführer das Zeichen zur Abfahrt. Offenbar fiel es ihm nie ein, daß sich inzwischen jemand hineingeschlichen haben könnte. Er wußte, daß die Häftlinge anderswo arbeiteten und daß es für sie keine Entschuldigung gab, sich hier auf dem Rangiergleis herumzutreiben, schon gar nicht, wenn sie bewacht waren. Und das war meine Chance.

Ungesehen schritt ich die Reihe der Waggons ab. Jetzt oder nie. Der angeschriebene Bestimmungsort lautete »Berlin«. Die flatternde Leinwand lud mich geradezu ein, einzusteigen. Dann rollte Wagen um Wagen hinaus. Sie fuhren weiter, hinter der Postenkette entlang – ich hatte mich nicht von der Stelle gerührt. Ich war zurückgeblieben.

Ich war zurückgeblieben, weil ich im letzten Augenblick eingesehen hatte, daß es nicht nur um den Mut ging, sondern daß hier das Gewissen zu entscheiden hatte. Mein Plan kam einem völligen Versagen gleich. Es hätte Repressalien gegeben. Wenn Mutter noch am Leben war, würde man sie finden.

An diesem Abend, als meine jugendlichen Träume zerrannen und ich ins Lager zurückging, war ich einer der vielen, die die Hoffnung aufgegeben hatten; und doch konnte ich nicht glauben, daß das Leben zu Ende sein sollte, wenn man so verzweifelt wünschte, es möge weitergehen.

Zum erstenmal verfehlten die bekannten Melodien vom »Obersten Bogey«, die die zurückkehrenden Arbeitskolonnen begrüßten, ihre Wirkung auf mich. Sie klangen wie ein Hohnlachen auf unsere Hilflosigkeit.

»Arbeit macht frei!« hieß die schmiedeeiserne Inschrift, die verächtlich vom Lagertor herabschaute. Die verhaßte Losung war schlimmer als nur lächerlich – es war eine gemeine Ironie.

Ihre wirkliche Bedeutung lag allein in dem Reim, den die Zyniker darauf gemacht hatten und der die bittere Wahrheit, die wir so verzweifelt zu vergessen suchten, aussprach: »Arbeit macht frei – durch Krematorium Nummer drei«.

»Ein alter Hase«

Ich hatte Halsschmerzen und vermutete, daß sie von den Mandeln herrührten. Nach der Arbeit ging ich zum Schularzt:»Kleiner Maurer, dir fehlt nichts, das ist nur eine kleine Schwellung. Wie du gesagt hast, deine Mandeln«, versicherte er mir in seiner humorvollen Art – er hatte die Angewohnheit, kindliches Geplapper nachzuahmen, und wurde dessen nie müde.»Ich werde etwas von dieser schwarzen Salbe draufstreichen, weißt du, von der schönen aus Zucker, Fett und Vitaminen, und bald ist alles wieder gut.«

Wochenlang ging ich mit einer kostbaren Binde als Halsverband umher, aber die fabulöse Salbe bewirkte keine Wunder. Der Kleister, dessen wertvolle Bestandteile einmal von einem hungrigen Zigeunerjungen entdeckt worden war, der ihn doch tatsächlich auf einer Scheibe Brot gekostet hatte, nährte vielmehr mein Leiden, anstatt es zu heilen. Mein Hals schwoll weiter an.

»Mein lieber Sohn«, sagte der Spender von Hoffnung und Salben, als ich meinen Kopf nicht mehr bewegen konnte,»du brauchst keine Angst zu haben, aber du mußt ins Revier. Geh gleich jetzt hin. Du hast einen Furunkel, der muß geschnitten werden.« Diesmal war es ernst. Diese eitrigen Entzündungen, die als Folge der Unterernährung auftraten, nahmen ein groteskes Ausmaß an und breiteten sich schnell aus. Obwohl die meisten Häftlinge daran litten, war dies meine erste, allerdings eine sehr gefährliche, denn von allen verlokkenden Stellen des Körpers, die sich dieses lästige Exemplar hätte aussuchen können, hatte es meinen Hals gewählt, das Erbstück, von dem mich zu trennen ich am wenigsten Neigung verspürte.

Am nächsten Morgen wurde ich auf den Operationstisch geschnallt und mein Gesicht mit einem Handtuch bedeckt. Ich inhalierte Äther, Tropfen für Tropfen, und zählte laut, wie man es mir gesagt hatte.

Dabei überlegte ich mir noch, daß ich mich in einem Konzentrationslager befand und daß das Messer sehr leicht zu lang und für einen so unsicheren Hals wie meinen zu ungeduldig sein könnte, aber ich hoffte doch, daß mein nahe bevorstehendes Schweigen nur vorübergehend sein würde. Dann wurde das Zählen von einem Pochen im Kopf abgelöst, das immer schneller wurde.

Als ich erwachte, sagte man mir, daß das Geschwür nun aufgeschnitten und daß es das größte gewesen sei, das man dort je gesehen habe. Mich interessierte das nicht. Ich schleppte mich zum Abort und erbrach mich.

Dann wurde ich dem Stubenältesten meines Krankenblocks übergeben, einem Krankenpfleger, der mich beeindruckte, weil er sehr sanft war. Sein Raum, ein Teil von Block 28a, hatte zehn dreistöckige Lagerkojen, die sich von denen der anderen Blocks nur durch Bettlaken unterschieden. Die Insassen waren zum größten Teil alte, zahnlose Polen, die Pflege brauchten, wenn sie auch nicht gerade krank waren, im übrigen waren alle Leiden vertreten, von der Blinddarmentzündung bis zum Wahnsinn.

Ich bewunderte die ruhige, selbstbewußte Art des Stubenältesten, mit der er uns behandelte. Er war ein deutscher Kommunist und hatte schon so manches Konzentrationslager gesehen. So war er nicht einfach Pfleger, sondern ein einsamer Häftling, dessen Lebensinhalt es geworden war, den Kranken zu helfen. Im Gegensatz zu anderen Lagerinsassen schien er in seiner Tätigkeit Befriedigung zu finden, und wenn man bedenkt, wie wenig außerdem für ihn dabei heraussprang, widmete er sich ihr mit erstaunlichem Eifer. Wenn Essen übrigblieb, verteilte er es gleichmäßig, und oft gab er uns vier Jüngsten noch seinen eigenen Anteil.

Ich suchte seine Freundschaft zu gewinnen, aber ohne Erfolg. »Bitte, sprich nicht so lange mit mir«, entschuldigte er sich manchmal, »die anderen könnten glauben, ich begünstige dich. Kranke Menschen sind leicht reizbar, und wir müssen vermeiden, daß sie neidisch werden.«

Die ruhige, langweilige Krankenzimmeratmosphäre war nur gut zum Schlafen, Stöhnen und Sterben. Etwas Abwechslung brachten meine Besuche im Behandlungszimmer in mein einsames Dasein.

129

Dort tamponierte man meine Wunde mit Watte, als wenn man eine Gans stopfte. Diese Prozedur, so qualvoll und schmerzvoll sie war, durchbrach doch die Eintönigkeit. Als die Wunde zu heilen begann, wurde ich in den Revierblock 21a verlegt. Die etwa 200 genesenden Insassen dort waren reizbar und streitsüchtig und verbrachten ihre Zeit damit, sich gegenseitig zu hassen. Sobald es ihnen besserging, begannen sie, sich herumzuschlagen. Was das Blockpersonal, das sich ohne Ausnahme an unseren Gebrechen bereicherte, von unserer Verpflegung für uns übrigließ, war noch weniger als die übliche Lagerration.

Verschlimmert wurde das allgemeine Durcheinander noch durch den Blockarzt, einen deutschen Juden, der überarbeitet, aber auch rücksichtslos und deshalb verhaßt war. Wenn es ihm einfiel, schlug er uns; dabei suchte er sich gewöhnlich solche Häftlinge aus, die nicht Deutsch verstanden, und nannte sie »dreckige Bauern«. Auch mich behandelte er grob, obwohl ich ihm keine Veranlassung dazu gab. Als ich einmal zur Behandlung zu ihm kam, riß er den Schorf von meiner Wunde mit einer derartigen Roheit ab, daß sie sich wieder öffnete. Dann schrie er: »Raus, ich kann meine Zeit nicht mir dir verschwenden. Der Nächste, schnell!«

Ich stellte mit Entsetzen fest, daß die meisten unserer Vorgesetzten, die Leute, durch deren Intrigen unsere Stube mehr einer Hölle als dem Teil eines Krankenreviers glich, Neulinge waren. Gerade die Häftlinge, die uns jetzt ihren Willen aufzwangen, hatten selbst nie das harte Lagerleben, die gemeinsame Not kennengelernt, die die alten Häftlinge zu gegenseitiger Achtung geführt hatte. Angewidert von der Art, wie man mich behandelte, versuchte ich Verbindung mit meinem ehemaligen Gönner, dem deutschen Kriminellen, aufzunehmen, der einst so besorgt darum gewesen war, daß ich auch ja richtig gekleidet war. Aber meine, vielleicht berechtigte, Hoffnung auf seine Hilfe schlug fehl. »Er ist nicht mehr im Lager«, wurde mir gesagt.

Schließlich, nachdem ich immer wieder darum gebeten hatte, wurde ich entlassen. Als ich ging, nutzte ich noch die Gelegenheit, einen Blick in die Umzäunung zu werfen, die sich unserem Stubenfenster gegenüber, zwischen den geheimnisvollen Blocks 10 und 11 befand, den Blocks, die viele betraten, aber wenige verließen. Als einziges Geheimnis enthüllte sich mir in dem Hof zwischen den versperrten Fenstern, die kaltblütige Exekutionen, furchtbare Folterungen und grausame Experimente verbargen, ein Kaninchenstall.

Während meines Aufenthaltes im Krankenrevier hatte ich eine Menge Neuigkeiten verpaßt. Die Zustände im Lager hatten sich nicht verbessert, aber die Häftlinge waren hoffnungsvoller geworden.

Hitlers Krieg schien zu Ende zu gehen. Sogar sein eigenes Volk hatte sich gegen ihn gewandt. Zum erstenmal füllten die Nazis die Folterzellen mit ihren eigenen Leuten.

Es wurde ein alltäglicher Anblick, daß Gruppen von ungefähr einem Dutzend Geiseln, die soeben aus Deutschland angekommen waren und offenbar nicht ahnten, was ihnen bevorstand, zu Block 11 geführt wurden. Männer, Frauen und Kinder, SS-Leute und hohe Offiziere, denen man die Abzeichen abgerissen hatte – alle gingen hinein, um nie zurückzukehren. Zur gleichen Zeit sangen, marschierten und exerzierten auf denselben Straßen deutsche Lagerinsassen. Sie wurden auf ihren »freiwilligen« Dienst in der Wehrmacht vorbereitet, die dringend Kanonenfutter brauchte und nun dazu übergegangen war, ein Bataillon aus ehemaligen Häftlingen zu bilden.

Die zukünftigen Soldaten, die sich nur zu gern anwerben ließen, aber noch viel lieber desertieren wollten, hatten ihre anfänglichen Bedenken unterdrückt in der Hoffnung, zu den Alliierten fliehen zu können.

Irgendwie – es hieß durch Überredung – war auch unser Blockältester dazu gekommen, sich zu den »Freiwilligen« zu melden. Block 8, der Block gegenüber, war unerwarteterweise zum militärischen Ausbildungsstützpunkt geworden. Hier wurde auch er ein anderer Mensch. Er fing an zu trinken, wanderte in einem Zustand des Stumpfsinns im Lager umher und mied seine früheren Freunde. Wir hörten erst wieder von ihm, als es hieß, daß er Selbstmord begangen habe. Unser unerbittlicher und strenger Vater, der wohlwollende Diktator von Block 7a, hatte sich selbst getötet.

Unser neuer Blockältester war ein mürrischer und finsterer Pole, der mit seinem berühmten Vorgänger wenig gemein hatte. Wir nannten ihn »Fischkopf«, denn einem solchen ähnelte er in seiner Erscheinung und in seiner Redseligkeit. Obwohl auch er sehr streng und auch schnell dabei war, als Strafe für Unordnung eine Blocksperre zu verhängen, war er mehr Schulmeister als Beschützer. Seine einzige Sorge war die Leitung des Blocks. Was wir in unserer Freizeit machten und welche Mittel wir uns ausdachten, um am Leben zu bleiben, interessierte ihn nicht. Wenn wir in Schwierigkeiten geraten waren und ihn baten, uns zu helfen, dann zuckte er nur die Achseln, lächelte und sagte entschuldigend, er sei doch nur der Blockälteste von 7a und nicht der Herrgott.

Auf die Lagerprominenz hatte er keinen bedeutenden Einfluß. Sein Deutsch war schlecht, seine Stimme nicht laut genug, um Eindruck zu machen, und sein Block bestand aus verarmten Insassen, die nicht das Bestechungsgeld aufbringen konnten, um ihren Vertreter reich und bedeutend zu machen. Wir hielten selbst nicht viel von ihm. Wir mieden ihn, aber – wie er bestürzt feststellen mußte – weniger aus Angst, als vielmehr in dem Bestreben, ihn zu ignorieren.

Bald nach meiner Rückkehr ging ich zu unserem lieben, zerstreuten Schularzt. Als ob er sich persönlich für uns Jungen verantwortlich fühlen würde, erkundigte er sich, wie es mir im Revier ergangen sei. Und ich erzählte ihm all die vielen Einzelheiten, für die er sich interessierte.

Dann legte er ein Geständnis ab. Er hätte die Gefährlichkeit meiner Schwellung schon lange erkannt, die Sache aber absichtlich für sich behalten. Um meinen gefährlichen Aufenthalt im Revier abzukürzen, so daß ich nicht lange auf die Operation zu warten brauchte, hätte er den Furunkel mit Salben behandelt, die ihn reif zum Schneiden machten. Ich dankte ihm, aber er war viel zu sehr beschäftigt, um von der Arbeit aufzusehen. Mit mütterlicher Sorgfalt entfernte er den Kopfgrind von dem infizierten Schädel eines kleinen Zigeuners.

In den ersten Monaten nach seiner Ankunft verbrachte ein Häftling seine Freizeit damit, über die Zukunft zu grübeln. Wenn er dann all die deprimierenden Einzelheiten des Lagerlebens kannte, hatte er dazu nicht mehr den Mut. Dann versuchte er nur noch weiterzuleben. Noch später, wenn er durch die vielen Prüfungen und Nöte gegangen war, bemühte er sich zu vergessen.

Wir Jungen hatten ein Mittel, um uns weit fort zu träumen – das war das Singen. Wir sangen während der vielen Sperren, wenn wir in unserem Block eingeschlossen waren, während des wöchentlichen Duschbades und um die Einsamkeit zu vertreiben. Wir hatten viele, verschiedenartige Lieder: Zigeunerweisen, Liebeslieder, Volkslieder aus ganz Europa und Partisanenlieder. So mancher von uns hatte eine Lieblingsmelodie, die er immer summte und die schon so eine Art Erkennungsmelodie für ihn war.

Meine Wahl war auf ein gefühlvolles französisches Lied gefallen, in dem ein junger Mann seiner Mutter gesteht, warum er zur Fremdenlegion gegangen ist. »Nicht weil ich ein Mörder bin«, singt der Soldat in weiter Ferne, »nicht weil ich ein Räuber bin. Nein, nur aus Liebe zu einem Mädchen.«

Jedesmal, wenn ich diese Melodie summte, die zu mir gehörte, überkam mich das Gefühl, daß ich trotz allem noch am Leben war. Nach einem ganzen Jahr Konzentrationslager war ich derselbe geblieben. Mein Gesicht konnte ich nicht sehen, denn Spiegel durften wir nicht besitzen, aber ich hörte meine Erkennungsmelodie. Sie war der Beweis für meine Existenz.

Wenn wir in den Abendstunden in unseren Kojen hockten, fingen oft einige russische Jungen laut zu singen an. In ihren ergreifenden Liedern lag so viel Widerstandsgeist und Zuversicht, daß wir einfach mitsingen mußten. Ob wir nun aus Frankreich, Belgien, Holland, Deutschland, Österreich, Italien, der Tschechoslowakei, Polen, Ungarn, Griechenland oder Rußland kamen – der aufrüttelnde Rhythmus riß uns alle mit. Ganz gleich, welcher Überzeugung unsere Väter gewesen sein mochten, für uns hatten die packenden Melodien, die die Revolutionäre vor zwei Jahrzehnten begeistert hatten, nichts an ihrer Bedeutung verloren. Der Aufruf, sich zu vereinigen und gegen den gemeinsamen Feind zu kämpfen, hatte nicht nur wie damals Gültigkeit, sondern war zu einer lebenswichtigen Notwendigkeit geworden. Selbst diejenigen, die den Kommunismus ablehnten, wie viele Ukrainer, wollten nicht länger abseits stehen. Auch sie fielen mit in den Chor ein.

Zu unseren Lieblingsmelodien zählten »Und wenn der Krieg dann morgen tobt«, »Von Grenze zu Grenze« und »Steppenkavallerie«. Wenn wir ihnen lauschten, erwachten recht sentimentale Gefühle in uns. Wir stellten uns vor, wie irgendwo in europäischen Wäldern, die von Partisanen gehalten wurden, andere Jungen die gleichen Melodien summten. Ihr Kampf war der unsere und unserer der ihre.

Sie opferten sich mit der Waffe in der Hand für diejenigen, die zu spät ihre Feinde erkannt hatten. Wir waren hilflos wie das Vieh und konnten nur versuchen, mit dem Leben davonzukommen. Alles, was wir für die gemeinsame Sache tun konnten, war – singen.

Dann gab es noch die traditionellen Konzentrationslager-Lieder. Die meisten waren ursprünglich deutsche Marschlieder, zu denen die Häftlinge einen neuen, harmlosen Text verfaßt hatten. Hier ragte wegen seiner Geschmacklosigkeit das Lied über Auschwitz heraus, das auf das Lieblingslied unserer Wachmannschaften zurückging und offen erklärte: »Wir werden in Auschwitz bleiben, ob's schneit oder rote Rosen blühn«. Es war nur entstanden, weil die Vorgesetzten darauf erpicht waren, ein Lagerlied zu haben, und so abstoßend, daß wir es nur sangen, wenn wir dazu gezwungen wurden.

Von langjährigen Häftlingen wurden uns drei Lieder überliefert, die schon zehn Jahre alt waren und von dem Leben in den Moorlagern in der Nähe von Papenburg berichteten. In dem einen hieß es: »Wo die Hölle ist so nah am Waldesrand, ... wo mich das Moor verschlingt, da ist meine Heimat, da bin ich zu Haus«. Aber die Melodie, die einem deutschen Seemannslied entnommen war, war eher unterhaltend als gefühlvoll, wie sie es hätte sein sollen. Das andere, »Wir sind die Moorsoldaten und tragen ein schwarz-gelbes Kleid ...«, hatte auch eine Schwäche. Es wurde nach der Melodie eines nazistischen Arbeitsdienstmarsches gesungen und klang viel zu laut und optimistisch. Nur das dritte Lied, dessen Musik und Text Häftlinge verfaßt hatten, war erfolgreich. Seit es zum ersten Mal im Jahre 1934 im Konzentrationslager von Börgermoor erklang, war es eine Art Hymne der politischen Häftlinge geworden. Sein Rhythmus, obwohl auch er zuversichtlich ist, bringt zum Ausdruck, daß der Kampf lang und schwer sein wird. »Wohin auch das Auge blicket, Moor und Heide nur ringsum«. »Doch«, verkündet es denen, die alle Strophen singen, denen, die standhaft sind, »ewig kann's nicht Winter sein.«

Vor zehn Jahren war dieses gefühlvolle Lied von einsamen, vergessenen deutschen Antifaschisten in den entlegenen Moorlagern an der Ems gesungen worden. Nun verliehen ihm 400 jugendliche Stimmen aus ganz Europa neue Lebenskraft. Die Häftlingshymne, die aus unserem Block ertönte, um die dunkle Nacht zu durchdringen, war zu einer Herausforderung geworden. Wir wußten, mit uns sangen Millionen Kameraden in den anderen Lagern. Eines Tages würden wir vereint sein. Dann würden unsere Lieder stärker erschallen als je zuvor. Wir würden die ehemaligen Melodien nie vergessen, sondern, von ihnen inspiriert, eines Tages unsere Unterdrücker und ihre Hintermänner, die noch übriggeblieben waren, suchen und sie der Gerechtigkeit übergeben.

Da wir in der Nähe arbeiteten, beobachteten wir oft die Straße, um Neuankömmlinge in Augenschein zu nehmen. Unsere Aufmerksamkeit richtete sich auf die langen Kolonnen von weiblichen Häftlingen, die aus dem vollgestopften Birkenau zu ihrer monatlichen Desinfektion und dem Brausebad herüberkamen. Aus einer Entfernung, die ihrer Wachmannschaft zu groß war, um uns nachzusetzen, riefen wir sie an und fragten nach ihrer Nationalität. Dann holten wir schnell Landsleute von ihnen herbei, um mehr zu erfahren.

»Ist hier jemand aus Miskolc?« riefen uns die Frauen zu. »Ist hier jemand aus Miskolc?« hallten unsere Stimmen in den leeren Fabrikhallen des Baues wider. Als Antwort waren dann die eiligen Schritte von ungarischen Arbeitskameraden zu hören, von Menschen, denen diese Stadt einst Frieden, Heimat und Familienleben bedeutet hatte. Sie gingen den unvermeidlichen SS-Posten und den Bluthunden vorsichtig aus dem Weg und schlichen sich auf die Straße, um nach Bekannten zu suchen.

Wir anderen sahen weiter zu. Mühsam kamen unsere weiblichen Gegenstücke daher, in Lumpen gehüllt, das Haar abgeschnitten, die Gesichter von Sorge und Verzweiflung gezeichnet. Sie hoben kaum den Kopf, um uns zu grüßen; ihr bißchen Kraft brauchten sie, um sich die staubige Straße entlangzuschleppen. Vor einigen Wochen, überlegte ich, mögen dieselben Frauen, elegant gekleidet, noch durch die Straßen von Budapest gegangen sein und den Blick so manchen Verehrers auf sich gezogen haben. Jetzt gehörten sie zu der niedrigsten Kategorie von Häftlingen, sie waren hilflose Neuankömmlinge und litten eine Not, wie sie sich das Herz eines Mannes schwerlich auch nur vorstellen kann. Wir versuchten, sie etwas aufzumuntern, rissen die blau-weißen Mützen von den geschorenen Köpfen, zwangen uns zu lächeln und winkten ihnen zu.

Später erzählten uns unsere Arbeitskameraden, sie hätten nach »Kinderlagern« gefragt. Die Frauen, die in einer Sonderbaracke für ungarische Juden isoliert waren, wohnten inmitten der Massenvernichtung von Birkenau, aber die listige Lagerführung, die immer noch von einer »Umsiedlung« sprach, hielt sie darüber in Unkenntnis. Für viele naive Frauen war daher die bittere Wahrheit nicht mehr als ein übles Gerücht, ein Alpdruck, dem sie niemals in Wirklichkeit zu begegnen hofften.

Weiblichen Häftlingen, wo ich sie nur sah, verliebte Blicke zuzuwerfen, wurde direkt mein Steckenpferd. Ich wollte herausfinden, was sie so anziehend machte. Wenn eine Gruppe von Häftlingen sich aus einiger Entfernung näherte und man erkennen konnte, daß sie Röcke trugen, versuchten wir Jüngeren immer die Gelegenheit zu nutzen und erfanden Ausreden, um die Arbeit zu verlassen. Der einleuchtendste Grund war natürlich, daß man austreten gehen mußte, aber das gab es nur einmal am Tage. Wenn es uns gelang, diesen Augenblick so lange hinauszuschieben, bis wir damit das meiste anfangen konnten, und wenn wir außerdem zu den ersten drei zählten, die Röcke erblickten – dann war unser Ziel erreicht. Da ich ein scharfes Auge und eine starke Blase hatte, lag ich in diesem Wettkampf immer ziemlich weit vorn. Manchmal war der Aufseher der erste, der die Frauen erspähte, aber seine Konkurrenz fürchteten wir nicht. »Drei Jungen, die noch nicht zur Latrine waren, können jetzt gehen!« rief die gute Seele bei solchen Gelegenheiten. Wer auf diesen Wink schnell reagierte, für den war das übrige dann nur noch eine Sache der Beweglichkeit.

Die Begeisterung, die Frauen zu begrüßen, war in allen Arbeitskommandos gleich. Es dauerte nicht lange, da standen so viele Häftlinge als Zuschauer am Straßenrand, daß sie nicht mehr zu übersehen waren. Doch unser kleines Spiel erfuhr ein jähes Ende, als eines Tages die SS über uns herfiel. Die Jagd wurde von einer Frau in SS-Uniform ausgelöst. Sie hatte Storchenbeine und war häßlich, aber sie bildete sich ein, daß wir ausgerechnet sie angestarrt hätten. Ihr wütendes Geschrei jagte alle anderen Posten hinter uns her. Wir rannten kreuz und quer über unsere Arbeitsstelle, die neuen Hallen der Unionswerke, und suchten verzweifelt nach einem Versteck. Ich sah schließlich einen Haufen leerer Kisten, die von der Lieferung neuer Maschinen stammten. Eine

Kiste, die noch einen Deckel hatte, schien mir als Versteck geeignet. Ich kroch hinein.

Nach etwa zwanzig Angst einflößenden Minuten ließ das Gelaufe und Geschrei nach. Ich verließ meinen Zufluchtsort vorsichtig, um keinen Krach zu machen. Da sah ich plötzlich zu meinen Erstaunen, daß alle Kisten um mich herum besetzt waren. Als alle Flüchtlinge herausgekommen waren, hielten wir eine Beratung ab. Dann schlichen wir uns einzeln weg, diesmal zurück zur Arbeit.

Die wenigen Jungen, die in die falsche Richtung gelaufen und von ihren Verfolgern geschnappt worden waren, wurden mit 25 Hieben auf das Gesäß bestraft. In die Nähe der Straße zu gehen, wenn die Frauen da waren, war ab jetzt ein Vergehen. Aber da wir uns nach dem Unerreichbaren sehnten, setzten wir weiter alles daran, die Frauen zu sehen. Sobald wir im Lager waren, drängten wir uns um die von Dampf erfüllte Waschbaracke und versuchten verzweifelt, sie unter den Duschen zu entdecken. Wir kletterten übereinander an den Wänden hoch, um ein einzelnes, oben gelegenes, beschlagenes Fenster zu erreichen, das einen unklaren, entfernten Anblick von nackten Körpern bot. Aber bald hatte auch dieses unsichere Vergnügen ein Ende. Die Frauen kamen nicht mehr zum Baden.

Dann stellte ich eines Tages fest, daß der Erfolg auch kommen kann, wenn man sich nicht besonders anstrengt. Als wir zwischen der Bahnlinie und der Birkenauer Straße einige Baracken abzureißen hatten, die nicht mehr benutzt wurden, überraschte uns ein heftiger Regen. Wir hörten auf zu arbeiten und hofften, daß das Zeichen des Himmels recht lange dauern möge. Ich suchte mit vier anderen Jungen zusammen in einem abgelegenen Stall Schutz; dort ruhten wir uns aus und lauschten den freundlichen Tropfen, die auf dem Wellblechdach wie eine Melodie klangen.

Plötzlich wurde unser Warten durch zwei Neue unterbrochen, die, ohne uns zu bemerken, hereinschlüpften und sich daran machten, den Regen von ihrer durchnäßten Häftlingskleidung abzuschütteln. Ich sah mir ihre Konturen an und stellte fest, daß es Mädchen waren, dralle Mädchen vom Lande. Verblüfft darüber, das Ziel meiner jugendlichen Träume plötzlich so greifbar nahe zu sehen, starrte ich nur auf ihre volle Weiblichkeit.

Meine Freunde, die schon lange die Lektion des Lebens hinter sich hatten, fingen schnell ein Gespräch mit den Besucherinnen an. Die eine war ein polnisches Mädchen, die andere eine Russin, und ihr Posten hatte (vielleicht aus Angst davor, überwältigt zu werden) in einer nahe gelegenen Postenhütte Zuflucht gesucht. Das war alles, was wir von ihnen erfuhren. Der gütige Regen ließ sich sicher nicht von der Begierde einiger Männer beeinflussen, also mußten wir uns beeilen. Zwei Pärchen bahnten sich ihren Weg ins Stroh am Ende der Baracke. Ich paßte mit den beiden anderen zusammen auf, daß keine Störenfriede kamen. Wir waren zwar neidisch – das ließ sich nicht vermeiden –, aber wir hofften, daß wir auch einmal Glück haben würden.

Der durchdringende Rhythmus der unzähligen Regentropfen, die so harmonisch auf dem Dach trommelten, war noch nicht schwächer geworden. Die Natur ist stark, verkündete er. Sie bietet viele Gelegenheiten ...

Wenn wir von der Arbeit zurückkehrten, kamen wir oft an einem neuen Nebenlager vorbei. Als Baustelle hatte ich es einst gut gekannt. Jetzt war es bereits von hohen Stacheldrahtzäunen umgeben und mit einem Vorkommando von Frauen belegt, die die Einrichtung besorgen sollten: 70 dreistöckige Kojen, einen Tisch, einen Schrank und zwei Bänke pro Stube. Da die paar Dutzend Insassen auf Grund ihrer Zuverlässigkeit ausgesucht worden waren, wurden sie zeitweise nur von einem einzigen Posten, der am Tor stand, bewacht, was wir natürlich weidlich ausnutzten.

Wenn wir am Zaun vorbeikamen, warfen die Mädchen und wir uns gegenseitig Blumen zu, verwelkte, aber herzliche Geschenke. Sie wurden in der Mittagspause gepflückt, in den wenigen kostbaren Minuten, die noch übrigblieben, wenn wir unsere Suppe verschlungen hatten. Um uns gegenseitig aufzumuntern, riefen wir Grüße hinüber und schwenkten unsere Mützen, und die Mädchen winkten mit ihren Kopftüchern.

Ich fragte, ob sie in Birkenau jüdische Mädchen aus Deutschland getroffen hätten. »Ja, es gibt da eine oder zwei«, rief jemand. Da hielt ich die Hände trichterförmig vor den Mund und schrie, ob sie irgendwelche Frauen kannten, die mit meinem Transport gekommen waren. »Nein, die Nummern sind uns nie begegnet«, kam die Antwort.

Aber ich verlor den Mut nicht. Ich rief weiter meine Grüße und ließ Menschen hochleben, die mir früher eigentlich gar nichts bedeutet hatten. Wir grüßten nicht Einzelwesen. Wir grüßten die Jugend, eine heranwachsende Generation, die sich niemals überwältigen lassen würde.

Die Tage meiner Kindheit, als die weiblichen Klassenkameraden sich damit gebrüstet hatten, daß sie für Kinder wie mich zu reif seien, und als ich in den Frauen Erwachsene gesehen hatte, waren vorüber. Jetzt begann ich mich für Mädchen zu interessieren, wenn wir auch nur wenige sahen.

Es gab weibliche Häftlinge in den Unionswerken, die dort Tag- und Nachtschicht arbeiteten, aber das Werk war durch Stacheldraht abgetrennt, und Fremde hatten keinen Zutritt. Obwohl die Arbeiter der Schweigepflicht unterlagen, wußten wir, was sie produzierten, wenn wir uns den Schrott in den offenen Güterwagen ansahen, die in Deutschlands Stahlwerke zurückgingen. Die daraus ausgestanzten Platten waren der Beweis, daß Granaten hergestellt wurden. Wenn wir den Durchmesser ausmaßen, konnten wir sogar ausrechnen, für welche Geschütze sie verwendet wurden.

Gelegentlich sahen wir Frauen, die sich von einer Krankheit erholten und zu einem eigenen kleinen Arbeitskommando zusammengefaßt waren, das Unkraut zupfte. Ihre Aufgabe bestand darin, die Gegend nach wilden Pflanzen abzusuchen, die man zur Herstellung von Medikamenten brauchte, oder Disteln zu stechen, aus denen dann der Eintopf für die Häftlinge bereitet wurde. Da sie bewacht waren, wagten sie nicht, uns anzusprechen. Aber wenn sie an uns vorbeikamen und ihre ausgemergelten Körper sich nach dem Unkraut bückten, dann sahen wir ein verschwiegenes Lächeln auf ihren Gesichtern.

Weibliche Häftlinge von anderer Art waren direkt in unserem Lager untergebracht. In dem oberen Stockwerk von Block 24, über der Stube des Lagerorchesters, war ein Bordell. Es bestand aus zwei Dutzend gut eingerichteten und mit netten Gegenständen versehen Kabinen, die von beleibten Prostituierten bewohnt wurden. Deutsche Häftlinge waren berechtigt, es alle vierzehn Tage aufzusuchen. Andere, außer Russen, Zigeunern und Juden, alle paar Monate. Die Lagerprominenten hatten ihre Geliebten, Frauen, für die sie anscheinend wirklich etwas übrig hatten. Für Geschenke, die an einer Schnur durch ein unbeobachtetes Hinterfenster hinaufgezogen wurden, ließen die Freudenmädchen sie das nächste Mal etwas länger bei sich bleiben – länger als die vorgeschriebenen fünfzehn Minuten.

Die meisten dieser Frauen, die aus ganz Europa kamen, hatten diesen ältesten Beruf schon vor ihrer Verhaftung ausgeübt. Es war wirklich paradox: Erst hatte man sie verhaftet, weil sie Prostituierte waren, und nun mußten sie Wachtposten und Häftlinge zugleich versorgen und waren für dieselben Leute wertvoll, die sie einst verfolgt hatten.

Es war ihnen kaum gestattet, ihre Unterkunft zu verlassen, und sie fanden nur selten Gelegenheit, sich am Fenster zu zeigen. Taten sie es jedoch, dann ließen wir es uns nie entgehen, sie zu beobachten. Manche unter uns verachteten diese angemalten vulgären Puppen, andere bemitleideten sie; aber immerhin waren sie auch Häftlinge, und wir konnten nicht umhin, sie als solche auch zu respektieren.

Oft suchten sie vor Beginn ihres anstrengenden Abends den Hof nach Häftlingen ab, die jung oder sehr schwach aussahen, und riefen, sie sollten sich unter das Fenster stellen. Dann warfen sie ihnen eine Brotration zu. So gaben sie auf ihre Art zu verstehen, daß, trotz alledem, das Herz einer Frau mütterlich geblieben war.

Mein treuester Freund, der kesse Gert, arbeitete jetzt auf einem großen Gut in der Nähe von Raisko. Das bedeutete, er mußte vor fünf Uhr aufstehen, einige Stunden marschieren, auf den Feldern schwitzen und sich dann erschöpft, müde und voller Blasen zurückschleppen; oft erreichte er das Lager erst nach dem Abendappell. Aber unter saftigen Tomaten und würzigen Zwiebeln zu arbeiten, hatte auch seine Vorteile.

Jeden Sonntag hielt vor Block 5 ein einsamer Pferdewagen, der auffällig mit Blumen beladen war. Unter den Töpfen und grünen Pflanzen und bunten Sträußen – mit denen die Lagerführung ihre Absicht verwirklichte, dem Musterlager einen »freundlichen Anblick« zu verleihen – befanden sich Säcke, die alles enthielten, was das Arbeitskommando im Laufe der Woche an Gemüse »organisiert« hatte. Dieser schlaue Trick verwandelte die Stube der Landarbeiter oft in einen Gemüseladen, in dem die Insassen Mützen voll Gemüse gegen noch kostbareres Brot eintauschten. Da die Wachtposten, die Schmuggeleien aufdecken mußten, ihren freien Tag hatten, kam es nie heraus.

Wenn ich den kessen Gert besuchte, hatte er mir immer etwas aufgehoben: ein paar Tomaten, die man als Festessen verschlingen konnte, ein pikantes Stück Knoblauch, das man, bevor es verschwand, auf viele trockene Brotrinden reiben konnte, oder sogar eine Zwiebel, der Apfel unter den Gewürzen, die man Schale um Schale genießen konnte und die eine Abwechslung in das Lageressen einer ganzen Woche brachte.

Ich hatte nichts als Gegenleistung zu bieten, und da unser Abkommen, alles zu teilen, schon lange nicht mehr galt, war es ziemlich unangenehm, seine Geschenke anzunehmen. Der großzügige Gert brauchte die zwei schwer verdienten Pfund Gemüse pro Woche selbst dringend, um seinen Angehörigen zu helfen. Er hatte seinen Vater in Birkenau entdeckt und seinen Bruder in Monowitz.

»Hört man nichts von seinen Angehörigen«, sagte er manchmal, »dann denkt man das Schlimmste oder hofft auf ein Wunder. Erfährt man schließlich aus einem Lager, daß sie leben, dann ist man glücklich. Aber sehr bald, wenn ihre Lage sich immer mehr verschlechtert, bedauert man, überhaupt etwas von ihnen gehört zu haben, denn was man einst befürchtet hatte, wird dann eines Tages doch Wirklichkeit.«

Tag für Tag, Nacht für Nacht kamen neue große Transporte mit Juden aus Ungarn in Birkenau an. Viele wurden in unser Lager geschickt, und bald war es so überbelegt, daß wir gezwungen waren, unsere Kojen zu teilen. Unsere neuen Kameraden unterschieden sich von allen anderen, es waren »Magyaren«. Unter Zwang zu leben, schien für sie etwas völlig Neues zu sein. Auch ihre Sprache war ganz eigenartig und gar nicht verwandt mit den Sprachen, die wir kannten. Trotzdem versuchten wir, uns verständlich zu machen, und verbrachten so manche Stunde damit, ihnen die Grundregeln des Lagerlebens zu erklären. Aber wir bezweifelten, daß sie die Kunst, ein Untermensch zu sein, jemals lernen würden.

Seit meiner Ankunft vor über einem Jahr hatte sich die Gesamtzahl der Häftlinge, die durch die Lager von Auschwitz gegangen waren, verdoppelt. Es gab jetzt fünf Gruppen: E für Erziehungshäftlinge, G für gewöhnliche Häftlinge, Z für Zigeuner und A und B für die jüdischen Massentransporte, die seit 1944 ankamen. Die »E«-

141

Häftlinge waren meistens Deutsche, sie wohnten in einem Sonderlager in Birkenau und wurden entlassen, wenn sie »ihre Zeit abgesessen« hatten. Alle anderen hatten »lebenslänglich«. Ihnen war ihre Nummer auf dem linken Unterarm eintätowiert. Zur Nummer der Häftlinge, die nicht in die Kategorie der »Gewöhnlichen« fielen, gehörte auch der Buchstabe der Gruppe. Wenn also die politische Abteilung der Lagerführung sich entschied, einen Insassen von einer Gruppe in eine andere zu versetzen – was selten vorkam – bedeutete das auch, daß seine Tätowierung geändert wurde.

Eine solche Laune der Bürokratie betraf einen Zigeunerjungen, den ich kannte; er wurde beides, ihr Opfer und Nutznießer. Plötzlich war er zu einem »Arier« erklärt worden, der das Bordell besuchen und sich freiwillig zur Armee melden durfte. Seine neugewonnenen »Rassengefährten« mieden ihn jedoch auch weiterhin. »Der sieht aus, spricht und benimmt sich wie ein Zigeuner«, raunten sie sich zu, »und hätte auch einer bleiben sollen«.

Er hatte nicht genügend Einfluß, um die Rolle eines Herrenmenschen spielen zu können. So hatte hatte er kaum mehr gewonnen als eine neue Nummer. Die alte und das »Z« davor auf dem Unterarm waren durch Kreuze ungültig gemacht worden. Daneben prangte nun die neue Nummer, geziemender, sauberer und länger.

Die Nazis schmiedeten optimistische Zukunftspläne und trafen Vorbereitungen für die Aufnahme von Millionen weiterer Sklaven aus den vielen »minderwertigen Rassen«, von denen Europa noch genug hatte. Auschwitz mußte vergrößert werden.

Neue Bauten schossen im gesamten Lager wie Pilze in die Höhe. Die Nachfrage nach gelernten Bauarbeitern wurde so groß, daß sogar die tausend ehemaligen Insassen der Maurerschule sie nicht befriedigen konnten. Es wurden riesige neue Projekte geplant. Einer unserer Vorarbeiter hatte sogar die Pläne gesehen. Sie sahen ein Wohnlager vor, doppelt so groß wie das jetzige, eine Verdreifachung der Fabrikgebäude und ein neues Netz von Straßen und Eisenbahnlinien für das Arbeitsgebiet.

Der erste Schritt zur Verwirklichung der Erweiterungspläne bestand darin, daß die Behörden ein neues Verwaltungssystem einführten. Unser Lager, das kleinste, aber sauberste, das als Schaustück für Delegationen von draußen in Ordnung gehalten wurde, erhielt nun den Namen Auschwitz I. Die Lager von Birkenau waren zu Auschwitz II und Monowitz mit seinen Nebenlagern Auschwitz III geworden. Das bedeutete, das ganze Gebiet, das von der Weichsel und der Sola flankiert wurde, bildete nun einen einzigen Komplex, ein riesiges Konzentrationslager – ein Ungeheuer für die, die es kannten, ein bloßer Name in dreifacher Ausführung für die anderen.

Wir schufteten in der Sonne – die Jacke durften wir uns nicht ausziehen –, hoben Fundamentgruben aus und bewegten Erde. Unser Aufseher, ein SS-Mann, faulenzte unter einem schattigen Baum und beobachtete uns. Manchmal – vielleicht nach einem zu anstrengenden Abend – schlief der zwar nicht sehr eifrige, aber aggressive Vertreter des Dritten Reiches ein. Das war für die Waghalsigeren unter uns das Signal, sich durch den Zaun in den benachbarten Garten zu schleichen. Was sich dort den Vögeln, Bienen und Würmern bot, interessierte auch uns. Beeren, Blumen und Radieschen – das war alles sehr nützlich. Wie das andere polnische Eigentum des Lagers war auch der Garten, der zu einem Landhaus gehörte, von der Familie eines SS-Offiziers übernommen worden. Unsere Beuteexpeditionen im kleinen bedeuteten daher nicht nur, den Feind mit seinen eigenen Waffen zu schlagen. Indem wir »zuschlugen«, ohne entdeckt zu werden, stifteten wir Verwirrung, wenn auch nur in der privaten Sphäre. Wenn der Nazichef nach Hause in seine Villa kam und die Unordnung auf den Blumenbeeten entdeckte, machte er wahrscheinlich seinen eigenen Nachwuchs dafür verantwortlich.

Das waren aber nur Zwischenspiele. In der Regel gab es wenig, was die Eintönigkeit der Arbeit unterbrach. Die Ausschachtungsarbeiten nahmen kein Ende. Wir waren total erschöpft, schweißgebadet und hatten Schmerzen am ganzen Körper. Dabei war der einzige Lichtblick die gelegentliche Zahlung von Prämiengeld, einer jämmerlichen Lagermark, in deren Genuß allerdings die meisten von uns, wie ich, niemals kamen. Erhielt jemand mal eine, so verbrachte er (zusammen mit den bevorzugten deutschen Häftlingen, die das Geld von zu Hause bekamen) den Abend damit, sich draußen vor der Kantine anzustellen. Dort konnte er dann Mostrich, Schreib-, Toiletten- und Zigarettenpapier oder aus Holz gewonnenen Tabak erwerben, falls die Sachen noch nicht ausverkauft waren.

Theoretisch konnte die Prämie bis zu einer Mark pro Woche betragen. Das war ein geschickt ausgeknobelter Anreiz, um uns noch mehr auszubeuten, und das Äußerste, dessen die Sklaven des 20. Jahrhunderts für Wert befunden wurden.

Der kesse Gert hatte mich mit einem einsamen Neuling aus Berlin, Philipp Auerbach, bekannt gemacht, einem großen, Ehrfurcht einflößenden jüdischen Burschen Ende Dreißig, den ich mit dem Lagerleben vertraut machen sollte. »Seinem fetten Bauch und seiner dicken Brille nach zu urteilen, könnte er ein Professor sein«, meinte Gert, »aber ich glaube, er ist ein recht umgänglicher Mann, ein bißchen naiv, aber ganz groß im Geschichtenerzählen. Hör dir nur mal sein Seemannsgarn an, das er dir über Berlin verspinnen wird.«

Mein neuer Bekannter hatte viel Interessantes zu erzählen, und da ich von seinen Abenteuern in den Ruinen der zerbombten deutschen Hauptstadt – die ich als eine Art Fortsetzungsroman zu hören bekam – begeistert war, trafen wir uns jeden Abend. Während wir die Lagerstraße entlanggingen und er sich immer verstohlen umsah, um sicher zu gehen, daß uns niemand zuhörte, enthüllte er mir seine Geheimnisse.

»Ich bin Doktor«, sagte er stolz, »aber nicht Doktor der Medizin. Da ich Realist bin, habe ich Kriminalistik studiert. Du kannst dir wahrscheinlich nichts darunter vorstellen. Dieses Fach beschäftigt sich mit Verbrechen und Verbrechern und paßt also gerade für unsere Zeit.

Bis vor einem Monat war ich noch im Gefängnis am Alexanderplatz eingesperrt, ich wurde dort festgehalten, um der Polizei bei den Schwarzmarktrazzien behilflich zu sein. Da jedes ausgebombte Gebäude möglicherweise ein Schlupfwinkel für die Unterwelt ist und die verschiedensten geflohenen Häftlinge nur durchkommen können, wenn sie zu Verbrechern werden, gab es für uns natürlich viel zu tun. Ich hatte einen großen Schnurrbart, damit sah ich wie ein echter Detektiv aus, und bei meinen Einsätzen draußen«, so behauptete er und freute sich wie ein Schuljunge, der von seiner ersten Zigarette erzählt, »hatte ich sogar die Genehmigung, einen Revolver zu tragen«.

Ich gab ihm als alter Lagerhase den Rat, über seine Vergangenheit lieber zu schweigen und auf seine Brille zu achten (da er keinen Ersatz dafür bekommen würde). »Ja«, stimmte er zu, »ich werde mich umstellen. Außerdem weiß ich auch, daß es hier Häftlinge geben kann, die mich von früher her in unangenehmer Erinnerung haben.«

Später, nachdem er bis zur Unkenntlichkeit abgemagert war und die Unterstützung eines deutschen Lagerinsassen gewonnen hatte, erhielt er eine recht gute Beschäftigung. Es erwies sich anscheinend immer noch als nützlich, Kriminalist zu sein. Wir beiden jugendlichen Ratgeber waren überflüssig geworden und verloren schließlich den Kontakt zu ihm.

Mehr als hunderttausend Häftlinge waren nach mir angekommen, und ich war nun schon ein »Alter« geworden, dem aus eigener Erfahrung alle Ereignisse eines Jahres im Lagerleben bekannt waren.

So mancher Angehörige der Lagerprominenz kannte mich schon vom Sehen, und ich war nun jemand, dem man seine Sympathien nicht versagen konnte. Der Jüngling, den einst jeder einzuschüchtern bedacht war, hatte sich zu einem »alten Hasen« entwickelt, dem man Achtung zollte, weil er bis jetzt durchgehalten hatte.

Einmal machte sogar die Lagerführung eine Konzession an meine Seniorität und nahm mich in die Liste der Insassen auf, die nach Hause schreiben durften. Ich starrte auf die Postkarte, die man mir gegeben hatte, und überlegte, was ich schreiben sollte, da nur wenige Worte gestattet waren, und an wen ich sie richten könnte. Dann schrieb ich, daß es mir gut gehe, »ich hoffe, daß Sie mir eine erfreuliche Antwort senden« (womit ich ein Lebensmittelpäckchen meinte), und adressierte die Nachricht an eine alte deutsche Dame, die unsere Nachbarin gewesen war. Aber die wenigen Zeilen, in die ich meine Hoffnung gesetzt hatte, wurden nie beantwortet. Ich mußte annehmen, daß sie zerrissen worden waren, noch bevor sie das Lager verlassen hatten.

Ein andermal beschloß die Verwaltung, Kinoveranstaltungen durchzuführen, Karten gab es aber nur für Deutsche und Polen. Vor jeder Vorstellung standen die anderen Häftlinge, Russen, Juden und Zigeuner, die sich darum rissen, eingelassen zu werden, in Scharen vor dem Eingang und warteten auf eine Gelegenheit, sich hineinzuschmuggeln. Eines Abend, als ich mich kräftig gegen die Tür drängte, wurden meine Anstrengungen belohnt. Ein deutscher krimineller Häftling, der mich wahrscheinlich kannte, kam vorbei und drückte mir eine Karte in die Hand. »Geh rein, Kleiner«, flüsterte er mir zu, »und amüsier dich«.

Ich bekam einen roten Kopf vor Selbstbewußtsein und betrat das Kino, einen leeren Raum in Block 2a. Dann ging es los: eine Filmvorführung in Auschwitz, ein richtiger Tonfilm. Wir vergaßen die Häftlinge, zwischen denen wir eingezwängt saßen, und folgten hungrig den Geschehnissen auf der Leinwand, einer bürgerlichen Liebesgeschichte. Wir sahen das sorglose Leben, Eleganz, Frauen und Familien – eine Fata Morgana. Es war ein Traum, den man nicht durch Einzelheiten deuten konnte, eine Welt, die von der unseren so weit entfernt war, daß sie, wenn man genau hinsah, unverständlich wurde.

Eine Zeitlang diente die Bühne in Block 2a auch für Unterhaltungsabende, Konzerte mit humorvollen Sketchen als Einlage in den Pausen, aber nach kaum einem Dutzend Veranstaltungen wurde sie geschlossen. Die Lagerführung war anscheinend zu der Ansicht gelangt, daß die reichliche Auswahl an kollektiven Strafen, die auf jeden Fall billiger und wirksamer waren, als Zeitvertreib für uns genüge.

Eine beliebte Züchtigungsmethode bestand darin, uns »Sport« treiben zu lassen. Diese Strafe wurde uns dafür auferlegt, daß »wir nicht genug gearbeitet hatten«. Zuerst waren die Kapos an der Reihe, dutzendweise wurden sie durch die Lagerstraßen geführt und mußten nach den Befehlen exerzieren.

»Hinlegen!« – »Aufstehen!« – »Knie beugt, Arme streckt!« – »Hüpfen!« »Marsch!« »Kehrt!« – »Auf dem Boden rollen«. »So, und jetzt, ihr Dreckhunde«, wurden sie angebrüllt, »wir werden euch beibringen, wie man aus Stinktieren, für die ihr verantwortlich seid, mehr Arbeitsleistung herausholt. Wir machen alles noch mal von vorn, aber schneller.«

War am nächsten Tag die Leistung noch nicht höher, so kamen die Vorarbeiter, die rangmäßig niedrigeren Aufseher, mit dem »Sport« an die Reihe. Wenn auch das nicht zu den gewünschten Ergebnissen führte, dann mußten wir uns alle im Dreck wälzen, unter dem grotesken Geplärr lächerlicher Lagerlieder.

Schließlich folgte noch die Warnung, zum Zählappell ja blank und sauber zu erscheinen, und dann verbrachten wir den Rest des Abends damit, unsere Kleidung zu waschen und – ein verzweifeltes, aber vergebliches Bemühen – sie zu trocknen, um sie für den kommenden Arbeitstag in nur sechs Stunden bereit zu haben.

Endlich kamen die alliierten Bomber, das erste Anzeichen dafür, daß die Welt um uns herum von unseren Leiden Kenntnis hatte. Die SS-Besatzung begriff, daß sie nun selbst das Ziel der Angriffe war, und baute eiligst Unterstände, bemalte die Gebäude mit Tarnstreifen und rüstete sich mit Helmen und Gasmasken aus.

Sobald wir das Heulen der Sirene vernahmen, ein willkommenes Signal, das manchmal sogar dreimal am Tage ertönen konnte, verließen wir die Arbeit, überzeugten uns, daß niemand zurückblieb – weil er vielleicht taub war oder schlief – und dann als Flüchtling bestraft wurde, und gingen zu unserem Sammelplatz. War der Zählappell vorbei, eilten wir in geschlossener Formation zum Lager zurück.

Unser Kommando hatte den weitesten Weg. Aber wir bedauerten das nicht, denn wenn wir erschöpft und mit schmerzenden Füßen die Straße entlangrannten, hatten wir die Genugtuung zu sehen, wie die verhaßten SS-Männer sich in ihre Schutzlöcher verkrochen. Jetzt hatten die Herrenmenschen Angst, und ihre Gewehre waren nutzlos gegen die Bomben. Sie spähten aus ihren Unterständen und suchten ängstlich den Himmel ab. Dann wurde, was uns weniger gefiel, über das ganze Lager eine Decke aus übelriechendem künstlichen Nebel gebreitet.

Wir Häftlinge drängten uns in die Lagerblocks und hatten keinerlei Schutz, aber wir waren froh über die Angriffe. Wenn das Gebäude von den nahen Explosionen erschüttert wurde und seine Scheiben zersplitterten, war das der Beweis, daß unseren Feinden Schaden zugefügt wurde.

Als bereits über die Hälfte von Polen befreit war, wurden die Nazis unruhig. Die Selektionen unter den Insassen zur Auswahl von Todeskandidaten für Birkenau hatten aufgehört. Aber die Gerüchte, die man zu unserer Beruhigung ausstreute, daß die Vergasungen ganz und gar eingestellt werden sollten, erwiesen sich als unwahr, denn aus dem Südosten Europas kamen weiter neue Transporte an und brachten jüdische Opfer für den Totenwald.

Die Haltung der Führung, die sich in ihren treuen Dienern, der SS, widerspiegelte, zeigte eine merkliche Veränderung. Anstatt die »Minderwertigen zu unterdrücken«, glaubten sie sich nun berufen, uns vor den »heranrückenden Horden aus dem Osten« zu schützen. Als letztes Mittel ahmte Hitler Pilsudski nach und versuchte, die

Polen gegen die Russen auszuspielen. Aus den Reihen der polnischen Faschisten besuchte ein Propagandist unser Lager, um mit Appellen an das Gefühl Landsleute für eine »Nationale Verteidigungsarmee« zu werben, die die »Angreifer« abwehren sollten. So aussichtslos seine Mission auch erschien, brachte sie doch eine Handvoll Mitläufer ein und blieb so zu unserer Überraschung davor bewahrt, als völliger Mißerfolg zu enden.

Das neugegründete Bombenräumkommando, das täglich mit langen Haken und einem niedrigen Plattformwagen auszog, um Blindgänger sicherzustellen, sollte angeblich auch aus »Freiwilligen« bestehen. Seine Mitglieder, die sich aus Angehörigen aller Nationen zusammensetzten und wahrscheinlich zu intelligent waren, um sich von den Nazis mit ihrem Gerede über die »Rettung der westlichen Zivilisation« ködern zu lassen, waren durch das offene und realistische Angebot zusätzlicher Verpflegung angelockt worden.

»Die Aussichten, das vielköpfige Ungeheuer Auschwitz, das unsere Feinde ersonnen haben, bei Brot und Wasser zu überleben, sind gleich Null, aber ein Blindgänger explodiert nur, wenn man ihm dazu Gelegenheit gibt.« So argumentierten die Pioniere in Häftlingskleidung und hofften insgeheim, daß der Sprengstoff der Alliierten, der ihre Feinde nicht zerrissen hatte, auch ihre Freunde verschonen würde.

Zur gleichen Zeit erhielten wir auch Berichte über die deutschen Insassen, die zur Armee gegangen waren. Sie hatten zusammengepfercht ununterbrochen in der Kampflinie gelegen. Schließlich wurde ihre Kompagnie, die nur aus ehemaligen Häftlingen bestand, auf ein Himmelfahrtskommando geschickt und vernichtet.

Juden, die aus den »reichen« Ländern wie Ungarn und Italien kamen, wo man sie einer schlau ausgeklügelten Propaganda von einer »Umsiedlung in den Osten« ausgesetzt hatte, brachten einen großen Teil von ihrem Hab und Gut mit, oft ganze Wagenladungen. Man entledigte sie ihres Eigentums und widmete sich dann ihren Sachen. Koffer, Kleidung, Bettzeug, Fahrräder, Nähmaschinen, Säcke voll Lebensmittel, Bündel mit privater Korrespondenz, Stapel von Photographien, Ringe, Diamanten und versteckte Dollarnoten, alles wanderte in die Sortierbaracken, wo man es mit der gebührenden Achtung behandelte, der man die Menschen nicht für würdig befand. War die Beute sortiert und waren Namensschilder und eingenähte Zeichen entfernt, dann wurde alles in Eisenbahnwaggons geladen und nach Deutschland geschickt.

»Vom Konzentrationslager Auschwitz nach Breslau« hieß es auf den Bestimmungstafeln, die an jedem Waggon befestigt wurden. »Ist es möglich«, fragten wir uns, »daß die Menschen dort am anderen Ende, die bald in den Genuß der Beute kommen werden, nach der unsere moderne, habsüchtige Gesellschaft seit langem strebt, nicht wissen, woher sie stammt?«

Von den Nahrungsmitteln, mit denen sich die Neuankömmlinge hatten versorgen müssen, waren viele alt und verdorben oder »als vergiftet gefürchtet«, sie wanderten daher in die Lagerküche. Wie alles andere, das mit den Massentransporten ankam, hießen auch Makkaroni, Mehl, Brot und Trockenobst aus dem Ausland »Kanada«, möglicherweise weil dieses Land für die Europäer Reichtum und Überfluß bedeutete. »Kanadasuppe« brachte dann auch eine willkommene Abwechslung in unser Essen und bestand aus einer Brotsuppe, die je nach den vielerlei Zutaten – Obststücke, Kuchen, Brötchen, Zeitungen und oft sogar Leder und Nägel – süß oder bitter schmeckte.

Arbeitern des »Kanadakommandos« – das waren die Häftlinge, die das Beutegut sortierten – gelang es dabei, etwas zu »organisieren«. Sie vertauschten jeden Tag billig erworbene Lagerschuhe mit guten, soliden Lederschuhen, wickelten sich Bettlaken um die Taille, ließen goldene Uhren in ihrem Mastdarm verschwinden, verbargen Juwelen in ihren Nasenlöchern und fütterten ihre Mützen mit ausländischen Banknoten. So wurden sie bald Finanziers, denen kleinere Händler mit Achtung begegnen mußten.

Im Lager wurden die Waren an andere Spekulanten abgegeben, die sie für eine Provision, die kaum das Risiko wert war, bei den Zivilisten gegen Alkohol, Butter und Zigaretten eintauschten. Für drei Zigaretten – das in ganz Europa geltende Zahlungsmittel auf dem Schwarzen Markt – bekam man eine Tagesration, also 350 Gramm Brot. Butter wurde reserviert, um sich Kapos, Vorarbeiter und Blockälteste zu kaufen, und Branntwein, der stark gefragt war, aber schwer durchzuschmuggeln ging, diente dazu, reichere Lagerprominente und SS-Leute zu bestechen.

Natürlich wurden wir, wenn wir von der Arbeit zurückkehrten, kontrolliert. Das war ein täglicher Vorgang, bei dem man von ungefähr fünfzig Leuten einen gründlich durchsuchte und den Rest unter Drohungen auf verdächtig dicke Körperstellen hin ansah. Wurde jemand erwischt, so wurde er brutal zusammengeschlagen und mußte den Rest des Abends zwischen den Zäunen stehen, in einem Meter Abstand von elektrisch geladenen, tödlichen Drahtgittern umgeben, die gefährlich summten.

Die Maurerschule – und damit auch ich – waren nach Block 13a umgezogen. Die Lehrlinge, lauter Neue, waren hauptsächlich Juden aus Ungarn zwischen vierzehn und sechzehn Jahren. Wie der naive kleine Kurt – der nun schon lange verschwunden war – hingen sie ihrer angenehmen Kindheit nach und interessierten sich kaum für die Grausamkeiten, von denen sie umgeben waren. Aber sie in ihrer Unbeirrbarkeit und Ausgeglichenheit zu beobachten, war ein Vergnügen, etwas, das uns aufmunterte.

Einige, die eine zionistische Erziehung genossen hatten, unterhielten uns mit Liedern über Pioniere in Palästina, über einen Mann namens Trumpeldor, der, im Gegensatz zu den Juden in Europa, vor seinem Tode gekämpft hatte – es waren sentimentale Melodien, die uns Ideale zurückbrachten, die langjährige Häftlinge längst vergessen hatten.

»Schlafe ruhig, Tal von Jezreel«, sangen die klaren jugendlichen Stimmen. In der Stube voll staubiger, mit Stroh gefüllter Lagerkojen klangen sie nur hilflos gedämpft, »schlafe ruhig, wundervolles Tal, wir sind deine Hüter ...«

Eine kleine Gruppe, die auch niemals müde wurde, sich freundlich zu zeigen – hauptsächlich, weil es ihnen gelegentlich eine Extraschüssel Suppe einbrachte –, bildeten einige sangesfreudigen Zigeunerjungen, die ihren Abend am »Birkenweg« verbrachten, der »Lagerpromenade« am dreifachen Stacheldrahtzaun, wo sie sangen und tanzten und uns an längst vergangene Tage erinnerten.

Ich hatte jetzt genügend Zeit zuzuhören, denn ich hatte es aufgegeben, vergeblich um Lebensmittel zu betteln, und beschränkte meine Aufmerksamkeit nicht mehr auf die Insassen, von denen ich Gefälligkeiten erwarten konnte, sondern bemühte mich, sie alle kennenzulernen, ihre verschiedenen Gewohnheiten zu beobachten, sie zu verstehen.

Unserer Arbeitsstelle, den neuen Pferdeställen, gegenüber war ein Kasino für die SS-Offiziere, ein »Führerheim«. Wie in allen SS-Unterkünften machten die Hausarbeit Angehörige einer religiösen Sekte, »Bibelforscher« genannt. Diese weiblichen Häftlinge riefen, wenn sie mit schweren Sachen wie Säcken, Kisten und Fässern umzugehen hatten, uns zu Hilfe. Da wir stets hofften, einen Bissen zu erwischen, setzten wir alles daran, uns nützlich zu machen; sobald wir den Verpflegungswagen erspähten, der einmal wöchentlich am Kasino vorfuhr, schlichen wir uns hin und versuchten, die Aufmerksamkeit der Frauen zu erregen, indem wir gestikulierend auf uns zeigten.

Einmal wurde auch ich ausersehen, ihnen zu helfen. Unsicher balancierte ich eine Kiste Weinflaschen auf meinen jungen Schultern, ging durch den Eingang für Dienstboten, stieg die dunkle Treppe hinab und betrat den Vorratskeller. Ich stellte meine Last ab, sah mich um und erblickte, was ich nur im Märchen für möglich gehalten hatte. An der Wand lagen endlose Reihen Flaschen aufgestapelt, die auserlesensten Weine Europas. An einem Gestell hingen gerupfte Gänse, Hasen, Würste und duftende saftige Schinken, bei deren Anblick einem das Wasser im Munde zusammenlief. Eine ältliche Wirtschafterin mit einem Schlüsselbund am blau-weißen Rock steckte mir ein Stück gekochtes Huhn in meine Tasche und hieß mich dann, wieder an die Arbeit zu gehen.

Auf meinem Rückweg warf ich einen Blick in die oberen Räume. Sie waren mit Luxus ausgestattet, der Königen zukam, und es fehlte weder an Teppichen noch an Gemälden.

Ja, die Herren der Herrenrasse hatten Grund genug, sich, nachdem sie ihre Gier befriedigt hatten, in ihren Sesseln auszuruhen. Ihre hungernden Sklaven, die ihnen in Massen zur Verfügung standen, waren billig; ihre gut ausgebildeten Söhne, von denen sie nicht weniger hatten, starben, »um dem Vaterland zu dienen«.

Von den »Bibelforschern«, die man wegen ihres unbeugsamen Pazifismus inhaftiert hatte, waren nur die Frauen am Leben geblieben. Die meisten waren Deutsche oder Polinnen; ihre Ehrlichkeit, die man ihnen bescheinigen muß, wurde von den Vorgesetzten geschickt zu deren eigenem Vorteil, für die Sache des Kriegsgottes, ausgenutzt, und sie dienten nun der SS als Köchinnen und Wirtschafterinnen.

Da sie offenbar nicht einmal ihren schlimmsten Feinden etwas zuleide taten, erhielten die »Bibelfrauen« derartige Vertrauensposten, daß die Beschränkungen, die ihnen auferlegt waren, nur noch symbolischen Charakter hatten. Sie waren mehr Sklaven als Häftlinge und gehörten zu den Wohnstätten der SS innerhalb und außerhalb des bewachten Lagergebietes. Sie waren dort untergebracht und durften sich frei bewegen, sooft es ihre Arbeit erforderte. Eine Frau in Häftlingskleidung, die sich im Dorfladen anstellte, war eben ein merkwürdiger Anblick mehr, an den sich die Bevölkerung der Umgebung gewöhnt hatte. Man wußte, daß die Frau nicht versuchen würde, eine Unterhaltung anzuknüpfen oder zu fliehen, denn sie hielt ihre Versprechen mit dem größten religiösen Eifer, zu dem sie fähig war. Selbst wenn sie es gebrochen hätte, wäre in ihren Augen nichts dabei zu gewinnen gewesen.

Wir anderen Häftlinge achteten die Anhänger der Bibel hauptsächlich, weil sie uns halfen. Aber sie hatten mehr verdient, denn ihre Haltung zum Leben, so zweifelhaft die auch sein mochte, bewies Mut. Für sie war Gott keinesfalls der himmlische Richter, der heilige Kriege fordert und der den Sündern vergibt. »Nur unser eigenes Verhalten kann unser Retter sein«, bekannten sie tapfer und unbeugsam. »Darin offenbart er sich.«

Unter der Dusche konnten wir unsere Narben sehen, die reichlich auf unserer schlaffen Haut verstreut waren, konnten sie genau betrachten und vergleichen, Spuren von Geschwüren, Abszessen, Hautkrankheiten, manchmal auch von der Peitsche – jede hatte ihre eigene Stelle, Form, Größe und Farbe. Wir trugen alle welche, ohne Ausnahme. Im Winter von 1943 hatten alle möglichen Abszesse, der Fluch der Unterernährung, stärker »geblüht«; eine Epidemie hatte unseren ganzen Körper befallen. Davor war es noch schlimmer gewesen. Jetzt gediehen sie hauptsächlich an den Beinen. Drückte man den Finger in die Waden und es blieb eine hohle Stelle zurück, so hieß das, daß wir außerdem noch Wassersucht hatten, daß wir ein lebender Schwamm geworden waren. »Diese verdammten Schwellungen«, schimpften die alten Lagerhasen, »kommen davon, daß ihr zuviel verfaultes Leitungswasser trinkt. Wenn ihr Jungen beim Schlafen nicht eure Beine hoch haltet, dann greift es zum Herzen über. Hört auf zu trinken oder ihr werdet aufgeblasen wie ein Ballon.«

Damit war nicht zu spaßen. Außer Luft war doch Wasser das einzige Nahrungsmittel, das nicht zu einer Hungerration zusammengeschmolzen war, das einzige Element, das wir noch reichlich genießen konnten. Wenn wir den Wasserhahn nicht mehr hätten, würden wir wie vertrocknete Blumen zusammenschrumpfen und häßliche noch dazu, für die sich niemand mehr interessierte. Und das wäre schlimmer.

Eine weitere Erscheinung, die durch die Nacktheit im Duschraum ans Tageslicht kam, waren die roten, wunden Körper der Neuankömmlinge, die an die hartnäckigen Flöhe eines Konzentrationslagers noch nicht gewöhnt waren und sich gekratzt hatten, bis sie bluteten. Mehrere waren auch schon von der Krätze befallen, dem winzigsten Ungeziefer, gegen das die schuftenden, schwitzenden Häftlinge, waren sie einmal davon betroffen, praktisch nichts tun konnten.

Typhus, Fleckfieber und Scharlach forderten mit einer erschreckenden Regelmäßigkeit ihre Opfer, Durchfall und Ruhr, die nicht weniger tödlich waren, folgten.

»Daran ist die dreckige Verpflegung schuld«, behaupteten die Leidenden. »Es liegt an unserer schwachen Konstitution«, sagten die anderen. »Nicht trinken! Epidemiegefahr!« warnten Plakate über den Wasserhähnen, die das geschätzte, mit Chlor gewürzte Naß aufbewahrten, die so großzügig kühlende, erfrischende Nahrung spendeten.

»Eine Laus dein Tod«, schrie es uns von den emaillierten Schildern an den Wänden entgegen, und sie zeigten ein großes, säuberlich gemaltes Portrait von solch einem scheußlichen Sauger. Zum erstenmal hatten wir jetzt auch Läuse, vorfühlende Besucher aus dem von Mäusen, Ratten und Wanzen geplagten Birkenau, wo die Konkurrenz sicherlich heftig war. Jetzt mußten wir uns jeden Sonntag nach dem Zählappell zur Ungezieferkontrolle anstellen; vorher reinigten wir sorgfältig die Nähte unserer Kleidung, für den Fall, daß man uns der Verbreitung von Krankheiten beschuldigte.

Eine dieser Parasitenjagden erwies sich für mich als ein weiterer Schritt zum erfahrenen Lagerhasen. Das Hemd in der Hand, mit heruntergelassener Hose, näherte ich mich einem der Kontrolleure, einem Mithäftling, der, mit einem Vergrößerungsglas bewaffnet, mich nach Körper-, Kopf- und Filzläusen zu untersuchen hatte.

Aber er hob nur seine Linse, um mir tief in die Augen zu schauen, und grinste belustigt. »Ach, das bist du ja, alter Dussel! Lebst noch und meckerst weiter, und?« rief eine Stimme mit slowakischem Akzent. Es war Ello, der lustige Bursche, der einmal stellvertretender Stubenältester von Block 7a gewesen war. »Nächstes Mal kannst du dir die Mühe sparen«, flüsterte er mir ins Ohr. »Ich streiche dich von der Liste wie das Blockpersonal, ohne dich näher anzusehen. Bei so alten Hasen wie dir kann man sich ja darauf verlassen, daß sie die Läuse selbst knacken.«

Als ich zurückging, um meine Suppe zu holen, den Liter warmer Flüssigkeit, mit der ich meinen Magen bestechen konnte, betrachtete ich noch einmal die Jungen, die noch immer zur Läusekontrolle anstanden. Einem nach dem anderen schaute ich auf den nackten Unterarm, der die Lagernummer verriet. Die Nummern waren alle höher als meine, die meisten Jungen waren über ein Jahr nach mir gekommen. Ja, es stimmte. Nur eine Handvoll Blockinsassen war länger hier als ich. Ich war ein »alter Hase« geworden.

Es geht weiter

Eines Tages im Herbst 1944 kam unerwartet ein Motorrad an unserer Baustelle angerattert. Der Fahrer, ein aufgeregter SS-Mann, stieg ab, rief nach seinem Kollegen, dem Aufseher, und wechselte schnell ein paar Worte mit ihm. »Notstand«. – »Schick sie sofort ins Lager zurück.« – »Melde dich zurück.«

Wir rannten mit doppelter Geschwindigkeit, und als wir am Lagertor ankamen, trugen die Wachtposten schon Stahlhelme und hatten Stellung an den Luftschutzbunkern bezogen. Es war eine strenge Sperre verhängt worden. »Alle Arbeitskommandos sind zurück«, keuchten unsere Blockkameraden. »Wißt ihr es noch nicht? Birkenau brennt!«

Wir gingen nervös in unserer Stube auf und ab und warteten auf neue Nachrichten. Nachmittags geschah dann etwas noch nie Dagewesenes: Wir erhielten unsere Rationen im voraus – anderthalb Brote für sechs Tage. Unsere Befürchtungen nahmen zu. Sogar einflußreiche Häftlinge, die bis zu elf Jahren Konzentrationslager hinter sich hatten, waren besorgt. Die Menschen waren gespannt und reizbar geworden.

Dann kam die Nacht, aber wir saßen schweigend, ängstlich und grübelnd in unseren Kojen und lauschten von Zeit zu Zeit gespannt auf Geräusche hinter dem Draht, die sehr wohl auf Gefahr hätten hindeuten können.

Am nächsten Tag gegen Mittag wurde die Arbeit wieder aufgenommen. Die drohende Gefahr war vorüber. Aber unsere Befürchtungen waren vollkommen berechtigt gewesen, denn als der wahre Sachverhalt durchsickerte, erwies er sich als eine Verschwörung, die kühner war, als wir für möglich gehalten hatten.

Ein Arbeitskommando von 100 Russen und Juden in Budy hatte seine Wachtposten überwältigt und war geflohen. Gleichzeitig hatten andere Häftlinge in Birkenau ein Krematorium in Brand gesteckt, entweder um die Aufmerksamkeit von den Geflohenen abzulenken oder um eine Panik zu verursachen und dadurch weitere Ausbrüche zu ermöglichen.

Die Gruppe von Budy, die sich durch die Wälder schlug, wollte zu den Ausläufern der Karpaten, die von Partisanen besetzt waren und etwa fünf Stunden Marschweg entfernt lagen. Aber nur wenige Glückliche erreichten sie. Als sie an das letzte schwere Hindernis, die Weichsel, kamen, war diese bereits durch schnelle Vorpostenboote bewacht. Ebenso die Sola, ein Nebenfluß, der parallel zu ihr fließt. An allen Straßenkreuzungen und Brücken standen drohende Kontrollposten.

Ein Kordon Militär, von Polizeieinheiten unterstützt, stand den tapferen Rebellen gegenüber, und erbarmungslose SS-Leute mit Bluthunden verfolgten sie – so hatte der größte Teil von ihnen keine andere Möglichkeit, als sich zu ergeben. Dann wurden sie niedergemetzelt.

Das Krematorium war vollständig heruntergebrannt. Seine Arbeit übernahmen die beiden anderen. Die Revolte war gescheitert.

Später fand man heraus, daß die Spuren der Waffen, mit denen das Kommando von Budy seinen Aufstand begonnen hatte, in die Unionswerke führten, die Munitionsfabrik, in der Häftlinge beschäftigt waren. Drei junge Mädchen hatten eine Pistole und genügend Sprengstoff hinausgeschmuggelt, um sämtliche Krematoriumsöfen in die Luft zu sprengen.

Unbekannte Heldinnen, ihr Schicksal war es, erhängt zu werden. Die Exekution fand im Frauenlager statt. Die Insassinnen, die solch ein grausiges Schauspiel zum ersten Mal mitansahen, waren tief bewegt. Sie, die einmal einfache Hausfrauen gewesen waren, erlebten nun die brutale Wirklichkeit, die das Rad der Geschichte dreht. Von den Galgen in vier Metern Höhe hingen die leblosen Körper der drei jungen Mädchen herab – stumme Opfer im Kampf für die Befreiung der Welt; für ihre Kameradinnen – tapfere Beispiele des Mutes und der Entschlossenheit; für die Jugend – ein Ehre.

Im Männerlager, in dem es viele Opfer von Repressalien gab, wurden fast jeden Monat öffentliche Erhängungen durchgeführt.

War jemand geflohen, so waren die ersten Opfer seine Verwandten, dann seine Arbeitskameraden. Ich hatte die Vollziehung einmal bei einem Maurerkommando, unserem Nachbarn, gesehen. Einhundert Mann standen angetreten, ohne zu wissen, was ihnen bevorstand. Jeder fünfte mußte vortreten und wurde als Geisel genommen.

Einmal sollte eine Massenerhängung von zwölf Polen zur Einschüchterung dienen. Doch die Absicht schlug fehl, und es kam im Gegenteil zu einer unerwarteten Demonstration des Widerstandes. Als der Zählappell vorüber war, sollten wir an den Galgen vorbeimarschieren, aber wir waren hungrig und müde und hatten keine Lust, uns solchen launischen Einfällen zu beugen. Die Dämmerung war schon hereingebrochen, als die ersten Kolonnen den Befehl erhielten, links einzubiegen und zum Küchenvorplatz zu marschieren. Zu unserer eigenen Überraschung weigerten sie sich jedoch. Inzwischen wurden die weiter hinten versammelten Häftlinge ungeduldig und brachten sich in ihren Blocks, die von Mauern umgeben waren, in Sicherheit. Als die anderen ihrem Beispiel folgten, war das Schauspiel beendet – wir hatten es zum ersten Mal selbst geleitet.

Ich wurde in ein neues Arbeitskommando versetzt, das damit beschäftigt war, private Luftschutzbunker für SS-Offiziere zu bauen, die in Auschwitz wohnten.

Unser täglicher Marsch zur Arbeit, auf dem uns ein halbes Dutzend Posten begleitete, führte uns über die Umgebung des Lagers hinaus und etwa sechs Kilometer die Landstraße entlang. Es war immer sehr aufschlußreich, und wir lernten die umliegenden Dörfer und die Anlage so mancher SS-Lager kennen (um eines davon zu nennen, das entlegene, sorgfältig ausgearbeitete »Statistische Büro«). Aber für die eingepferchten Häftlinge war die Stadt selbst noch viel interessanter.

Unser erster Bunker war für den Kommandeur der Landarbeiterlager von Raisko, einen Obersturmbannführer, bestimmt. Zu den Vorarbeiten für den mit Beton verkleideten Ziegelbau, den der germanische Potentat nur zu bald würde aufsuchen müssen, gehörte die Ausschachtung von über hundert Kubikmeter Boden. Das Projekt hatte Dringlichkeitsstufe I. Wir waren als schnelle Arbeiter herausgesucht worden, und das bedeutete, daß wir in einem rasenden Tempo arbeiten mußten.

Der Magnat besuchte die Baustelle sehr oft, um sich zu vergewissern, daß für seine Sicherheit auch angemessen geschuftet wurde. Nein, es war kein Märchen, aber er, der Prinz, kam in einer schwarzen Kutsche, die von zwei weißen Pferden gezogen wurde, stieg aus, zupfte an seiner grauen Uniform, um seine silbernen Schulterstücke zu glätten, spannte seine weißen Handschuhe und machte sich dann daran, uns mit Hilfe seines unvermeidlichen Monokels, das Symbol preußischer Perfektion, zu inspizieren. Ich war recht froh darüber, daß die Vorschriften es nicht gestatteten, uns anzusprechen. Er betrachtete es auch als unter seiner Würde, mit unseren Posten zu reden. Am nächsten Tag pflegte er dann in einer Mitteilung die zuständigen Leute daran zu erinnern, daß der Bunker »äußerst dringend« sei.

Für die Wände waren blaue Klinkerziegel angekommen. Sie wurden mit Rekordgeschwindigkeit entladen, das heißt auf eine Rutsche geworfen, und ich stand vier Meter weiter unten und fing sie auf. Sie kamen wie harte, scharfkantige Wurfgeschosse an und landeten mit voller Wucht auf unseren nackten Händen; dann mußten sie gestapelt werden. Sie kamen zu Tausenden. Sich gegen den Aufprall mit Papierfetzen zu schützen, war nutzlos, denn sie waren schwer zu finden und bald durchgerieben. Wir hatten auch keine Zeit, uns nach Ziegeln umzusehen, die von der Rutsche sprangen und auf uns niederprasselten. Unser Körper war voller Beulen, die Arme waren grün und blau geschlagen und die Hände bluteten, aber wir versuchten verzweifelt, es zu schaffen, denn sobald die Tage des Entladens vorüber waren, gab es hier leichtere Arbeit.

Während der Mittagspause – die jetzt zur größeren Bequemlichkeit unserer Posten eine Stunde dauerte – kletterten wir heraus, füllten unseren Magen mit einem Liter Suppe, saßen im Gras und sahen uns die Umgebung an. Ein paar Meter entfernt waren zwei Bungalows, deren Bewohner, polnische Zivilisten, es nicht wagten, sich zu zeigen. Aber wenn unsere Posten ihr Mittagbrot aßen, schlichen wir uns an den Gartenzaun und warteten dort, bis jemand von den Bewohnern uns bemerkte. Das geschah oft, und sie gaben uns Obst und erhielten von den Häftlingen Briefe für Verwandte draußen.

Ein hübsches polnisches Mädchen von ungefähr zwölf Jahren, das sich oft in dem mit Blumen übersäten Gras ausstreckte und mit einem großen Hund spielte, der sich geduldig alles gefallen ließ, erregte unsere jugendlichen Gemüter. Offenbar kam sie mit einer bestimmten Absicht, entweder aus eigenem Antrieb oder ihre Eltern hatten sie dazu veranlaßt. Es war uns aber nicht möglich, den Grund herauszufinden. Wir konnten sie nur anstarren, konnten ihre sorgenfreie, ungestörte Art beobachten, in der sie ihren weißen, wohlgeformten Körper bewegte, und sie um ihre Freiheit beneiden.

Mein eigenes Dasein in dieser Welt übertraf das ihre nur um ganze zwei Jahre. Nur ein paar Meter Grasland trennten uns voneinander, aber unsere Zivilisation hatte dort eine Linie gezogen – zwei braune Steine, kaum dreißig Zentimeter hoch und fünfzig Meter entfernt –, hätten wir sie übertreten, man hätte auf uns geschossen.

Als der Bunker bis auf zwei restliche Schichten bombensicheren Betons fertig war, erlebten wir unseren ersten Luftangriff außerhalb des Lagers. Wir wurden alle zwanzig in den dunklen, neuerbauten Keller gesperrt, wo wir auf dem feuchten Fußboden saßen, uns an das Holzgerüst anlehnten und warteten.

Aus einem Hause plärrte ein Radio die Luftlagemeldung herüber: »Bombenverbände in Richtung Blechhammer.« Das war ein Industriebezirk, auch eine Knochenmühle, die ihre billigen Arbeitsklaven aus den Konzentrationslagern bezog. Kurz darauf, als die Bomben wahrscheinlich ihr Ziel getroffen hatten, brüllte der Sprecher: »Die amerikanischen Angreifer wurden siegreich zurückgeschlagen.« Und um seine Hörer davon zu überzeugen, daß es einen Sieg für Deutschland bedeutete, wenn amerikanische Flugzeuge mehr als tausend Kilometer von ihrem Stützpunkt entfernt ihren Auftrag erfüllt hatten und nun zurückflogen, legte er dann die abgeleierte Platte vom Siegesmarsch der Wehrmacht auf, die besonders für solche Anlässe bereitgehalten wurde.

Meine Arbeitskameraden, lauter Russen und Polen, verleiteten mich dazu, herauszufinden, ob die Posten uns bis zur Entwarnung in Ruhe lassen würden. Ich tastete mich zum Bunkereingang. Die Öffnung, in der das Tageslicht aus dem Treppenhaus scharfe Umrisse zeichnete, war von einer Gestalt versperrt, die sich zwischen den Türpfosten hingelegt hatte.

»Entschuldigen Sie bitte, ich möchte etwas fragen«, machte ich mich bemerkbar. Die Gestalt fuhr zusammen, sprang auf, griff nach dem Gewehr und entsicherte es. Ich trug mein Anliegen noch einmal vor, diesmal noch höflicher. »Oh, Sie sprechen deutsch?« fragte der Posten überrascht und sichtlich erleichtert. Dann rannte er die Treppe hoch, sah sich um, kehrte zurück und erzählte mir, seine Kollegen seien nicht zu sehen. Die Unterredung war gewährt.

»Wir hatten mächtige Angst, daß ihr versuchen würdet, zu fliehen«, sprach er mich an. »Ich traue diesen Russen nicht. Man weiß nie, wozu sie von den Luftangriffen verleitet werden und was sie aushecken. Vier Gewehre in den Händen von Leuten, die viel zu alt sind für das Militär, sind kein ebenbürtiger Partner für eine Horde kräftiger Burschen. Wenn wir ohne euch zurückkehrten – man braucht nicht lange zu überlegen, was unsere Vorgesetzten dann mit uns machen würden – und vergiß nicht, wir haben auch Familien«.

Er öffnete seine Brusttasche, zog ein Foto von seiner Frau und seinen drei Kindern heraus und zeigte es mir. »Die warten sehnsüchtig darauf, daß ich wieder zurückkomme.«

»Ich bin ja hier eigentlich ein Neuling, einer von denen, die nicht die leiseste Ahnung von dieser verruchten Stätte hatten«, fuhr er fort. Ich sah, daß er eine schlecht sitzende, verschlissene SS-Uniform trug. »Keine angenehme Arbeit, besonders jetzt, da wir hier auch nicht mehr vor Luftangriffen sicher sind. Unser Los ist kaum besser als das eure. Was glaubst du wohl, warum all die Nebenlager eingerichtet werden? Mit den Juden und Zigeunern sind sie jetzt fertig, nun wollen sie die Slawen einsperren. Und wenn die erledigt sind, dann werden sie anfangen, die Minderwertigen aus dem eigenen Volk herauszusuchen, die Alten und Nutzlosen wie mich. Ein Freund von mir, der sich mit all diesen neuen Büchern über Rasse und Schicksal beschäftigt, hat mir gesagt, das ist ihr Ziel.«

An dieser Stelle unterbrach ihn ein langer, durchdringender Ton: das Entwarnungssignal. Schnell und ohne Erklärung nahm er wieder seine achtunggebietende Haltung ein.

»Heraus! Schnell! An die Arbeit!«

Vielleicht stimmte es sogar, was er über die Pläne seiner Führer glaubte. Er hatte nur vergessen, daß es nun nicht mehr nötig war, die Slawen zusammenzuholen. Sie waren von selbst gekommen und klopften an Deutschlands Tür. Aber nicht als Besiegte, sondern als Sieger!

Unser kleines Baukommando übernahm einen zweiten und dann einen dritten Bunker.

Die Bewohner der Stadt, die uns nicht öffentlich anzuschauen wagten, machten immer noch einen Bogen um unsere Arbeitsstelle. Aber trotzdem war uns Auschwitz jetzt nicht mehr unbekannt. Wir hatten es mit den Augen des Häftlings kennengelernt, von der Fassade her.

Wenn seine Wohnungen auch eine versperrte Welt für uns waren, kannten wir doch seine Straßen. Flecke auf dem Pflaster der Bürgersteige fanden wir lustig, die Abflußgullis an den Rinnsteinen glanzvoll. Die Häuser, rote, ziegelsteinerne Symbole standhafter Bürger, erschienen uns als Herzen. Die Laternen, hohe Lampenglocken mit Vakuumbirnen, waren Augen, die auf uns herabsahen.

Die Arbeit war schwer und der Weg zurück ins Lager sehr anstrengend. Aber im Gegensatz zu anderen Häftlingen hatten wir viele Gelegenheiten, uns mit unserer Umgebung vertraut zu machen. All die verschiedenen Kontrollposten, Verwaltungszentren, Offiziersvillen, abgelegene Gutshöfe, SS-Lager und Eisenbahnlinien, die sonst reizlos oder sogar abstoßend wirkten, waren es wert, daß man sie sich einprägte.

Um uns für den Notfall vorzubereiten, merkten wir uns ihre Anlage und beobachteten Veränderungen. Fast jeden Tag entdeckten wir etwas Neues. Es erfüllte uns mit Freude, denn nun konnten wir etwas Nützliches tun. Jetzt waren wir zuversichtlich. Jedes bißchen Information, das wir an unsere Lagerkameraden weitergaben, war mehr als nur wertvoll. Es war Munition im Kampf gegen die Unkenntnis, die man uns geschickt aufgezwungen hatte.

Bei den wenigen mutlosen alten Männern, die uns bewachten, wäre es leicht gewesen, vom Kommando zu fliehen. Aber niemand versuchte es. Warum sollten wir uns jetzt der Gefahr aussetzen, da unsere Sache doch siegte? Wir mischten weiter Beton. Wir stürzten uns auf die riesigen Sand- und Kieshaufen, als wären es unsere Feinde selbst, rückten ihnen mit Schaufeln zu Leibe und schleuderten alles in den Mischer, der sich ununterbrochen drehte. Es fiel uns nicht ein, daß wir dabei ungewollt dem Nazireich halfen. Wir spürten nur unsere Jugend, den dynamischen Drang zum Fortschritt, der niemals unrecht sein konnte. Außerdem hatte uns jemand gesagt, daß Erdklumpen dem Beton nicht zuträglich seien und daher entfernt werden müssen. Wir waren entschlossen, das Gegenteil zu tun: der Mischmaschine recht viel davon zukommen

161

zu lassen. Das war doch genau das, was wir suchten, eine Möglichkeit, Widerstand zu leisten.

Einmal trafen wir auf unserem Weg zur Arbeit eine Gruppe junger Mädchen aus Birkenau. Ihren kräftigen Beinen nach zu urteilen, waren die meisten Russinnen. Als sie uns dann etwas zuriefen, bestätigte es sich. Unsere Gefühle waren entbrannt, mit noch größerer Begeisterung grüßten wir zurück. Sie schwenkten ihre Kopftücher, wir unsere Mützen, aber unser Sehnen war dasselbe. Ob wir an der Küste des Atlantik oder in den Steppen der Mongolei das Licht der Welt erblickt hatten, unsere glühende und unbesiegbare Jugend war dieselbe. Es erschollen Rufe, wie »da Sdrawstwe –!« »Lang lebe!« – (»Krasnaja armija« und »na stalina« war so ungefähr alles, was ich mit meinem armseligen Russisch verstehen konnte).

Die Posten, die nur ein unverständliches Geschrei wahrnahmen, versuchten uns mit aller Macht daran zu hindern. Aber das war zwecklos. Weder sie noch ihre Führer konnten das Rad der Geschichte zurückdrehen – im Gegenteil, sie beschleunigten es nur.

Dann schlugen die Mädchen die Straße ein, die ins Tal abbog, und ein Damm, der mit Sträuchern bewachsen war, begann sie zu verdecken und trennte uns schließlich voneinander.

Ich war wieder zum Arbeitskommando zurückgekehrt, das die Ställe baute. Unsere Aufgabe war es, den Innenausbau fertigzustellen, auf dem Fußboden ein Fischgrätenmuster aus Klinkersteinen zu legen, die Futterkrippen anzubringen und zu verputzen und das Dachgeschoß mit zementgetränkten Holzfaserplatten zu verkleiden. Es war die angenehmste Arbeit, die ich jemals hatte. Da das notwendige Material nie rechtzeitig eintraf, verbrachten wir einen großen Teil des Tages damit, darauf zu warten. Auch der ziemlich alte Vorarbeiter war, weil ich englisch mit ihm sprach, mein Freund geworden.

»Als ich mich nach dem letzten Krieg auf der deutschen Seite der Grenze fand«, so erzählte er mir, »sah man auf mich als einen ›Wasserpolacken‹ herab; als ich wieder nach Polen zurückkam, war ich als Deutscher verschrien. 1939 gefiel es dann den Deutschen, mich zum Volksdeutschen zu machen, aber bald bereuten sie es und steckten mich ins Gefängnis.« »Und jetzt«, unterbrach ich ihn, »bist du wieder ein Pole«. »Ja, ein guter, und ich bin froh darüber.«

Die Hälfte unserer Arbeitskollegen waren Zivilisten, Handwerker aus Polen und der Tschechoslowakei, die sich für zwei Jahre oder mehr verpflichtet hatten.

»Schon wieder Hammelfett auf den Stullen«, riefen sie oft und ließen ihr Frühstück auf einem Fensterbrett liegen, auf dem wir es bemerken mußten. »Diese verdammten Küchenbullen. Nicht einmal Ratten würden davon fressen.«

Aber außer diesen gelegentlich, sehr willkommenen Geschenken, wagten es die Zivilisten kaum, uns ihre Sympathie offen zu zeigen. Die einzigen Häftlinge, mit denen sie sprachen, waren die wenigen Vertrauten, mit denen sie Tauschgeschäfte machten.

Wir hatten nun Gäste, die wir nicht gerne sahen – die SS-Leute, die für die Pferde zu sorgen hatten. Es waren Säufer, faul und ungebildet, und sie wohnten in den beiden Räumen am anderen Ende der Scheune, von wo aus sie über uns herfielen, um uns zu verjagen. Sie verabscheuten es, mit uns unter demselben Dach leben zu müssen, aber ihr Kollege, der Bauführer, schenkte ihnen kein Gehör.

»Die Arbeiter bleiben so lange, bis sie fertig sind«, bestimmte unser Chef in SS-Uniform. »Dann bringen wir sie um, die ganze stinkende Bagage«, schrien die wütenden Stallknechte. »Sie bringen hier alles durcheinander, stehlen Rüben und erschrecken die Pferde, und du alter Esel sorgst dafür, daß sie so weitermachen können.«

Ein paar Tage später kamen die Wärter, betrunken wie üblich, und drangen auf uns ein, schwangen ihre Peitschen, fingerten an den Pistolen herum und fluchten über uns und die Zivilisten. »Wir werden euch schon beibringen, uns zu betrügen, ihr Schweinehunde!« Einer packte mich am Hals, starrte mich an und brüllte dann, ich solle weiterarbeiten. Ich machte mich aus dem Staube, kletterte auf der Leiter ins Dachgeschoß und freute mich über meine Schnelligkeit. Unten ging der Tumult weiter.

In einer Ecke, gegen das schräg abfallende Dach gelehnt, traf ich den Vorarbeiter. »Das habe ich erwartet, die werden ihn nie erkennen«. »Wen?« fragte ich überrascht. »Wußtest du das nicht?« grinste er. »Einer von unseren Jungen hat ihnen Branntwein verkauft, und als sie nicht bezahlen wollten, hat er gedroht, sie bei ihren Vorgesetzten anzuzeigen.«

Der Warschauer Aufstand war niedergeschlagen worden. Die Geiseln, Männer, Frauen und Kinder – die Bewohner ganzer Straßenzüge –, kamen in Birkenau an. Die Mithäftlinge aus Polen waren eifrig dabei, sich nach Bekannten umzuschauen und versuchten, Einzelheiten zu erfahren.

Wir fühlten uns wieder mit der Außenwelt verbunden, da wir nun bald von den Alliierten befreit werden sollten. Wir baten unsere zivilen Arbeitskameraden, uns Zeitungen mitzubringen – ihre Brote im neusten »Völkischen Beobachter« oder dem polnischen Gegenstück einzuwickeln.

In unserer blau-weißen Häftlingskleidung, mit der flachen, runden Mütze auf dem kahlen Kopf, hockten wir auf dem feuchten Bausand, malten Landkarten von Europa darauf und zeichneten die Fronten ein.

Wenn man bedachte, daß die Sache der Alliierten die Unterstützung fast der gesamten Welt genoß und daß sie mächtige Helfer hatte, so erschien einem der Vormarsch der Befreiungsarmee enttäuschend langsam. Wir hatten erwartet, daß die Ausrottungspolitik der Nazis unsere Freunde in der Ferne zu einem »Blitzkrieg« in umgekehrter Richtung anfeuern würde und daß bei dem Vorstoß einer gut ausgerüsteten, entschlossenen Armee, die jede Unterstützung der Bevölkerung hatte, die wenigen faschistischen Legionen auseinanderfallen würden. Im Osten, so bemerkten wir, waren die Faschisten 2000 Kilometer zurückgeschlagen worden, aber die Alliierten, die an der Küste gelandet waren, standen immer noch irgendwo in Frankreich und Italien, trotz der Tatsache, daß der westliche Zipfel von Deutschland nur 160 Kilometer vom Kanal entfernt war. Nein, das war nicht der totale Krieg, auf den wir gehofft hatten.

Wir Jungen beschäftigten uns viel weniger als die Erwachsenen mit solchen Gedanken wie Sorge um die Angehörigen, Sehnsucht nach Frauen und Erinnerungen an gutes Essen, wir dachten kaum an die Vergangenheit. Es war die Gegenwart, mit der wir es zu tun hatten: Unsere Mithäftlinge aus ganz Europa wollten wir verstehen und kennenlernen. Mit uns konnten sie offen sprechen, denn da wir in der Politik unerfahren waren, versuchten wir nicht, sie zu belehren. Wir nahmen auch nicht so leicht etwas übel wie die voreingenommenen Erwachsenen.

Ich hatte Freude daran, die Ansichten und Bräuche anderer Menschen kennenzulernen. Keine Gewohnheit, so seltsam sie auch sein mag, sagte ich mir, kann abstoßend sein, solange dadurch keinem Mitmenschen Schaden zugefügt wird. Nur geplantes, vorsätzliches Übel verdient verurteilt zu werden.

Für mich war die dreimal in der Woche ausgegebene Margarineportion von 40 Gramm etwas, das man gleichmäßig und dünn aufs Brot strich, für manche russische Dorfjungen aber etwas, das man wie eine Bockwurst hinunterschlang, ohne etwas dazu zu essen.

Für mich bedeutete, jemanden zu schlagen, daß ich böse auf ihn war, aber die griechischen Jungen betrachteten es als Spiel. Sie nannten es »Klepsi Klepsi«, was eigentlich Stehlen heißt. Je mehr man seinen Spielkameraden, dessen Augen verbunden waren, ohrfeigte, desto mehr Spaß gab es dabei, wenn er versuchte, den Richtigen unter den grinsenden Zuschauern herauszufinden, die alle ihr Bestes taten, um eine unschuldige Miene aufzusetzen. Fand er ihn aber heraus, dann war dieser an der Reihe und mußte mit verbundenen Augen raten, wer ihn schlug.

Und dann der jüdische Junge aus Belgien, der noch ganz wie ein Kind aussah. Bevor er nach Auschwitz gekommen und mein Nachbar geworden war, hatte er noch nie sein Bett selbst gemacht oder seine Sachen gewaschen, niemals Knöpfe angenäht, Strümpfe gestopft oder Brot geschnitten und war noch nie von zu Hause weggegangen, ohne um Erlaubnis zu fragen. »Zu Hause«, gestand er mir, »hatte ich viel Haar auf dem Kopf und meine Mutter hat es mir jeden Morgen schön gekämmt.«

In der ersten Zeit weinte er, wenn das Licht ausgegangen war und er seinen schwachen Körper in zwei grobe Decken voller Flöhe wickelte. »Wenn du mir wirklich helfen willst«, bat er mich, als ich vergeblich versuchte, ihn zu trösten, »dann mach morgens mein Bett. Ich kriege es doch nicht allein fertig und mir graut vor der Strafe, die ich dann dafür bekomme, daß ich unordentlich bin.« Ich half ihm. Vielleicht wäre es besser gewesen, ihn selbst damit fertig werden zu lassen, aber ich bezweifelte, daß das grausame Lagerleben so lange warten würde, bis er selbständig geworden war.

Maurice war auch so ein Charakter für sich. Er war ein griechischer Jude, groß, zäh, rothaarig, hatte Sommersprossen und eine Stupsnase und war das Symbol des Optimismus. Ich lernte ihn kennen, als er versuchte, uns mit einer Mathematikfrage in Verwirrung zu bringen, und dabei überrascht feststellen mußte, daß er in mir einen Ebenbürtigen vor sich hatte, obwohl unsere Interessen verschieden waren. Anstatt seine Zeit damit zu vergeuden, sich nach etwas Eßbarem und nach Bekannten umzuschauen, war Maurice entschlossen, weiterzulernen und sich zu bilden. Wir anderen sprachen über Lagernachrichten und den Krieg, er aber verbrachte die Abende bei einem polnischen Freund, einem Professor, bei dem er Russisch, Polnisch und Tschechisch lernte und dem er als Gegenleistung Unterricht in Altgriechisch gab.

Ich hatte einen ehemaligen Arbeitskameraden getroffen, einen ungewöhnlich gut gebildeten Ukrainer. Wir mühten uns mit unseren Sprachschwierigkeiten ab und unterhielten uns über Sachen, die uns Sorgen machten. Durch meine bittere Kritik an seinen Landsleuten fühlte er sich herausgefordert.

»Das sind alles ausgemachte Räuber«, zischte ich, »Schufte, die jeder haßt und verachtet, Raufbolde, die nicht einmal davor zurückschrecken, die Muselmänner zu überfallen.« »Das macht jeder«, sagte er mir, »und du kannst von Bauernjungen bestimmt nicht erwarten, daß sie darin feinfühlig sind. Ihr Magen ist viel größer als deiner, und der Hunger zwingt sie, rücksichtslos zu sein. Sie würden doch bestimmt nicht das verfaulte Gemüse aus dem Küchenabfall schlucken, wenn der Hunger erträglich wäre.« – »Ja«, unterbrach ich ihn, »das weiß ich alles, aber sie sollten sich darauf beschränken, aus dem Lagernachschub und den Vorratskammern zu stehlen, wie wir anderen, und nicht ihren Nachbarn die Brotration wegnehmen«. »Ach, es ist natürlich leicht, ein eingebildeter Alleswisser zu sein«, erwiderte er, »aber das bist du ja nicht einmal, du bist einfach naiv. Hast du schon mal erlebt, daß ein Ukrainer einen guten Posten hat, mit dem er irgendwie schmuggeln könnte? Nein. Sie sprechen weder deutsch noch polnisch, wie kannst du da erwarten, daß sie schlaue Intrigen einfädeln? Glaubst du denn, diese Bauernjungen, die kaum den Wert des Geldes kennen, sind die geeigneten Leute für Schwarzmarktgeschäfte? Sehr unwahrscheinlich. Ihr einziges Vermögen ist ihre Muskelkraft, und die nutzen sie voll aus. Dein Mitleid mit den Bestohlenen ist hier auch nicht am Platze, mein Lieber. Leute, die ihr Brot aufbewahren, um es für Sachen wie Tabak einzutauschen, haben es nicht besser verdient. Alles, was nicht sofort gegessen wird, ist übrig, und du brauchst dich nicht zu wundern, wenn diejenigen es sich holen, die es brauchen.«

Ich war entsetzt über die Ansicht meines Bekannten und behauptete weiter, daß Diebstahl an einem Mithäftling nichts anderes sein könne, als ein Verbrechen. »... ein feiges Verbrechen«, schrie ich. »Kein größeres, als es andere begehen«, widersprach mein Gegner, der ebenso aufgebracht war wie ich. »Es ist doch ein offenes Geheimnis, daß die Deutschen in ihren bequemen Posten als Blockpersonal sich einen Teil unserer Ration aneignen. Das ist gestattet, was? Die Zigeuner verkaufen Zigaretten, aus denen sie geschickt die Hälfte des Tabak herausgeholt haben. Die Juden betrügen einen vorn und hinten. Das ist genau so rücksichtslos. Oder vielleicht nicht, weil ihr es gefälliger macht? Unsere Leute sind derb und offen, sie machen das gleiche, nur mit Gewalt, rauh und ehrlich.«

Ich hatte noch Munition, mit der ich antworten konnte. »Du kannst mich nicht überzeugen«, schoß ich unverzagt zurück. »Es sind widerliche Strolche, auf die Rußland nicht so stolz sein kann, ein schlechtes Aushängeschild, wahrhaftig!« »Nun gut«, kam die Antwort, auffallend ruhig, aber voller Spott, »frag doch die Jungen mal nach der westlichen Welt. Geh doch hin und erzähl ihnen, das, was sie davon gesehen haben, sei zivilisiert.«

Wir machten eine Pause. Der Ukrainer hatte mich – für meine Begriffe etwas unfair – in die Enge getrieben mit einer Sache, für die ich zu jung war, um sie beurteilen zu können. Zu meiner Erleichterung wechselte er dann das Thema und brach ab mit der Bemerkung: »Wenn du dich wieder mal mit mir streiten willst, dann denk daran, daß vornehmer Betrug und offene Räuberei in unseren Augen das gleiche sind.«

Ich unterhielt mich mit einem Polen, der in der Schlächterei arbeitete. »Es ist jetzt fast unmöglich geworden, durch Wurstschmuggel reich zu werden«, erzählte er mir, »unsere Organisier-Methoden sind alle entdeckt worden, und die Kontrollen sind sehr streng.« Eine Methode des »Organisierens«, die mir bekannt war, hatte darin bestanden, die Kanalisation zu verstopfen; dann mußte das Installationskommando anrücken und den Dreck mit langen Reinigungsstangen herausholen. Wenn die Stangen im Schauloch zum Vorschein kamen, hatten die Partner nur noch ein paar Würste mit anzuhängen.

Ein großer Teil des Fleisches wanderte in die Wurstfabrik, weil es in Oswiecim als ungenießbar beschlagnahmt worden war. »Manchmal sind schon die Würmer drin«, sagte mein Begleiter, »beim Anblick allein wird einem schon übel.«

Am folgenden Donnerstag, als wir unsere Wurstzuteilung erhielten – eine Arbeiterration von 100 Gramm, die zweimal wöchentlich ausgegeben wurde – hatte ich hart mit mir zu kämpfen, um bei meinen Entschluß zu bleiben, nicht an die Zutaten zu denken. Früher hatte mich der verhältnismäßige Wert der drei traditionellen Lagersorten: gewürzte Blutwurst, Leberwurst mit Fischgräten und Schweinewurst mit viel Gelee immer sehr interessiert. Jetzt hatte ich keinen Mut mehr, Ansichten darüber zu äußern. Wenn ich daran dachte, woher sie kamen, so erschienen sie mir nur noch ein ekliger, widerlicher Betrug, bedachte ich dann aber, wohin sie schließlich wanderten, dann sah ich in ihnen immer noch einen geschätzten Luxus, einen Schmaus, an dem wir die Tage abzählen konnten.

Die Ställe waren nun offiziell fertig und unser kleines Baukommando war, sehr zu unserem Verdruß, aufgelöst worden. Die Herbststürme kündigten einen weiteren Lagerwinter an. Konnten wir es wagen, ihm auf einer größeren Arbeitsstelle entgegenzusehen, wo die Arbeit schwerer war und wo wir als Neulinge bis zum äußersten ausgebeutet würden? Wir zermarterten uns den Kopf, um einen Ausweg zu finden.

Ein Dutzend von uns, der Rest des ehemaligen Kommandos »Neue Pferdeställe«, der keine neue erträgliche Arbeit finden konnte, war auf dem Platz für Arbeitslose versammelt, um für die Entladung von Eisenbahnwaggons bereitzustehen – die Schufterei im Werkhof, die ich schon einmal kennengelernt hatte. Der Morgen dämmerte, es war kurz nach sechs. Begleitet von Marschmusik verließ ein Arbeitskommando von »Spezialisten« nach dem anderen das Lager und ließ ein Dutzend verhärmter, nutzloser, ungelernter Leute wie mich zurück. Ich fühlte mich so hilflos wie am Tage meiner Ankunft.

Da schlug, völlig unerwartet, unser Vorarbeiter – derselbe, der englisch konnte – vor, wir sollten auch abmarschieren. Er hatte einen Plan, verriet ihn uns aber nicht. »Überlaßt das mir«, sagte er schnell und ging an die Spitze, um uns anzuführen. »Wenn wir es jetzt nicht riskieren, dann schicken sie uns zu den ›Muselmännern‹, da können wir dann im Eiltempo Zement ausladen. Kommt, Jungs, ihr müßt nur zackig marschieren. Nicht vergessen: Hände und Mützen an die Hosennaht, kurze, schnelle Schritte!«

»Kommando Aufräumungsarbeiten neue Pferdeställe, zwölf Mann, voll!« schrie unser Sprecher, als wir das Tor erreicht hatten. Der diensthabende Posten überflog die Liste. Von solch einem Kommando hatte er noch nie etwas gehört und konnte keine Unterlagen darüber finden. Es gab ja auch keine, aber unser Vorarbeiter war schnell mit einer glaubwürdigen Erklärung zur Hand.

»In Ordnung«, der SS-Mann war zufrieden und trug unser neu geschaffenes Kommando sorgfältig in seine Kontrolliste ein, »wenn ihr eure Arbeitsstelle nicht ordentlich verlassen habt, dann geschieht's euch verdammt recht, daß ihr da jetzt selbst aufräumen müßt.«

Unser Trick war gelungen. Mittags würde sich dann unser Vorarbeiter nach unserem ehemaligen SS-Aufseher umschauen, ihn überzeugen – wenn das überhaupt nötig war – und so unser Kommando legalisieren. An Arbeit würde es nicht fehlen. Man konnte die Ställe verschönern: den Erdboden ringsum ebnen, die Löcher zumachen, die Farbe auffrischen und die Dachbalken hinaufklettern, um undichte Dachziegel ausfindig zu machen. Jeder pflichtbewußte SS-Aufseher würde damit zufrieden sein.

Wir zwölf Mann, jetzt vielleicht das kleinste und angenehmste Arbeitskommando, waren froh, wieder in unseren Ställen zu sein. Warme Pferde, weiche Strohballen, haufenweise Rüben, der durchdringende Futtergeruch und ein Dach über dem Kopf waren keine schlechten Voraussetzungen für den Winter. Wir fühlten uns mit unserer Umgebung sogar verbunden. Hier hatten wir beim Aufbauen geschwitzt, nun würden wir versuchen, daraus den Nutzen zu ziehen. Unser Vorarbeiter war auch zufrieden. Er war zum Unterkapo befördert worden und hatte diese Ehre für seine Geschicklichkeit gewiß verdient.

Mein zweiter Winter im Lager schien weitaus erträglicher zu werden als der erste. Ich war nicht mehr so hungrig und hatte auch keine Angst mehr vor der grausamen Welt, die mich umgab. Sie lag nun vor mir wie ein offenes Buch, das darauf wartete, daß die Jugend die wenigen Seiten herausriß, die verdorben waren – um es dann mit dem starken, unzerstörbaren Deckel der Gleichheit und Kameradschaft zu binden, mit den Errungenschaften des Fortschritts zu verschönern und mit der unauslöschlichen Entschlossenheit zur Gerechtigkeit zu vergolden.

Vom Stubenältesten wurde ich jetzt oft zur Küchenbaracke geschickt, um als Sprecher aufzutreten und den Küchenchef zu bewegen, für die Jungen von Block 13a noch einen Kübel Suppe herauszugeben. Manchmal, wenn ich meine ganze Beredsamkeit aufgewendet hatte, konnten wir, sehr zum Neid der anderen Blocks, uns an einer Milchnudelsuppe gütlich tun, die in der Revierküche übriggeblieben war.

Man fing nun an, uns jungen Häftlingen gefällig zu sein. Jeder war bemüht zu helfen, seitdem die gut versorgten ungarischen Transporte eine Menge Lebensmittel mitgebracht hatten und so unsere Portionen manchmal reicher waren. Mit einem kleinen Opfer konnte man sich jetzt einen guten Namen machen, und da das Ende des Krieges nahte, versuchten die Erwachsenen, die Gelegenheit beim Schopfe zu packen. Vor einem Jahr, als wir jünger und ratloser gewesen waren, hatten wir allein dagestanden. Jetzt waren wir härter und erfahrener geworden und verachteten diejenigen, die damals nur ihre Schultern zu zucken gewußt hatten, die sich selbst für Männer hielten und die in Wirklichkeit wie blindes Vieh dabei waren, in ihrem eigenen Dreck zu verkommen. Wir brauchten ihre väterlichen Ratschläge nicht mehr.

Damals wurde Leo Voorzanger mein neuer Freund, ein Holländer, der zwölf Jahre älter war als ich. Er war hochaufgeschossen, über 1,80 Meter groß, hatte Plattfüße und trug überdimensional große Schuhe und eine durch Bindfaden zusammengehaltene Brille; er hatte Froschaugen, war sanftmütig und voll freudiger Erinnerungen an Scheveningen, seine friedliche Heimatstadt, und er war der ideale Typ zum Spaßmachen. Aber der fidele Leo nahm nichts übel. Im Gegenteil, er war stolz darauf, die Ursache des Gelächters zu sein. »Also gut, Jungens«, erklärte er sich bereit, »also gut, wenn ihr meint, daß ich was vorsingen soll, weil ich Voorzanger heiße. In Ordnung, los geht's!« schrie er, und kann klopften seine großen Füße einen Jazzrhythmus, und aus den unruhigen Augen leuchtete die Freude. »Hey baba ree bop!«

Diejenigen unter uns, die die Holländer für musikalisch hielten, hatten recht. Zu Hause hatte Leo Saxophon gespielt. »Das glänzende

Ding, das gleich nach Holland und meiner Frau kommt«, sagte er zu mir. Leo war auch ein begeisterter Patriot, auch jetzt noch, nachdem die Nazis festgestellt hatten, daß die Hälfte der Voorzanger-Familie jüdischer Abstammung war.

Mir gefiel der unbeschwerte Leo äußerst gut. Er war ein guter Kamerad, offen und zuverlässig. Außerdem konnte er kochen, was uns jetzt, da ich von den ergebenen Pferden an unserer Arbeitsstelle jeden Tag eine Rübe stehlen konnte, sehr zustatten kam. Sonntags abends, wenn der einzige Ofen in der Stube nicht mit Röstbrot überfüllt war, braute er uns darauf eine Suppe, eine köstliche Brühe aus Rüben, Brot und gelegentlich auch einer Zwiebel.

Umgeben von kalten, schneebedeckten Feldern, erregte unser glückliches, einsames kleines Kommando in den Ställen kaum die Aufmerksamkeit der SS-Aufseher, so daß unsere relative Unabhängigkeit selten gestört wurde. Von unseren zwölf Mann war einer Vorarbeiter, zwei waren Beobachter und zwei andere verbrachten die Hälfte der Zeit damit, zum Lager und zurück zu laufen, um unsere Suppe zu holen.

Einmal war ich zusammen mit einem jungen polnischen Juden an der Reihe, die Suppe zu holen. Wir hatten einen Thermosbehälter auf den Schubkarren geschnallt und stampften die vereiste Straße entlang. »Was machen wir, wenn wir am Tor ankommen?« fragte ich meinen Begleiter. »Darüber brauchst du dir gar keine Sorgen zu machen. Überlaß das mir, und mach um Himmels willen nichts anderes. Du schiebst einfach deinen Schubkarren«, sagte er. »Ich gehe nicht zum ersten Mal Suppe holen, überlaß also das Strammstehen und Melden mir.« Als das Lager in Sicht war, erinnerte er mich noch einmal : »Vergiß nicht, was ich dir gesagt habe, du gehst einfach weiter!«

Am Kontrollposten angelangt, tat ich, was man mir gesagt hatte: ich marschierte ordentlich, balancierte dabei vorsichtig den Karren und passierte so das Tor. Aber ich kam nicht weit. Irgend jemand ohrfeigte mich und schrie mich an: »Du verdammter Schweinehund, wie kannst du dich unterstehen, uns zu übersehen!« Man warf mich auf das Pflaster und schlug auf mich ein. Der Karren kippte um. Ich duckte mich auf den Boden, versuchte, die Schläge abzuwehren, und nahm rennende Füße wahr, immer mehr SS-Männer in langen Stiefeln, die herbeieilten, um sich den

Spaß nicht entgehen zu lassen. »Das sollst du büßen!« schrie die wütende graue Gestalt über mir.

Dann kam ein SS-Offizier und fragte den Posten, was ich verbrochen hätte. Irgend jemand sagte, ich sei nur ein harmloser Schweinehund. »Nimm deinen dreckigen Karren von der Straße«, schrie ein anderer, »was fällt dir denn ein, den Verkehr zu blockieren!« »Mach, daß du wegkommst, du Bastard!« Ich stand auf und kam dem Befehl gern nach.

Mein bestürzter Begleiter war leichenblaß vor Angst, ich ging blutüberströmt neben ihm und schob den Karren wie ein Betrunkener, so betraten wir das Lager. Unsere Mithäftlinge starrten uns an, aber sie fragten nicht viel. Wortlos schlichen wir uns zum nächsten Waschraum.

Als ich mich abgekühlt und meine Wut gedämpft hatte, fragte ich, was denn eigentlich los gewesen sei. Der SS-Mann, der uns kontrollieren sollte und unser kaum bekanntes Kommando auf der Liste nicht finden konnte, hatte meinem Begleiter befohlen anzuhalten. Dieser sollte natürlich den Befehl an mich weitergeben, aber in seiner Aufregung hatte er das vergessen, und ich war ahnungslos, die Augen nach vorn gerichtet, ins Lager marschiert, ohne eingetragen zu werden. Nach den Gesetzen der SS war dieses ernste Vergehen nur noch dadurch zu übertreffen, daß man das Lager ohne Registrierung verließ. So gesehen, war ich eigentlich noch gut davongekommen, überlegte ich mir.

Ein paar Minuten später gab es dann noch eine Überraschung. »Du hättest uns diesmal ganz schön in Schwierigkeiten gebracht«, brummte mein Begleiter, öffnete den Behälter und zog zwei Päckchen Schwarzmarktbutter heraus. »Doch wohl du«, antwortete ich und verstand voll Unbehagen, was die Ursache für seine nervöse Vergeßlichkeit gewesen war.

Mit Erlaubnis der SS, oder vielleicht auch auf Befehl, war im Lager ein Weihnachtsbaum aufgestellt worden – eine riesige, raschelnde Masse grüner Zweige mit farbigen Bändern, glitzernden Kugeln und elektrischen Kerzen. Da eine Verdunkelung nicht befohlen war, sollte er wie ein Hoffnungsstrahl leuchten, aber wir konnten uns nicht damit anfreunden. Es war einfach zu viel Ironie.

Im Gegensatz zum Vorjahr war das Weihnachtsfest diesmal zum Feiertag erklärt worden. Wir brauchten nicht zu arbeiten, erhielten eine Sonderzuteilung an Suppe und Brot und litten keinen Hunger.

Der kesse Gert lud mich nach Block 5 ein, wo mehr als hundert Menschen sich in einem kleinen Raum zusammendrängten, um zu feiern. Hinten in der Ecke stand ein Tisch mit einem kleinen, armseligen Weihnachtsbaum. Nur wenige von uns waren noch religiös, aber es war ein tröstlicher Gedanke, daß sich in diesem Augenblick die Menschen zusammenfanden, um an ihre Mitmenschen zu denken.

Ob wohl diejenigen, die jetzt im Kreise ihrer Lieben Weihnachtslieder sangen, auch an uns dachten? Würden die vielen Frommen, die jetzt die Kirchen füllten, an uns erinnert werden?

Feierlich und eindrucksvoll fingen wir an zu singen: »Stille Nacht, heilige Nacht ...« Neben mir weinte ein deutscher Lagerveteran. Zum zwölften Mal hörte er nun dieses Lied gegen die grausamen Wände der Konzentrationslager hallen.

Die meisten der hier Versammelten waren Deutsche, alles langjährige Häftlinge. Der Vorgesetzte des kessen Gert, der Kapo des Raiskoer Landarbeiterkommandos, ein früherer deutscher Krimineller, drängte sich durch die Menge zum Tisch. Als Patron dieser Zusammenkunft wollte er einige Worte an uns richten.

»Kameraden«, sagte er, »heute, im Jahre 1944, ist wieder einmal Weihnachten. Wir denken an Jesus. Wir denken an unsere Angehörigen. Wir denken an die, die von uns gegangen sind ... In all den Jahren der Prüfung haben wir oft am Rande der Verzweiflung gestanden. Aber wir hofften weiter, voller Zuversicht, daß eines Tages der Geist des Herrn siegen würde. Heute, an diesem denkwürdigen Tag, hoffen wir es nicht nur, sondern wissen mit Sicherheit, daß das nächste Jahr uns die Entscheidung bringen wird, auf die wir alle schon so sehnsüchtig warten. Verbringen wir also dieses Weihnachtsfest in der Überzeugung, daß die Kräfte der Brüderlichkeit, Liebe und Selbstaufopferung siegen werden. Richten wir unseren Blick vorwärts auf eine Welt der Gleichheit und des Friedens.

Wenn wir nach dem Willen des Herrn Weihnachten 1945 wieder freie Menschen sind, wollen wir an die zurückdenken, mit denen wir heute hier versammelt sind. Wo wir auch sein mögen, wir wollen uns dann daran erinnern, was wir uns gewünscht haben. Möge uns dann, wie jetzt, unser Gewissen führen.«

Wir hatten weder einem Christen noch einem Deutschen zugehört, sondern der Stimme eines rauhen, harten Konzentrationärs. Als sie verklungen war, sangen wir alle: »Wir sind die Moorsoldaten.«

Nach Weihnachten wurden unsere Hoffnungen aussichtsreicher als je zuvor. Es kamen jetzt nur noch wenige Transporte an, und die SS verhielt sich unerwartet ruhig uns gegenüber. Es bestanden wieder gute Aussichten auf eine schnelle Befreiung, denn die Sowjetarmeen mußten in ein paar Tagen ihre langerwartete Winteroffensive beginnen.

Für den Silvesterabend erhielt ich eine Einladung nach Block 16a. Als ich dort ankam, war die Stube schon mit dichtem Qualm vom »Ersatztabak« gefüllt, und die Häftlinge saßen auf ihren Kojen, ließen die Beine auf die unteren Holzrahmen baumeln und klopften den Rhythmus darauf. Am Ende des Ganges saß eine »Kapelle«, drei holländische Juden mit einer Trommel, einer Violine und einem Saxophon, die sie sich vom Lagerorchester geborgt hatten.

Gegen Mitternacht stiegen die Zuhörer von ihren Betten herunter und fingen an zu tanzen – Walzer, Foxtrott, Polka, alles in dem kaum drei Meter breiten Gang zwischen den Betten. Einige gaben sich die größte Mühe, Frauen nachzuahmen, andere erregten dadurch Gelächter, daß sie die untere Hälfte ihres Körpers verkrampften und scherzhaft hin und her schoben. Außer mir – der ich nicht tanzen konnte und vom dritten Stock einer Koje aus zusah – tat jeder sein Bestes, um lustig zu sein. Dann spielten die drei schwitzenden Musiker Jazz, und es wurden lebhafte Solos getanzt. Nach dem Willen Gottes und durch die Geburt Christi war das Jahr 1945 angebrochen.

Eine Woche später kamen Gerüchte auf, daß das Lager nach dem Westen evakuiert werden sollte, aber keiner wußte, wann und wie. Inzwischen arbeiteten wir weiter. Sonst hätte ja auch der ganze Betrieb stillgelegen. Ohne die Häftlinge in den Nachschubdepots, ohne die verschiedenen Instandhaltungskommandos hätte Auschwitz aufgehört zu existieren.

Auch unser kleines Kommando setzte seine Arbeit fort, wir schleppten uns weiter durch den kalten polnischen Winter in die entlegenen Ställe, um die Wärme der Pferde zu genießen, uns zwischen den Strohballen zu verbergen und der Dinge zu harren.

Während die anderen Kommandos noch einige Hundert oder sogar Tausend zählten, war das unsere auf ein ganz kleines halbes Dutzend »Schutzhäftlinge« (wie die Behörden uns ironischerweise nannten) zusammengeschrumpft, um deren Beaufsichtigung sich zu unserem Glück keiner kümmerte.

Bereits einige Monate zuvor hatten die Nazis, als sie eingesehen hatten, daß ihre Sache verloren war, alle großen Bauvorhaben eingestellt. Von den vielen Gebäuden, die im Gebiet des Lagers verstreut lagen, war jedes zweite unfertig geblieben.

Wir hatten sie gebaut. In den Betonfundamenten standen unsere Namen geschrieben, unter den Mauersteinen befanden sich Botschaften für die, die uns überleben würden. Eines Tages würde die Welt über uns Bescheid wissen.

Die kahlen Wände ragten wie Ruinen empor. Reihe um Reihe roter Ziegelsteine, die ein riesiges Meer von leblosem Schnee umgab. Wo Dächer oder Fenster hingehörten, lagen tiefe Kissen aus weißem Schnee – triumphierend wie Sieger. Ein eisiger Wind blies durch die Gemäuer. Seit langem war niemand mehr in ihrer Nähe gewesen, es war auch nicht das geringste Zeichen von Fußspuren zu sehen.

Die unvollendeten Bauten sahen so grotesk und seltsam aus, wie die Ideen der Leute waren, die ihren Bau angeordnet hatten. Wie Antiquitäten würden sie bald Überreste einer Kultur sein, die sich selbst ein Ende bereitet hatte – einer Lebensweise, die den Weg des Todes beschritten, eines Systems, das versagt hatte.

Es war der Tag unseres Aufbruchs, früh am Morgen. Lange Schlangen von Menschen, die darauf warteten, das Lager zu verlassen, wanden sich um die Blocks. Das Blockpersonal war unter der Aufsicht der SS damit beschäftigt, die Dokumente aus den Verwaltungsbaracken zu verbrennen. Zuerst wurden wir zum Bad am riesigen, neu erbauten Entlausungs- und Wäschereigebäude vorbei, gleich hinter dem Draht, geführt. Am noch unfertigen Entlausungsflügel sahen wir eine Reihe schwerer, metallener Türen auf dem eisigen Boden liegen – Türen, die nun nicht mehr angebracht werden konnten, Türen für Gaskammern, die zu »vielfältigen« Zwecken bestimmt waren.

Wir selbst marschierten fort, und all das würde zurückbleiben. Unsere Betten, die so etwa alles waren, was wir unser eigen genannt und gern gehabt hatten, mußten ebenfalls zurückbleiben. An den Holzpfosten und Brettern waren unsere Namen und Nummern eingeschnitzt. Wie oft hatte ich abends darin auf meinem Strohsack gelegen und die unleserlich werdenden Chroniken von Menschen entziffert, die vor mir darin geschlafen hatten. Jetzt war es aus mit den Betten: Wir bekamen nur zwei Decken mit, die wir zusammengerollt quer über die Schultern legten und an denen wir Zuflucht suchen und träumen konnten.

Dann stellte ich mich wieder an, stundenlang. Den Kontakt mit meinen Freunden, mit denen ich zusammenbleiben wollte, hatte ich verloren.

Am Tor standen, von Wachtposten mit aufgepflanzten Bajonetten umgeben, Wagen voll Verpflegung. Jeder von uns bekam zwei Brote (die Ration für acht Tage) und eine Büchse Fleisch. Jeder Dritte erhielt ein Stück Margarine von 500 Gramm. Die Empfänger sollten sie natürlich aufteilen, aber eine ganze Menge nahm sich den Schatz und verschwand damit. Andere schrien nach ihrem Anteil, ob ihnen noch einer zustand oder nicht, und bedrohten alle Besitzer von fettigen, gelben Würfeln, die sie glaubten leicht einschüchtern zu können.

Es war schon dunkel, als ich durch das Lagertor ging. Ich hatte das vorher wohl schon 800 Mal getan, aber heute, am 18. Januar, sollte es für immer sein. Ich marschierte zum letztenmal aus dem riesigen Lager Auschwitz heraus.

Wir kamen an einer Abteilung von Wachtposten mit schweren Maschinengewehren vorbei. Nichts davon sah angenehm aus.

Dann kamen die Frauen vom Lager Birkenau und reihten sich in die langen Kolonnen ein, die sich auf den dunklen Landstraßen entlang bewegten. Manche sahen sehr alt aus. »Seht ihr«, sagte irgend jemand, »ich hab's doch gleich gesagt. Es geht nicht weit, sonst würden sie doch die alten Leute nicht mitschleppen.«

»Vielleicht sollen wir in ein anderes Lager hier in der Nähe«, meinte ein anderer. »Wer weiß denn, wie viele solche Lager wie Auschwitz es jetzt schon gibt?«

Der Mond war herausgekommen. Wir zogen auf der Straße, die an der Sola entlang führte, dahin. Rechts und links, vorn und hinten gingen Wachtposten. Die Befreiung war nur ein Traum gewesen. Nach Auschwitz würde sie kommen, ja. Aber nicht für uns.

176

Finale

Es schien eine endlose Kolonne zu sein. Sie bewegte sich im Schneckentempo die Straße entlang, und von den Nebenlagern kamen immer neue Häftlinge dazu. An jeder Kreuzung standen welche. Wir gingen ohne anzuhalten, die Schnellen vorn, die Alten und Langsamen hinten.

Zuerst waren wir noch in Reihen marschiert. Jetzt schoben wir uns wie eine Viehherde müde und erschöpft weiter. Zu beiden Seiten der Straße bedeckten verlassene Haufen die Felder. Ich hatte diese immer wiederkehrenden Wahrzeichen schon vorher bemerkt, aber erst jetzt in dem matten Licht des aufgehenden Mondes konnte ich sie erkennen. Dort lagen übereinandergeworfen in blau-weißen Häftlingsmänteln leblose Körper im Schnee.

Einer hatte einen aufgerissenen Pappkarton neben sich – er war leer, nur ein Bündel Briefe flatterte im eisigen Wind umher.

War der Besitzer zu langsam oder zu schnell gegangen? Und wer hatte ihn dann später bestohlen? Oder war er selbst der Dieb gewesen, der dort lag?

In meinem Kopf summten die Worte, die einst die Wände von Block 7a geziert hatten: »Es gibt nur eine Straße zur Freiheit, ihre Meilensteine sind Gehorsam, Fleiß ...« Dem Posten, bevor er den Abzug gezogen hatte, muß es genauso in den Ohren geklungen haben. Wie hätte er sonst den Leuten blind gehorchen können, denen Menschen nicht mehr wert waren als Vieh, das man ausnützt und dann tötet?

Ich wandte mich von den Haufen ab. Ich versuchte überhaupt nichts zu denken und taumelte wie ein Betrunkener dahin. Jetzt ging es nur darum, unser Ziel zu erreichen.

Beim Morgengrauen kamen wir an eine Straßenkreuzung. Dahinter lagen Berge, links befand sich ein Dorf und rechts ein eisiges Feld, das mit Häftlingen übersät war, die dort hockten und schliefen. Als man uns sagte, daß wir uns dazu gesellen sollten, streckte ich mich auf dem niedergetretenen Schnee aus und schlief schnell ein.

Bald wurde ich aber durch lautes Schreien wieder geweckt. Ein Melder unterhielt sich aufgeregt mit einigen Offizieren; er saß mit gespreizten Beinen auf dem Motorrad, eine Hand an der Lenkstange, und mit der anderen gestikulierte er wild. Es schien sich um einen Wehrmachtsangehörigen von der Front zu handeln, der gekommen war, um russische Beobachtungsflugzeuge zu melden. Dann schrien die Offiziere die Posten an, und wir wurden in die nahegelegenen Bauernhäuser getrieben.

Ich suchte mir eine warme Scheune. Sie war bereits mit Männern aus anderen Lagern überfüllt, aber bevor sie mein Eindringen bemerkt hatten, war ich schon auf einen Heuhaufen geklettert und schlief. Dann klopfte mir jemand auf die Schulten: »Hey, wach auf, Junge, die alte Frau vom Bauernhof hat ein paar von uns zum Essen eingeladen. Halt dich mal bereit, falls sie nochmal welche reinruft.«

Ich dachte bei mir, die polnischen Bauern sind sehr mutig – viel mutiger, als wir es von ihnen erwartet hatten. Als wir durch ihre Dörfer kamen, standen alte Frauen unerschütterlich an der Bordkante und gaben uns Milch, sogar in der Nacht. Daß sie von den Posten – die in Wut gerieten, weil sie nichts bekamen – geschlagen wurden, hielt sie nicht davon ab. Ich machte mir allerdings nichts daraus. Essen oder nicht, Gefälligkeit oder keine – ich wollte schlafen.

Nach knapp vier Stunden Schlaf wurden wir wieder auf die Straße gejagt. Da ich mich nicht mit Lasten herumschleppen wollte, die mir auch nicht mehr das Leben retten würden, ließ ich meine Decken liegen. Von der Verpflegung, die eine Woche reichen sollte, war nur noch ein Kommißbrot für die bevorstehende Anstrengung übrig. Ich verstaute es unter der Achsel, denn meine Finger waren vor Kälte erstarrt.

Eine zusammenhängende Marschordnung bestand nicht mehr. Auf der Landstraße schleppten sich mehrere Abteilungen unabhängig voneinander dahin, die einen schneller, die anderen langsamer. War der Posten in Ordnung, so ließ er die Schwachen auf die nächste Kolonne warten. Oder sollten die Zurückgebliebenen sich zu den schweigenden Wahrzeichen gesellen, die wir gesehen hatten?

Jeder war bestrebt, neben einem »guten« Wachtposten zu laufen. War der Posten tatsächlich »gut«, so rief er vielleicht: »Geht doch weiter. Es sind ja nur noch ein paar Kilometer, und es lohnt sich doch nicht, jetzt aufzugeben. Ich bin auch müde, aber wir müssen eben durchhalten.«

Obwohl unsere Posten häufig und reichlich Marschverpflegung erhielten und sich ausruhen konnten, gefiel es ihnen, sich selbst zu bemitleiden. Selbstmitleid war anscheinend in Deutschland zur Tugend geworden. Ja, schlimmer noch, sie benutzten es als Vorwand, uns ihr Gepäck tragen zu lassen. »Komm her, Junge«, riefen sie uns zu, »nimm eine Weile meinen Rucksack, er wird mir verdammt schwer.«

Auch die Alten und Kranken baten uns, ihnen zu helfen. Meine Füße waren voller Blasen und schmerzten, aber ich konnte mich nicht weigern, mein Teil zu ihrer Unterstützung beizutragen. So hatte ich ständig jemanden, der sich an meine Schulter lehnte. Aber mehr noch: Wenn ich darum bat, mich ausruhen zu dürfen, gelang es mir nie, meine Last loszuwerden.

Es war wieder dunkel geworden, und ausgelöscht waren unser Alter, unsere Nationalität und unsere Bedeutung. Wir waren nur noch Gestalten, die durch die Nacht zogen.

Es war die zweite Nacht unseres langen Marsches. Hagel und Schnee schlugen in unsere Gesichter. Wir waren hungrig, aber unsere Finger waren zu starr, um das kostbare Brot festzuhalten, das wir in der Tasche trugen.

Gegen Mitternacht kamen wir an einem Friedhof vorbei. Was Friedhöfe betraf, war ich nicht zimperlich. Vor zwei Jahren, als ich kaum dreizehn war, hatte ich selbst Gräber ausgehoben und war damals noch nach Einbruch der Dunkelheit zwischen den Grabsteinen herumgelaufen. Auch diese kleine Begräbnisstätte würde die Geister wohl kaum interessieren, dachte ich. Wenn es solche Wesen überhaupt gab, dann befanden sie sich mitten unter uns. Ich sah nach vorn und nach hinten. Wahrhaftig ich war von geisterhaften Schatten umgeben – von ganzen Scharen.

Dann geschah plötzlich etwas, das mich aufrüttelte. Auch die Geister aller Arten hätten das nicht übersehen können. Vom Osten her, hinter den Wäldern, schossen in Mengen feurige Schweife in den Himmel. Sie stiegen auf und fielen wieder herunter.

Jemand rief: »Katuschas«. Ich erinnerte mich jetzt. Es waren keine geisterhaften Schatten, die mich umgaben, sondern Menschen, wie ich sie seit neunzehn Monaten aus dem Konzentrationslager kannte. Die Katuschas, russische Raketengeschosse, waren nichts Neues für mich. Wir hatten so oft gehört, wie sie besungen wurden, daß sie für uns gleichbedeutend mit Sieg geworden waren. Es war kein Traum. Jetzt kamen sie.[*]

Wir hielten den Mund geschlossen, um die Kälte fernzuhalten, preßten ihn fest zu, damit die Wärme nicht verlorenging. Aber immer wieder drängten sich mir die Melodien auf die Lippen, die wir über die Katuschas gesungen hatten – diesmal kamen sie aus dem Teil meines Innern, in dem die Hoffnung wohnt. »Wir bringen Katuschas ...« »Viel Glück dir, Katuscha!«

Eine halbe Stunde später war der Himmel zu unserer Linken immer noch von den Raketen erleuchtet. Sie waren auch in unsere Herzen eingedrungen. Unsere Verzweiflung hatte sich in Hoffnung verwandelt und wir hatten neue Kraft geschöpft. »Komm Kamerad, reiß dich zusammen«, machten wir uns gegenseitig Mut, »wir können jetzt stündlich mit unserer Befreiung rechnen.«

Eine Gruppe von zwei Dutzend weiblichen Häftlingen und ihre Posten hatten einen Fußpfad eingeschlagen, der sich zwischen dunklen Büschen hindurch zu den Wäldern schlängelte, hinter denen die Raketen aufstiegen. Einer unserer Posten, der sie entdeckte, brüllte: »Hallo, wo wollt ihr denn mit euren Schmuckstücken hin?«

»Ach, keine Angst, wir kennen uns hier aus«, war die Antwort, »wir verlaufen uns schon nicht. Wir wollen nur den Weg abkürzen, um schneller hinzukommen.« Ich verstand zwar nicht, »wo« sie schneller hinkommen wollten; aber wie die Sache nun einmal aussah, wünschte ich ihnen viel Glück für ihr Abenteuer.

Es ist bemerkenswert, wie sich die Haltung der Wachtposten verändert hatte. Sie erzählten uns jetzt, daß wir bis zu einem Kopfbahnhof marschieren und von dort aus in Richtung Westen evakuiert würden.

---

[*] Später erfur ich, daß dies der Beginn der russischen Offensive gewesen war, die mit der Einkreisung Breslaus endete.

Hier und dort wurden die beschlagnahmten Schlitten, die mit dem Gepäck der Wachtposten beladen waren und die wir ziehen mußten, zu Ruheplätzen für die Schwachen. Andere, deren Beine nicht mehr mitmachen wollten, wurden einfach auf Bretter gelegt und auf dem Schnee mitgezogen.

Wir hatten einen Bahnhof erreicht. Die hellen Lichter, die die Geleise erleuchteten, blendeten uns, und wir gingen langsam an einer schmierigen, schwarzen Lokomotive vorbei. Sie stand ganz nahe an der Straße, stieß Dampf aus, und der Lokomotivführer lehnte sich heraus. »Nichts mehr zu machen«, rief er uns mit starkem polnischen Akzent zu, »die Linie ist unterbrochen. Die Züge sind seit Stunden überfällig.« Die Katuschas waren also doch wohl mehr als nur schönes Feuerwerk gewesen.

Dann kamen wir durch die Stadt Pless, in der mein Urgroßvater gelebt hatte. Auf dem Marktplatz trafen wir eine Gruppe weiblicher Häftlinge aus Birkenau, die um den Brunnen herumhockten und sich ausruhten. Wir wollten uns mit ihnen unterhalten, aber wir mußten weitergehen.

Die Einwohner der Stadt schliefen, sie hatten die Türen verschlossen und Jalousien vor den Fenstern. Niemand schien zu bemerken, wie wir durch die engen dunklen, kopfsteingepflasterten Straßen zogen. Nur die Hunde in den Hinterhöfen, die uns eine seltsame Begrüßung entgegenbellten, interessierten sich für uns.

Später stieg die Straße an und führte in die bewaldeten Berge. Sie bildete viele Kurven und Schlangen und erschöpfte unsere kostbare Kraft.

Eine geheimnisvolle Silhouette war am Waldrand zu sehen. Ich meinte ein Jagdhaus zu erkennen, etwa drei Stockwerke hoch, die Giebel mit geschnitztem Dachwerk geschmückt. Diese Ziergiebel waren kaum zu sehen, und gewiß haben sie auch nur ganz wenige von uns bemerkt, aber vielleicht erregten sie gerade deshalb meine Aufmerksamkeit. Wie konnten Menschen sich nur um solche unwichtigen Dinge wie Ornamente Sorgen machen? Die Leute, die diese Waldvilla hatten bauen lassen, konnten sich doch unmöglich gleichzeitig mit den Sorgen ihrer leidenden Mitmenschen beschäftigt haben. Wie konnte ich also erwarten, daß sie sich jetzt um uns kümmern.

Nachher kamen wir nach Oberschlesien: Kohlengruben und Schächte. In manchen Gruben wurde Nachtschicht gearbeitet, und die beleuchteten Fördertürme hoben sich von der sonst verdunkelten Landschaft ab. Andere schienen verlassen zu sein. Ich erinnerte mich an die Zeit vor sechs Jahren, als die Kohlengruben mein bevorzugter Spielplatz gewesen waren, als ich versucht hatte, die Schlackenhalden zu ersteigen und als ich die Eisenbahnlokomotiven bewundert hatte. Nun war alles so ganz anders.

Neben einem Bergwerk war ein Konzentrationslager angelegt. Jetzt waren beide verlassen. Ich warf einen Blick auf die Baracken. Die Fenster waren zerschlagen, die Wände verkohlt. Die Straßen waren mit ausgebrannten Einrichtungsgegenständen, Decken und Eßnäpfen übersät.

Waren die Insassen liquidiert worden? Hatte die SS versucht, sie bei lebendigem Leibe zu verbrennen? Hatte eine Revolte stattgefunden? Oder war es blinde Zerstörungswut?

Unsere Kolonne, auf knappe Tausend zusammengeschmolzen, schleppte sich weiter. Wir waren an weiteren Eisenbahnanschlüssen vorbeigekommen, aber unser Ziel blieb so ungewiß wie zuvor. Wieder waren wir von Wald umgeben. Meine Augen wurden trübe, ich lief im Trancezustand. Vielleicht besaß ich genügend Entschlußkraft, aber ach, meine Beine waren nur die eines Jungen.

Die Posten schossen über unsere Köpfe hinweg. Hätten sie nicht Leuchtspurgeschosse benutzt, die mich etwas wach machten, so hätte ich es gar nicht bemerkt. *

Ich konnte nicht mehr erkennen, was vor sich ging. Am Horizont erschienen Silhouetten, die wie große Häuserreihen wirkten. Im nächsten Augenblick erwiesen sie sich als Waldrand. Dann hatte ich wieder die Vorstellung, wir seien in einer Stadt.

Schließlich hielt unsere Kolonne. Die Schatten, die mich begleitet hatten, wurden wieder lebendig. Der Morgen dämmerte. Vor mir bewegte sich ein Meer von Gefangenen langsam auf einen Tunnel zu. An seinem Ende stiegen Rauchwolken empor. Hohe SS-Offiziere liefen umher und inspizierten uns. Unsere Posten hatten uns verlassen mit der Bemerkung, dies sei der Bestimmungsort.

---

* Später erfuhr ich, daß im Wald Partisanen gewesen waren. Die Deutschen hatten der Wirkung wegen geschossen.

Einige versuchten zu fliehen; sie wurden von Posten, die unauffällig in den umliegenden Feldern lagen, niedergeschossen. Unter den Opfern befand sich auch ein Kapo. Er trug noch seine gelbe Armbinde.

Wieder lagen Haufen über Haufen im Schnee. Diesmal schien der Tod gewalttätiger gewesen zu sein, denn die Gestalten in der gestreiften Kleidung hatten sich im Erdboden verkrampft, als hätten sie mit ihm gerungen, und es war Blut zu sehen.

Unser Mut war ganz gesunken, schreckliche Gerüchte gingen um. Niemand kehrte aus dem Tunnel zurück. Wir konnten das andere Ende nicht sehen, empfanden aber, daß Unheil drohte.

Von der Menge geschoben und gestoßen, glitt ich die trichterförmige Böschung hinunter. Der entscheidende Augenblick war gekommen, und ich wollte darauf vorbereitet sein, wollte bis zuletzt kämpfen. Ich ließ mein kostbares Brot fallen, lockerte meinen Gürtel und warf den nutzlosen Becher weg, der daran festgebunden war. Meine Hände waren frei. Ich war bereit.

Glücklicherweise erwies sich meine jugendliche Vorstellung als falsch. Das andere Ende war nichts weiter als ein Bahnhof. Der Rauch war aus einem Lokomotivschuppen aufgestiegen. Wir waren in Loslau, dem Kopfbahnhof in Richtung Westen.

Im Licht der aufgehenden Sonne entdeckte ich jetzt einige Bekannte. Sie waren erschöpft wie ich, aber sie trugen noch ihr »Gepäck« – Decken, Schals, Näpfe, Tassen, Brote und hier und da sogar noch eine sorgfältig aufgesparte Büchse Fleisch. »Wo haben sie dir deine Decken geklaut, Junge«, hagelte es auf mich ein. »Auf dem Bauernhof, als du geschlafen hast?« »Auch schon dein ganzes Brot aufgegessen, was?« Alles, was ich hervorbringen konnte, war ein schwaches »Ja«. Ich schämte mich zu sehr, die Wahrheit zu sagen.

Dann befahl man uns, in offene Güterwagen zu steigen, die am Bahnsteig warteten. Anscheinend waren wir nicht mehr als zwei Züge voll. Da saßen wir in geordneten Reihen, machten die Beine breit und hielten uns am Nachbarn fest und schliefen auf den schmutzigen Brettern ein. Als der Zug anfuhr, flogen wir zurück und stießen zusammen, aber ich spürte das kaum noch. Ich hatte mich zu sehr verausgabt. Von den ganzen anstrengenden fünfzig Stunden hatte ich nur ganze vier geruht.

Am späten Nachmittag erhob ich mich und blickte über die Wände des Waggons hinaus. Die Gegend war mir vertraut. 1939 war ich hier durchgekommen, nur hatte ich damals in einem Schnellzug gesessen und Süßigkeiten gekaut. Links, parallel zu uns, floß die Oder. Ich war nie müde geworden sie anzuschauen, stundenlang konnte ich sie anstarren. Ich kannte sie seit meiner Geburt, hatte aus ihr getrunken, in ihr gebadet und sie mit Tante Ruth im Ruderboot überquert. Sogar in diesem Augenblick bezauberte sie mich.

Unser Hunger war unermeßlich. Wenn wir auf kleinen Landbahnhöfen hielten, dann baten wir die Eisenbahner, unsere Eßnäpfe mit Schnee zu füllen.

Die eisigen, mehr oder weniger weißen Flocken waren eine Delikatesse geworden, und Passanten, die bereit waren, sie hinüberzureichen, ein Gegenstand unserer Betrachtung. An manchen Orten halfen uns sogar Arbeiter, die das Abzeichen der Nazipartei im Knopfloch trugen. Anderswo, in anderen Gegenden wurden unsere Bitten einfach ignoriert.

Auf den größeren Bahnhöfen hatten wir keine Sympathie zu erwarten. Die Bahnsteige waren voll von kofferbeladenen deutschen Zivilisten, die danach schrien, nach dem Westen evakuiert zu werden, und die, als sie feststellen mußten, daß die sogenannten »Untermenschen« bevorzugt wurden, uns haßerfüllt anblickten. Kein Wunder, daß die vielen pomphaften, arroganten Träger der braunen SA-Uniform, die sich unter den Ungeduldigen im Gedränge befanden, sich durch uns in ihrem Stolz verletzt fühlten, da sie weniger Rechte haben sollten als schäbige Häftlinge. »Bleibt noch Zeit?« müssen sie sich verzweifelt gefragt haben. »Ob es wohl genügend Waggons gibt, um die unproduktiven Zivilisten wegzubringen?«

Normalerweise hat man mit Menschen, die aus ihrer Heimat flüchten, Mitleid. Aber diese Deutschen, die vor den bewachten Bahnhöfen Schlange standen, hatten es nicht besser verdient. Sie hatten ihr ganzes Leben Zeit gehabt, sich über Imperialismus oder »Lebensraum«, wie Hitler es nannte, Gedanken zu machen. Immer wieder waren sie vor den Folgen gewarnt worden, aber die Nation der »Kultur« und Wissenschaft fand anscheinend Gefallen daran. Vom Faschismus aufgehetzt, gaben die strebsamen Deutschen sich nicht damit zufrieden, selbst für ihren Erfolg zu arbeiten, nein, sie brauchten Sklaven, Juden, denen man Wertsachen wegnehmen, Leichen, denen man die Kleider ausziehen, und menschliche Knochen, aus denen man Seife kochen konnte. Das war jetzt vorbei, und die Mörder von gestern riefen um Hilfe; sie erwarteten, im Namen aller Tugenden, zu denen sie selbst nie den Mut aufgebracht hatten, gerettet zu werden. Sie würden Anspruch darauf erheben, gebildet, liebenswürdig, höflich, kultiviert, tüchtig, intelligent, rechtschaffen, sauber, korrekt, fleißig, heimatliebend, tierliebend, europäisch, westlich, christlich und fromm zu sein. Nach der Niederlage würden sie versuchen, die Hilfe aller und eines jeden zu gewinnen. Aber sie würden es nicht fertigbringen, um Gerechtigkeit zu bitten. Wir mußten immer wieder feststellen, daß die deutsche Bevölkerung sich ungemein wichtig vorkam. Wir waren für sie nur unwürdige Wesen, die Verachtung verdienten oder, wenn es hoch kam, Mitleid. Aber die stolzen Teutonen irrten sich. Die vielen Intellektuellen und »Gefährlichen«, die die Zukunft Europas gestalten würden, waren auf unserer Seite, unter uns, und sie trugen Häftlingskleider.

Wir waren jetzt entschlossen, eine Kraftprobe zu liefern. Immer, wenn wir auf den umliegenden Feldern Mithäftlinge erblickten, ertönten unsere Grüße und Wünsche für eine schnelle Befreiung. Die zwei Posten, die es auf jedem Waggon gab, waren machtlos. Sie wollten keine Revolte heraufbeschwören und fühlten sich auch nicht berechtigt, den Zug anzuhalten.

In der Nähe von Breslau, wo seltsamerweise immer noch an neuen Dämmen und neuen Gleisen für die Eisenbahn gebaut wurde, trafen wir viele schuftende Häftlinge – Insassen von Gefängnissen, Konzentrations- und Arbeitslagern, Kriegsgefangene aus Rußland, Polen, Frankreich und Belgien sowie Zwangsarbeiter aus der Ukraine und der Tschechoslowakei – Männer und Frauen.

Als wir langsam an einem Speicher vorüberfuhren, an dem Häftlinge im Laufschritt Mehlsäcke abluden, erreichte unser Widerstand seinen Höhepunkt. Irgend jemand fing an zu singen, nicht die Lagerlieder, mit denen wir uns einst selbst bewiesen hatten, daß wir noch am Leben waren, sondern lebensbejahende energische, entschlossene und begeisternde Lieder. Wir fielen ein, Waggon um Waggon. Da sangen auch unsere Kameraden im Speicher mit, sie hatten aufgehört zu arbeiten und sich auf der Rampe aufgestellt, um uns zu begrüßen.

Am anderen Ende des Speichers war ein wütender SS-Mann dabei, seine Herde an die Arbeit zurückzujagen.

»Erwacht. Verdammte dieser Erde ...« Das Geschrei unserer Wachtposten ging in der Melodie der Internationale unter. Es war das einzige Lied, das wir alle kannten, und die einzige Hymne, die bei allen Umstehenden Anklang finden würde; kein besonderes Lied für uns, aber angemessen.

Von Breslau sahen wir nur die Rangierbahnhöfe – die endlosen Schienen und das Durcheinander elektrischer Leitungen, die Oberleitungsdrähte, die unterbrochen waren und lose herunterhingen, verrieten, daß hier eben ein Luftangriff stattgefunden hatte.

Etwas später erreichten wir ein mit Drahtverhauen umgebenes Lager, das auf der einen Seite von einem bewaldeten Hügel und auf der anderen von einer eingleisigen Eisenbahnstrecke eingeschlossen war, zweifellos ein Konzentrationslager. Ich war froh darüber, denn lange hätte ich es nicht mehr ausgehalten. Fast eine ganze Woche waren wir ununterbrochen der Kälte ausgesetzt gewesen, und unsere Verpflegung, die aus 350 Gramm Brot pro Tag bestand, war schon lange verschlungen. Es war schon drei Tage her, daß ich das letzte Mal an einem Stück hartem, gefrorenen Brot geknabbert, und zwei Tage, daß ich einige Mundvoll Schnee geschluckt hatte. Aber der SS-Offizier, der sich um unseren Transport kümmern sollte und der sich so geräuschvoll benahm, wie es für Leute seines Schlages typisch war, schrie dem Kommandeur unserer Posten entgegen, sein Lager sei vollständig überfüllt und wir sollten uns woandershin bemühen.

Der Zug fuhr an und bewegte sich wieder in Richtung Hauptstrecke. Als wir nach knapp einer Stunde ein Dorf erreichten, öffneten die Posten die Türen und brüllten ihr traditionelles »Raus!« Ich sprang herab und landete auf dem Kies des Bahndammes; meine Knie zitterten vor Schwäche, aber ich mußte mich zu den anderen gesellen, die schon auf das Kommando zum Abmarsch warteten. Ein Teil blieb in den offenen Waggons zurück. Viele, die seit Tagen auf dem Fußboden gesessen hatten, fanden nicht mehr die Kraft, sich zu erheben. Viele aber auch, die anscheinend in der Ecke ruhig schliefen, waren tot.

Dann schleppten wir uns mühsam durch das Dorf. Zur Linken standen alte Bauernhöfe, rechts Reihen neuer Bungalows, von denen die meisten noch nicht fertig waren. Das Straßenschild verkündete »Groß-Rosen«.

An einer Kurve war die Straße von einem großen, mit Heu beladenen Pferdefuhrwerk blockiert, das unweit von einer Scheune stand. In den Männern, die hoch oben darauf saßen und die Zügel hielten, erkannten wir französische Kriegsgefangene, gesprächige Romanen, die uns über alles mögliche ausfragten, ohne sich dabei im geringsten von unseren Posten stören zu lassen, die sie anschrien, sie sollten den Weg freimachen.

Ich wollte wissen, was sie sagten. »Ein paar Kilometer weiter an der Straße ist ein Konzentrationslager, aber sie wissen nicht, wie die Häftlinge dort behandelt werden«, übersetzte irgend jemand für mich. »Sie erzählen hauptsächlich, daß sie Heimweh haben.« »Und was rufen sie?« »Sie wünschen uns viel Glück, wir sollen unsere Sorgen vergessen und in guter Stimmung sein wie sie selbst.«

Wir kamen an einigen großen Steinbrüchen vorüber, wo im Schein der hellen grauen Wände Umrisse von Gestalten in blau-weißer Häftlingskleidung zu sehen waren, und erreichten dann das Lagertor. Es ertönten energische Kommandos: »Links, rechts!« »Links, rechts!«, und wir marschierten in strammer Haltung zu dem riesigen Appellplatz und dann die Straße entlang, die zu den Barakken führte. Zu beiden Seiten waren große Blumenbeete angelegt.

Die kleinen Ziersträucher waren so gut gepflegt, daß sie auf den luxuriösesten Blumenschauen hätten konkurrieren können. Trotzdem erschienen sie uns häßlich, kalt und militaristisch – hier waren Punkte in gewissenhaft symmetrischer Anordnung auf quadratisch angelegten Beeten angepflanzt und dienten dazu, die SS-Gebäude von den elenden Bretterbuden der Häftlinge zu trennen.

Dann ließen wir die Blumenbeete hinter uns. Rechts von uns lag das abgezäunte Frauenlager. Seine zerlumpten, abgemagerten Insassen, die auch aus dem Osten gekommen waren, riefen uns in ungarischer Sprache etwas zu. Links lag die Unterkunft für die Männer, über die eine Blocksperre verhängt war und die streng von Posten und kriminellen Blockältesten überwacht wurden. Vor uns, am Ende der Straße, war noch ein Tor und dahinter unser Ziel: ein Nebenlager aus etwa fünfzig weit auseinandergezogenen Baracken, die sich auf einem rauhen Bergabhang erstreckten. Daneben drohten die unvermeidlichen Krematorien.

»Groß-Rosen« hieß dieser unheimliche Ort. Wahrhaftig, »große Rosen«.

Ich war Block 40 zugewiesen worden: Er bestand aus einem kahlen Holzfußboden, Dach und Wänden sowie einer schlecht abgestützten Zugangsrampe von etwa zwei Metern Höhe, die nur Baumstämme in Abständen von einem halben Meter bedeckten. Der Zugang war gefährlich – vielleicht absichtlich – und eine Unfallquelle. Dreimal am Tage wurden wir zu dem stundenlangen Zählappell hinausgetrieben, stolperten und fielen hin, oft genug bis nach unten. An einem Block war der Zugang eines Abends beim Andrang von über hundert Wärme suchenden Insassen zusammengebrochen.

Die Menschen waren nervös, reizbar und nicht bereit zusammenzuarbeiten. Abends, wenn wir nach der lärmenden, anstrengenden Deckenausgabe einen Platz zum Schlafen suchten, war der Fußboden nie groß genug. Nachts, wenn wir uns unseren Weg durch den lehmigen Boden draußen zu der abgelegenen Grube bahnten, die die Latrine darstellte, liefen wir Gefahr, daß auf uns geschossen würde. Kam man zurück, so mußte man feststellen, daß die Schlafstätte von jemand anderem besetzt war. Wenn man sich dann nicht stark genug fühlte, um seinen Platz zu kämpfen, so mußte man eben an der Tür warten, bis der nächste Latrinenbesucher seinen Platz aufgab. Aber auch diejenigen, die ihren kostbaren Fußbodenplatz hielten, ohne sich auch nur zu rühren, hatten alles andere als eine ruhige Nacht. Es war nicht ein Zentimeter Platz zum Treten, und wenn jemand über die Masse der schlafenden Körper hinwegzugehen hatte, machte er sich kaum die Mühe, die Schuhe auszuziehen. Schlief man in der Nähe der Tür, mußte man auf den Händen liegen, da sonst darauf herumgetrampelt worden wäre.

Aus der Ferne hörten wir jetzt schon das Donnern des Artilleriefeuers. Aber auch das beeindruckte die vielen asozialen Elemente unter uns nicht. Die Anwärter der Hölle blieben weiter unsere teuflischen Feinde.

Mir kam der Gedanke, daß die meisten dieser Leute vor ihrer Inhaftierung vermutlich ganz anständige Menschen und gute Familienväter gewesen waren, die in die Kirche oder Synagoge gingen und nur sündigten, wenn es gelegentlich ihr Geschäft erforderte – denn Geschäft war Geschäft. Nun, da sie gezwungen waren, unter anormalen Bedingungen und unter Menschen zu leben, deren Sprache, Intellekt und Ideen recht unterschiedlich waren, hatte sich ihre Anschauungsweise geändert. Gott, auf den sie ihre Hoffnungen gebaut und in den sie ihr ganzes Vertrauen gesetzt hatten, hatte bewiesen, daß er sich für ihre Leiden nicht besonders interessierte. Die Reaktion der Enttäuschten, die sich nun nicht mehr durch Skrupel gebunden fühlten, war heftig. In der Erkenntnis, daß das Prinzip: »Jeder ist sich selbst der Nächste« seinen Höhepunkt erreicht hatte, ignorierten sie einfach ihre Mitmenschen, um die sie sich ohnehin noch nie ernstlich gekümmert hatten. Hielt man jemanden sein gemeines, widerliches Verhalten vor, dann antwortete er zu seiner Entschuldigung: »Lagerleben ist Lagerleben. Wenn man durchkommen will, muß man rücksichtslos sein.« Es schien so, als ob ihr altes Sprichwort sich irgendwie verändert hatte, aber es war eine alte Geschichte, und sie war über den Faschismus direkt aus den prähistorischen Höhlen und dem Dschungel entlehnt worden: »Laßt alle anderen leiden, wenn ich nur selbst am Leben bleibe.«

Wir, die jungen Menschen, wußten sehr gut, wer sich selbst erniedrigte. Aber wir fühlten uns nicht entmutigt. Wir brauchten die Vergangenheit nicht zu verteidigen. Unsere Aufgabe war es, in die Zukunft zu schauen.

Wir lebten jetzt von 300 Gramm Brot und einem Löffel Marmelade pro Tag. Dreimal in der Woche gab es einen halben Liter lauwarme Suppe – gewürztes Wasser, dessen Hauptzusatz Salz zu sein schien.

Es war nicht so leicht, zu dieser kärglichen Suppe zu kommen, denn gewöhnlich kam sie irgendwann in der Nacht an. Wenn unser Blockältester von der Lagerküche (dem Schwitzkasten, der trotz des 24-Stunden-Tages viel zu klein war, um 80 000 Neuankömmlinge zu versorgen) benachrichtigt wurde, daß unsere Zuteilung zum Abholen bereitstände, machte er sich daran, Freiwillige zu suchen, die sie holten. In der ersten Zeit meldeten sich angesichts des dafür ausgesetzten Extra-Viertelliters auch welche. Aber bald wurde der Anreiz, für den man mit schweren Kübeln beladen durch das kalte, glitschige Lager waten mußte, zur Lächerlichkeit. Es lohnte sich nicht, den Schlaf dafür zu opfern und die Gesundheit zu riskieren. So zogen wir es vor, uns zwangsweise dazu aussuchen zu lassen und von dem wütenden Blockältesten um den Block herumgejagt zu werden, während er schrie, daß er sich um unsere Verpflegung überhaupt nicht mehr kümmern würde, wenn wir nicht die Suppe von der Küche abholten.

Eines Nachts, als ich nicht geschickt genug gewesen war, dem Blockältesten zu entkommen, war ich an der Reihe, die Suppe zu holen. Sollte es denn wirklich so schlimm sein, wie es von den Leuten dargestellt wurde? Ich glaubte den Gerüchten nicht.

Mit zwölf Mann nahmen wir uns die Tragebalken, die U-förmigen eisernen Kübelhalter, und trotteten dösend durch das schlafende Lager. Statt Straßen gab es nur steile, sich schlängelnde Fußwege, die schlüpfrig vom Schlamm und mit Felsbrocken übersät waren. Links vor uns lagen vor dem Krematorium Stapel nackter, blaugefrorener Körper aufgeschichtet. Wir sahen weg und musterten nur den abfallenden Boden vor uns, damit wir nicht ausrutschten.

Unser Ziel, das Tor zum Hauptlager, war bereits von 300 anderen versperrt, die noch vor uns angekommen waren. Grelles Scheinwerferlicht fiel auf den ungeduldigen, hungrigen Haufen, der in eine gesonderte Stacheldrahtumzäunung eingepfercht war. Von dem zentralen Turm hinter dem Haupttor strahlten weitere Lichter, ein Aufgebot von insgesamt acht großen Scheinwerfern, die nebeneinander hingen wie riesige Perlen in einer Kette von weltfremdem Glanz.

Um halb zwei, als wir über eine Stunde gewartet hatten, kam Bewegung in die Menge, die Menschen schrien und waren aufgeregt. Die Kübel waren eingetroffen. Nummer für Nummer wurden die glücklichen Blocks, die sie erhalten sollten, aufgerufen. Aber die Herumstehenden, die sich wie wahnsinnig gebärdeten, konnten es nicht ertragen mit anzusehen, wie andere Essen wegtrugen. Sie fielen wie Hyänen über die offenen Suppenkübel her, manche versuchten, ihre Mützen damit zu füllen, andere, ihren Kopf hineinzustecken. Hier und dort ertönten markerschütternde Schreie, wild und hysterisch.

Dann wurde unser Block aufgerufen. Aber als wir uns zum Tor durchgekämpft hatten und schließlich vor den dampfenden Kübeln standen, sahen wir uns plötzlich einer anderen kleinen Gruppe gegenüber, die ebenfalls behauptete, aus Block 40 zu sein. Das war ein offensichtlicher Schwindel, aber bis das Küchenpersonal es sich überlegt hatte, war eine weitere halbe Stunde vergangen.

Dann nahmen wir unsere kostbare Suppe, immer zwei Mann mit einem Faß, und machten uns auf, zurück ins Lager, angeführt von einem stämmigen Ukrainer, der drohend seinen Tragebalken schwenkte, um Diebe abzuwehren. Vorsichtig, um uns die heiße Brühe nicht über die Füße zu schütten, stiegen wir den tückischen

Abhang hinauf, wir vollbrachten das Kunststück Schritt für Schritt. Hin und wieder kam ein Rowdy, der an das Faß heranzukommen suchte, und stieß uns gegen die Beine, damit wir stolpern sollten. An anderen Stellen wieder rutschen wir von selbst, aus reiner Panik aus. Ich war wohl viel zu schwach für den schweren Kübel. Meine Knie zitterten, aber mir blieb keine Wahl. Ich war nur eine Nummer, um die sich niemand kümmerte, ein Sklave, der nur so lange das Recht hatte zu leben, wie er zu etwas nützlich war.

Schließlich erreichten wir die Baracke. Der Blockälteste war wütend darüber, daß wir soviel vergossen hatten. Er schimpfte immer noch, als er zu der schlafenden Masse der Insassen ging, um sie zum Mittagessen zu wecken.

Da die Insassen von Block 40 die letzten Neuankömmlinge waren, arbeiteten wir noch nicht. Die Hälfte des Tages verbrachten wir in Achtungstellung bei den Zählappellen, die niemals enden wollten. Den Rest der Zeit spazierten wir im Lager umher und suchten eifrig nach freundlichen Kameraden, mit denen wir sprechen konnten.

Viele unserer Lagerkameraden hatten bis jetzt noch keine Ahnung von den geplanten ständigen Einschüchterungen, wie sie in den Konzentrationslagern praktiziert wurden. Organisierte Massenmorde waren ihnen neu. Bis jetzt hatten sie nur Arbeitslager kennengelernt, in denen die Arbeit schwerer als in Auschwitz gewesen sein mochte, wo sie aber von Zivilisten umgeben waren. Es waren keine kriminellen oder hartgesottenen Häftlinge unter ihnen, und sie waren nach Nationalitäten eingeteilt. Aus diesem Grunde hatte sich bei ihnen eine andere Lebensauffassung entwickelt als bei uns. Sie lebten und dachten als einsame, unausgeglichene Individuen, die entweder hilflos verloren oder aggressiv egoistisch waren.

Ich sah nur ein paar Jungen und kannte keinen. Sich mit Erwachsenen zu unterhalten, war ein hoffnungsloses Unterfangen, denn sie ließen einen ihre Niedergeschlagenheit bald fühlen. Für sie war die Tragödie, ihre Angehörigen verloren zu haben, der alles beherrschende Schatten, der zu groß war, um ihn auch nur für Minuten zu vergessen. Wagte ich es, von der Zukunft zu sprechen, so waren diese Menschen entsetzt darüber.

Langjährige Häftlinge, die von ihren Angehörigen schon lange, oft bis zu zwölf Jahren, nichts mehr gehört hatten, waren anders. Sie waren zumeist Sozialisten, Menschen, die davon überzeugt waren, daß ihre Sonne zu hell schien, um von irgend etwas überschattet zu werden. Sogar in ihren dunkelsten Augenblicken hatten sie an dieses Licht geglaubt. Ich kannte sie, denn solche Menschen hatten mir oft geholfen. »Wir geben keine Almosen«, hatten diese seltsamen Leute zu uns verblüfften Jungen gesagt, »sondern wir tun das, weil es unsere Pflicht ist.« Jetzt, da ihre Sonne aufging, hatten sie erst recht Grund, sich mit den Jungen zu beschäftigen. Weil ich mir darüber klar war, war ich entschlossen, einige davon ausfindig zu machen. Aber die hageren, gleichgültigen Gesichter um mich herum zu mustern, erwies sich als nutzlos. Die Wohltäter waren verschwunden. Man hatte sie »woanders« hingeschickt – oder ermordet. Da es mir nicht gelang, unter der buntgescheckten Menge Ablenkung zu finden, vertiefte ich mich in die Einzelheiten der Lagerlandschaft, und da niemand da war, mit dem man sprechen konnte, hörte ich aufmerksam auf das Donnern der Artilleriegeschütze.

Der Geschützlärm klang jetzt viel näher und wurde so laut, daß er unseren Schlaf störte. Gerüchte besagten, daß wir wieder evakuiert werden sollten, aber das Lagerleben ging weiter wie gewöhnlich. Noch schufteten Arbeitskommandos, die mit fieberhafter Eile angetrieben wurden, beim Bau neuer Baracken.

Eine lärmende elektrische Winde zog quietschende Kipploren, die mit Baumaterialien beladen waren, den steilen Abhang hinauf. An einem Ende einer unfertigen Baracke stand ein wild rotierender Betonmischer. Der Fußboden wurde gegossen. Fünf Arbeiter – mit bloßem Oberkörper, damit die winterliche Luft ihren Schweiß kühlte – schaufelten wie wild an einem Haufen Mörtel. Am anderen Ende des Raumes schrien welche zu dem lauten Geklapper ihrer Maurerkellen nach den erschöpften Leuten mit den Schubkarren. In der Nähe des Eingangs stand der wachsame Kapo, fuchtelte mit der linken Hand in der Luft herum, um seine Mitsklaven anzutreiben, und fingerte mit der rechten an einer langen, schwarzen Peitsche. Um uns herum erstreckte sich meilenweit ein verschneiter Stacheldraht, noch undurchdringlicher als je zuvor, mit tödlichem elektrischen Strom geladen und durch einen breiten, niedrigen Gürtel von Drahtverhauen abgeriegelt. Dahinter gingen drohend die Posten auf und ab, alle fünfzig Meter ein grauer Mantel mit einem Gewehr im schweigenden Schnee.

Die folgenden Abbildungen wurden von Thomas Geve nach der Befreiung Buchen-
walds gezeichnet und sind heute im Yad Vaschem Museum, Jerusalem, aufbewahrt,
das sie zur Reproduktion zur Verfügung stellte.

Thomas Geve malte die SS-Männer in gelber Uniform, da er keine graue Farbe -
die eigentliche Uniformfarbe der SS - zur Verfügung hatte. Die Häftlinge sind in
blauer und blau-weiß gestreifter Kleidung dargestellt.

Ein Wochentag in Auschwitz

Eintätowieren der Häftlingsnummer; Desinfektion

Ankunft an der Rampe

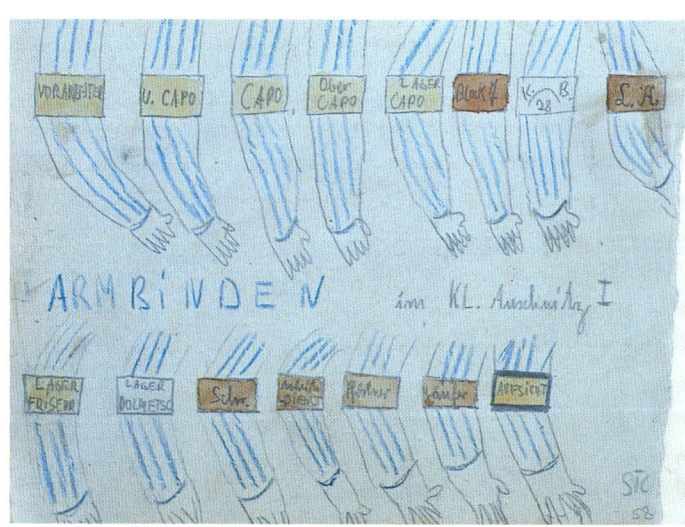

Die Armbinden

An der Rampe
(AUSCHWITZ)

34

„ES STIMMT"
(AUSCHWITZ)
Der Lagerälteste geht dem SS dem Appel u.
Die Blockältesten sind angetreten

Die Blockältesten treten zum Appel an

Appell bis in die Nacht hinein

Selektionen

Der Sonntag

Sklavenarbeit

Die Gefahren

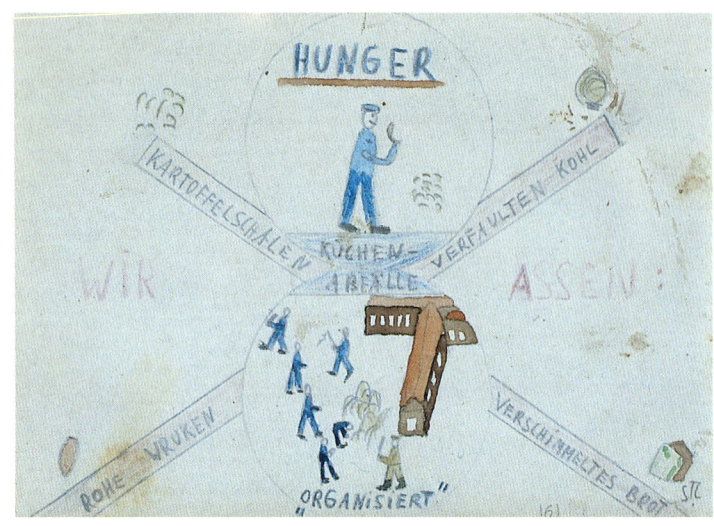

Der Hunger

Unter Marschklängen zur Arbeit

Der Krankenblock

Auschwitz wird evakuiert

Buchenwald, einen Tag vor der Befreiung

Die Häftlinge von Buchenwald haben sich selbst befreit

Eine neue Welt: die amerikanischen Freunde in Buchenwald

Das, und nur das, war unsere Landschaft, die einzige, die es für uns gab. Vor elf Jahren hatte ein einsamer Häftling sogar ein Lied darüber verfaßt, die »Moorsoldaten«. Inzwischen war diese bewegende, gefühlvolle Melodie zur Konzentrationslager-Hymne geworden. Wenn ich die Stacheldrahtreihen ansah, die endlos zu sein schienen, mußte ich einfach vor mich hinsummen: »Auf und nieder geh'n die Posten. Keiner, keiner kommt hier durch. Flucht wird nur das Leben kosten. Vierfach ist umzäunt die Burg.«

Das bergige, mit Steinen übersäte Lagergelände im Verein mit meinem jugendlichen Forschungsdrang forderte jetzt seinen Tribut. Mein linker Schuh, der teure Gefährte, der mir Tausende von Kilometern gedient hatte, zerfiel in Stücke. Die Sohle hing herunter und weigerte sich störrisch, sich wieder befestigen zu lassen. Ich versuchte, den Schuh mit seltenen Bindfadenfetzen, rostigen Eisenstücken und verbogenen Nägelresten zu reparieren. Aber es war zwecklos. Das Ding hatte aufgehört, ein Schuh zu sein. An meinem linken Fuß hing nur noch ein schmutziges, graues Monstrum, das mich drohend angaffte wie der Rachen eines Krokodils. Dabei konnten wir jetzt stündlich damit rechnen, daß man uns zu dem lang erwarteten, lange befürchteten Evakuierungsmarsch hinaustrieb. Alles auf Erden und im Himmel schien boshaft und niederträchtig zu sein. Mehr noch: Es bat darum, für seine eigene Gemeinheit bestraft zu werden.

Ich humpelte auf dem gefrorenen Müllhaufen herum, wühlte mit meinen steifen Fingern darin und hoffte etwas zu finden, das man als Schuh bezeichnen konnte. Auch andere durchstöberten die Müllhaufen. Zerrissene Häftlingskleidung, zerbrochene Löffel, undichte Eßnäpfe, Reste von Zementsäcken, zersplitterte Spatenstiele – alles konnten die verzweifelten Lagerinsassen gebrauchen. Wenn man großes Glück hatte, konnte man sogar Wäsche, die den Toten vom Leibe gestohlen worden war, erwischen.

Gegen Abend fand ich dann schließlich, was ich suchte: einen ovalen Gegenstand, der von Schutt plattgedrückt und an dem eine Erdkruste angefroren war. Es schien ein Schuh zu sein, aber noch bevor ich das feststellen konnte, rief jemand: »Das gehört mir!« Die Gestalt in der zerlumpten Häftlingskleidung hatte auf der anderen

Seite des Haufens gelegen und kam jetzt angekrochen. Als sie mich erreicht hatte, warf sie, ohne sich zu erheben, einen Stein nach mir. Sekunden später biß sie mich ins Handgelenk. Die harten grausamen Zähne, die sich in mein mageres Fleisch gruben, gehörten einem Wahnsinnigen – einer Bestie in Menschengestalt, einem lauernden Tier auf Beutesuche; seine Jacke war mit einer Sammlung von Trödelkram aller Art gefüllt: mit Stöcken, Draht und Papier. Vor mir hockte ein Wesen, das möglicherweise einst ein Professor gewesen war, der an einer Universität Vorlesungen über das Recht des Privateigentums gehalten hatte. Jetzt war daraus eine Kreatur geworden, die mich für eine Scheibe Brot im Schlaf ermordet hätte. Ich schlug zurück, wie sie es verdient hatte, und traf den Magen. Die Bestie rollte geschlagen zurück.

Ein paar Tage nach der Schuhaffäre ging ich am Schienenstrang entlang. Auf den dunklen Schienen, die sich vom Schnee abhoben, rollten mit der Regelmäßigkeit eines Uhrwerkes die mit Sand beladenen Loren. Sie fuhren in Abständen von fünf Minuten vorbei, man konnte die Zeit daran messen. Stundenlang konnte ich diesem Schauspiel zusehen. Es erinnerte mich sogar an zu Hause, an Grubenbahnen und Kohlengruben. Plötzlich wurde jedoch mein Träumen unterbrochen. Irgend jemand legte mir von hinten die Hände über die Augen. Wehrlos wartete ich darauf, daß meine Taschen durchsucht würden. Aber mein Angreifer lachte nur. Ich überlegte: Es war doch kaum wohl möglich, daß man mich necken wollte. Meine Lagerkameraden waren mir alle fremd, und die kurzen Wurstfinger, die sich auf mein Gesicht preßten, waren durchaus nicht freundlich.

Dann wurde mein Gesicht freigegeben. Vor mir stand ein stämmiger, kleiner Russe, er klopfte mir auf die Schulter und lachte über das ganze breite, runde Gesicht. Um uns herum standen noch drei andere, die ebenso aussahen, die übrigen Lorenschieber. »Kennst du mich noch?« schrie er und küßte mich wie eine alte Frau, die ihren längst verloren geglaubten Sohn begrüßt. »Ich bin es, Wajnka, Wajnka aus der Maurerschule!«

Jetzt erinnerte ich mich. Es war einer von den Wajnkas, die vor einem Jahr weggekommen waren, der schweigsame Junge, der so eigensinnig gewesen war, daß man ihn mied. Aber das machte nichts. Wir hatten uns beide verändert. Wir waren jetzt alte Freunde, Veteranen.

Es gab vieles, worüber wir gerne gesprochen hätten, aber die Lore mußte weiter. Ich gesellte mich zu ihnen und half schieben.

Dann kam der Vorarbeiter, und wir mußten uns trennen. »Die kommen auch«, stammelte Wajnka in einer Mischung von Russisch und gebrochenem Deutsch und zeigte in die Richtung, aus der das Donnern der Geschütze kam. »Etom nasche. Das sind Unsere. Du, ich – Kameraden!«

Es war die letzte Januarwoche 1945. Wir erhielten dürftige Brot- und Margarinerationen, wurden zum Bahnhof geführt und in die kalten, offenen Güterwagen gepfercht, an die wir uns schon gewöhnt hatten. Minuten später hörten wir das beruhigende Gerüter des fahrenden Zuges, wir ließen die Gegend um Breslau in östlicher Richtung hinter uns. Das Donnern der Geschütze schien uns auch zu begleiten. An manchen Stellen war es sogar deutlicher zu hören als in Groß-Rosen, und hier und dort gruben sich an der Eisenbahn-strecke Soldaten mit Stahlhelmen ein. Der gewichtige Kriegsgott kehrte verärgert, verzweifelt und im Todeskampf zu den Feldern zurück, auf denen er großgezogen worden war.[*]

Es war Nacht. Der kalte Wind ließ unsere ausgemergelten, spärlich bekleideten Körper erzittern. Ich wachte auf und mußte dringend austreten. Vorsichtig stieg ich über meine Kameraden hinweg, die in gekrümmter Haltung dalagen und schliefen, und erreichte den Posten. Er fuhr überrascht auf und zog an seinem Bajonett: »Was willste?« – »Ich muß austreten.« – »Austreten willste, Kackvogel? Wenn du willst, kannst du gänzlich austreten. Von mir aus – mach, daß du auf die Puffer kommst.«

Ich hatte keine andere Wahl, kletterte die Waggonwand hinunter, balancierte zwischen den Pufferstangen, zog meine Hosen herunter und beugte meine Knie.

Das nächste, woran ich mich erinnere, ist, daß ich mich in einer fremden Ecke eines Waggons wiederfand, wo mich niemand kennen wollte. Ich fand weder meinen alten Platz noch meine Decken. Ich wanderte umher, tastete mich zwischen den eingewickelten Körpern

[*] Die Schließung des »Kessels von Breslau« durch die Russen erfolgte am 4.
     Februar 1945.

hindurch und suchte nach irgend etwas Bekanntem. Man flüsterte sich gegenseitig zu, ich sei irre. Als ich den anderen erzählte, daß ich auf den Puffern gewesen sei und dann nicht mehr zurückgefunden habe, fühlten sie sich in ihrer Ansicht nur bestärkt. Die nicht so verschlafen waren, schlugen sogar auf mich ein. »Hau ab, du blöder Esel.«

Schließlich drängte ich mich leise und unauffällig irgendwo hinein und schlief wieder ein. War alles nur ein Traum? Oder war ich in Trance? Oder in den falschen Waggon geraten? Die Antwort habe ich nie gefunden.

Gegen Morgen erreichten wir Leipzig. Die Stadt war stark zerstört, aber sie lebte. Aus den Kellern unter den Ruinen kamen Kinder mit Einkaufsnetzen und Eimern, um sich zeitig nach Brot und Wasser anzustellen. Wir hielten am Bahnhof. Die Bahnhofshalle war nicht nur intakt, sondern es ging auch so lebhaft zu wie zu Friedenszeiten in den Sommerferien. Büfetts und Zeitungsstände wurden herum-gefahren. Auf den Bahnsteigen drängten sich gut gekleidete, gesund aussehende Zivilisten. Hier und da stolzierten Leute in Uniform oder mit Hakenkreuzbinden umher. Man hatte den Eindruck, daß sie zufrieden und an den Anblick zerlumpter, abgemagerter Häftlinge gewöhnt waren. Abgesehen von den wenigen, die sich flüsternd mit ihren Nachbarn unterhielten, schien keiner der Passanten sich für uns zu interessieren. Offenbar wußten sie schon alles, was sie wissen wollten.

Einige unserer deutschen Kameraden wollten den Zuschauern erzählen, wer wir waren, aber wir entschieden stolz, daß sich das für uns überhaupt nicht lohnte. Und außerdem: Denjenigen, denen man es hätte sagen müssen – den Kindern –, hätten die Eltern schon erzählt, daß wir eine »Gesellschaft von Verbrechern« seien. Ein kleines bezopftes Mädchen, deren säuberlich gebügelter schwarzer Rock über einem Paar flinker, heller Beine wirbelte, kam an den Zug gerannt, die Mutter folgte.

»Guck mal, Mutti, so viele Gesichter«, rief es und zeigte auf unseren Wagen, »da ist auch ein junger dabei. Und da noch einer.«

Wir Jungen waren stolz. Wenn die Erwachsenen uns auch igno-rierten, so blieb immer noch die Jugend. Ob das kleine Mädchen wohl an uns denken würde?

Gegenüber stand ein Lazarettzug, modern, geräumig und gut ausgerüstet mit Beutegut aus ganz Europa. Er wurde von einer

Delegation Rotkreuzschwestern mit Blumen empfangen. Wir riefen sie an und baten sie, den Kranken unter uns Wasser zu bringen. Aber auch sie wandten sich ab. Die Zivilisation hatte entschieden, daß auch ihre Rolle nur eine Farce sein sollte.

Dann rollten wir langsam auf ein Nebengleis, ein paar Kilometer außerhalb der Stadt. Dort stand wieder ein Lazarettzug, diesmal nur knapp drei Meter von uns entfernt. Aus dem Küchenwagen strömten herrliche Düfte. Wir sahen Töpfe und Pfannen – luxuriöse Abteile und weiche, weiße Betten.

Auf dem Schotter kam ein Soldat mit bandagiertem Bein angehinkt. Bald erschienen noch mehr. Sie wollten wissen, warum Leute, die anständig aussahen wie wir, Häftlingskleider trugen. Wir erzählten es ihnen. Es schien ihnen neu zu sein, und sie sahen recht beeindruckt aus. »Wir Jungen an der Front wußten kaum, was hier in Deutschland vor sich ging«, sagte einer. »Dafür haben wir also gekämpft«, murmelte ein anderer.

Der Zug sollte weiterfahren. Die Soldaten kletterten in ihre Abteile zurück. Sie warfen etwas aus dem Fenster. Das fiel auch in unseren Waggon. Ich sah hin: Süßigkeiten, in Zellophan gewickelte Bonbons. Ich war erstaunt. War es möglich, daß die schmerzliche Lektion, die ihnen von den »Roten Barbaren« an der Ostfront erteilt worden war, sie mehr überzeugt hatte als der Drill zu Hause von ihren Landsleuten, den Nazilehrern?

Wir waren in Weimar, am Ostende des Hauptgüterbahnhofs, angelangt. Es sah so aus, als ob wir hier eine Weile warten müßten. Die Lokomotive war abgefahren, und auch die meisten Posten waren fort.

Ich überflog die neue Umgebung, ein riesiges Eisenbahngelände lag auf der einen Seite und auf der anderen, ein paar Meter von uns entfernt, eine Straße. An ihr zogen sich Gärten entlang, nur genau unserem Waggon gegenüber befand sich ein imposantes Gebäude. Es war die Ingenieurschule. Durch die großen Fenster konnte ich die Studenten erkennen, Jungen von etwa 18 Jahren, mit Anzug und Krawatte, und sie saßen vor einer Tafel, die mit Kreide bemalt war. Eine Glocke läutete, sie sprangen auf, rannten die Treppe hinunter, aßen ihre Butterbrote, lachten und schrien. Sie lebten in ihrer eigenen Welt, einer Welt der Regeln und Zahlen, Bücher und Traditionen, der regelmäßigen Mahlzeiten und des gesunden Schlafes – und das zu einer Zeit, in der seit fünf Jahren sogar Jüngere an der

Front und in den Konzentrationslagern zugrunde gingen. Dann begann die Luftschutzsirene zu heulen. Die Studenten marschierten klassenweise in Marschordnung in ihre Luftschutzkeller.

Hoch oben, von Westen her, kamen ganze Reihen von silbernen kleinen Kreuzen heran und ließen lange, weiße Kondensstreifen am blauen Himmel hinter sich – die Bomber. Ein Aufklärungsflugzeug, das etwas niedriger flog, zog einen kreisförmigen Streifen genau über uns. Ich sah mich um. Nur Schweigen. Die Lokomotiven standen still, die Menschen hatten sich versteckt. In der Weite senkten sich die Flugzeuge im Sturzflug. Der Lärm der Explosionen wurde von einem starken Wind verblasen, aber in den Vororten der Stadt stiegen dunkle Wolken auf, die durch fliegende Schuttmassen zerrissen wurden. Noch mehr Kondensstreifen erschienen am Himmel, diesmal führten sie in Richtung Bahnhof. Bald wurde unser Wagen von Explosionen erschüttert. Die Lagerschuppen waren getroffen. Unsere Posten rannten davon, um Schutz zu suchen, einige liefen über die Schienen zur Stadt, andere verkrochen sich unter dem Zug.

Ich blieb allein im offenen Wagen zurück. Denn wegzulaufen, um von entgleisten Eisenbahnwaggons zermalmt oder zwischen Nazis unter zusammenstürzenden Häusern begraben zu werden – das lohnte sich kaum, überlegte ich. Ich nahm drei runde Eßnäpfe, die meine Kameraden liegengelassen hatten, stülpte sie übereinander, setzte sie auf den Kopf und verkroch mich in eine Ecke. Mein großer roter Helm muß komisch ausgesehen haben, aber es war niemand da, der sich darüber hätte amüsieren können. Außerdem war die Zeit für Späße vorbei. Überall explodierten Bomben. Es hagelte Trümmer.

Als die Bomber weg waren, schüttelte ich den Staub ab und sah hinaus. Ein paar Schienen weiter stand ein Zug mit Rüben. Er wurde geplündert. Später kamen unsere Posten, einer nach dem anderen, zurück; sie schossen um sich, um ihre Wachsamkeit zu demonstrieren. Es hatte den Anschein, als ob sie inzwischen Tee mit Rum getrunken hätten.

Alles rannte zu den Waggons zurück. Das Gedränge war jetzt nicht mehr so groß. Viele waren geflohen, einige getötet worden.

Als die Dunkelheit hereinbrach, wurde der Zug an eine kleine, schnaubende Dampflokomotive gehängt und auf eine eingleisige Nebenstrecke gezogen. Das Stöhnen der Verwundeten hielt mich wach, so stand ich in der Wagenecke und betrachtete die Landschaft, um zu sehen, ob sie sich veränderte. Dichter Rauch hing über den Waggons und wurde mir ins Gesicht geblasen. Er war schmutzig, aber warm.

Nach einer knappen Stunde hatten wir unser Ziel erreicht. Wer noch genug Energie hatte, sprang hinunter. Wir hätten unseren leidenden Gefährten gern geholfen, aber es waren zu viele.

An der Rampe warteten Männer in blauen Uniformen, mit schwarzen Baskenmützen und blankgeputzten Stiefeln. Wir glaubten, es handle sich um Leute von der Feuerwehr oder den Hilfstruppen. Sie befahlen uns, in Fünferreihen anzutreten, und marschierten mit uns los. Im Lichte einer Straßenlaterne sah ich mir unsere neuen Wächter noch einmal an. Auf ihren Armbinden stand: »Lagerschutz«. Sie trugen Häftlingsnummern auf der Brust, genau wie wir. In der Ferne sahen wir schon endlose Doppelreihen von Lampen – der bekannte Zaun aus elektrisch geladenem Stacheldraht.

Wir kamen an Gebäuden vorbei, in denen wahrscheinlich die Lagerverwaltung untergebracht war. Vor dem einen war eine Kanone aufgestellt, etwas veraltet, aber trotzdem ein Ungeheuer. Stand sie nur da, um uns einzuschüchtern?

Dann erreichten wir das Lager. Wie in Groß-Rosen bildete das Tor mit dem Aufbau des Hauptwachtturms in der Mitte den Eingang. In den beiden Flügeln des Torgebäudes befanden sich die Büros der diensthabenden Lagerführer und die Arrestzellen. Vom Tor aus erstreckte sich der unvermeidliche, weite »Appellplatz« in das Gelände.

»Recht oder Unrecht – mein Vaterland!« und »Jedem das Seine!« lauteten die Inschriften über dem Tor. Wir waren in Buchenwald, wo die deutschen politischen Häftlinge untergebracht waren.

Nach einem Tag Aufenthalt in einem riesigen Zelt mußten wir uns zur Desinfektion anstellen. In unserer Nähe wartete eine Gruppe von Zigeunerhäftlingen aus Buchenwald. Ich sprach mit ihnen. Sie sollten gerade ihr monatliches Bad nehmen und entlaust werden. Läuse gab es anscheinend in Buchenwald genug. Einer der Jungen, die seit 1944 hier waren, hatte auch einmal die Maurerschule in Auschwitz besucht. »Frag mich nicht nach den anderen Zigeunerjungen«, seufzte er, »das ist schon lange her. Ich weiß nicht, was aus ihnen geworden ist. Jetzt sind wir nur noch vier.«

Als wir an der Desinfektionsbaracke ankamen, gaben wir Kleidung, Schuhe und alle anderen Habseligkeiten ab. Wertvolle Papierreste, Bleistiftstummel, Nägel, Bindfäden, Löffel und selbstgefertigte Messer – von allem mußten wir uns trennen. Dann wurden wir in einem Raum mit gekachelten Wänden gesperrt und mußten warten. Wir lagen, saßen und standen dort stundenlang. Es war heiß. Die nackten Körper stanken und schwitzten. Diejenigen, die am Fenster standen, ließen nicht zu, daß wir sie öffneten, weil sie Angst hatten, sich eine Lungenentzündung zu holen. Wir hatten Durst und riefen nach Wasser, aber niemand kümmerte sich um uns. Die Tür war verschlossen. Den Häftlingen vom Lager war es verboten, die Desinfektionsbaracke zu betreten. Und die Verantwortlichen hatten anscheinend noch mit anderen Neuankömmlingen zu tun, die vor uns eingetroffen waren.

Nach zehnstündiger Quälerei, als viele ohnmächtig geworden waren und sich nicht mehr allein erheben konnten, wurden wir schließlich herausgelassen. Es hätte sich alles verzögert, sagte man uns, weil durch die Luftangriffe die Wasserzufuhr unterbrochen gewesen sei.

Nun durchliefen wir das Aufnahmeverfahren. Für mich war das nichts Neues. Dies war das vierte Konzentrationslager, das ich betrat. Unser Haar, das schon zu Borsten von ganzen zwei Zentimetern Länge herangewachsen war, wurde von gereizten, überarbeiteten Franzosen abgeschnitten, und zwar mit Maschinen, die dringend der Reinigung, Ölung und Schärfung bedurften. Danach tauchten wir in einem Behälter mit einem scharfen, beißenden Desinfektionsmittel unter. Es brannte und haftete so hartnäckig in der Haut, daß sogar das anschließende warme Brausebad es nicht abspülte. Im nächsten Raum saß ein SS-Arzt. Wir marschierten in einer Entfernung von vier Metern an ihm vorbei, und das nannte sich dann »ärztliche Untersuchung«. Um der Kartei Genüge zu tun, wurde auch unsere Größe gemessen.

Ich bekam ein Hemd, eine Jacke, Hose, Socken und Schuhe. Unterwäsche gab es nicht. Angezogen betrat ich den Registrierungsraum. Ein Schreiber in Häftlingskleidung schob mir ein Formular zu. »Füll es selber aus.« Der Fragebogen schien ziemlich veraltet zu sein. Acht Jahre waren vergangen, seit die ersten Häftlinge registriert worden waren. 127 157 waren vor mir angekommen, dabei wurden die Häftlinge, die die Nummern der Toten übernommen hatten, nicht gezählt. Aus Angst davor, für »arbeitsuntauglich« erklärt zu werden, machten die meisten Jungen sich bei ihrer Eintragung älter. Aber ich, zumal man mich früher dazu erzogen hatte, offen und ehrlich zu sein, hielt nichts davon, das Schicksal zu betrügen. Ich war 15 Jahre alt, mein Beruf Maurer. Datum der Inhaftierung 28. Juni 1943.

Der Schreiber, ein deutscher politischer Häftling, nahm das Formular zur Hand und unterzog es einer eingehenden Prüfung. »Dein Vater kämpft also für die Alliierten.« »Ich hoffe es«, antwortete ich stolz. »Denk nur nicht, daß wir uns hier nicht um euch kümmern«, fuhr er fort, wie ein Hotelbesitzer, der einen Gast empfängt. »Das ist Buchenwald, und hier sind wir alle Kameraden und halten zusammen. Seitdem das Lager besteht, haben wir politischen Häftlinge alles getan, um hier bessere Zustände zu schaffen. Eine unserer Errungenschaften ist zum Beispiel der Lagerschutz. Statt der SS-Posten haben wir unsere eigene Lagerpolizei, Leute, zu denen wir Vertrauen haben können. Es war nicht so leicht, das zu erreichen, und jetzt brauchen wir die Zusammenarbeit mit euch Neuankömmlingen. Ich hoffe, auch du wirst dich gut in unsere Gemeinschaft einfügen.«

Ich sagte ihm, daß ich Jude sei und sowieso keine Vorrechte genießen dürfe. Aber das schien ihn nicht zu interessieren. »Hier sind wir alle gleich«, fuhr er fort. »Glaubst du denn wirklich, daß die paar lumpigen Privilegien, die man uns Deutschen zugesteht, uns glücklicher machen? Die bringen uns nur in Verlegenheit. Mach dir keine Sorgen darüber, wie die SS dich einstuft. Unser Wille zusammenzuarbeiten, um zu überleben, ist stärker als die Nazis.«

Spät zogen wir an diesem Abend, von der Lagerpolizei begleitet, zu einem Schuppen, wo wir eine Suppe erhielten. Seit zwei Tagen hatten wir nichts gegessen. Aber da ich ganz mit den vielen neuen Eindrücken beschäftigt war, hatte ich das vollkommen vergessen.

Dann gingen wir hinein und setzten uns in Reihen hintereinander auf den Fußboden. Wir legten die Beine um unseren Vordermann wie beim Schlittenfahren, um uns warmzuhalten. Das war auch nötig, denn die Fenster des Schuppens hatten keine Scheiben und ein eisiger Wind wehte herein. An der Tür saß ein Mann vom Lagerschutz und beobachtete uns. In anderen Lagern hätte er die Aufgabe gehabt, uns einzuschüchtern, aber hier war er anscheinend da, um uns zu helfen, und allenfalls, um Unruhestifter zur Ordnung zu rufen. Vielleicht, überlegte ich, kann man unseren neuen Häftlingsvorgesetzten vertrauen. Mein erster Eindruck war trotz einiger offensichtlicher Widersprüche günstig. Dann schlief ich ein.

Am Morgen wurden wir zum »Kino« geführt, einer großen Halle mit Bänken, die, den Wandbehängen nach zu urteilen, für Turnveranstaltungen und Filmvorführungen verwendet worden war. Dort lagen wir zusammengedrängt auf dem Fußboden und verbrachten, von den anderen Häftlingen durch Drahtzäune und Lagerwachen getrennt, unsere Quarantänewochen.

Dann kam ich ins »Kleine Lager«, ein Erweiterungslager, das für die Neuankömmlinge aus dem Osten gebaut worden war. Es lag auf einem Bergabhang unterhalb des massiven Hauptlagers, bestand aus Holzbaracken, wie sie in Birkenau gestanden hatten, und war durch Drahtzäune in sieben getrennte Käfige eingeteilt. Drei Baracken waren mit Kranken belegt, drei andere mit Invaliden. In den restlichen zehn waren alle zusammengepfercht, die auf der Warteliste standen. Meine neue Behausung war der Block 62. Zuerst schlief ich auf dem kalten, feuchten Fußboden. Später wurde mir eine Koje zugewiesen. Ich kannte diese viereckigen Holzkisten, die sogenannten »Buxen« schon aus Birkenau. Dort hatten sie Strohsäcke, Decken, Wanzen, Flöhe, Läuse, Mäuse und fünf Insassen enthalten. Hier waren es nur kahle Bretterverschalungen, aber sie beherbergten zehn menschliche Wesen. Man mußte wie eine Ölsardine auf einer Seite liegen und konnte sich nicht bewegen. Sich herumzudrehen oder auf dem Rücken zu liegen, war unmöglich. Der Platz für eine Person war nicht einmal dreißig Zentimeter breit. Beim Erwachen – das war stets der unangenehmste Augenblick im Dasein eines Häftlings – waren die Hände und Füße steif, und man hatte Kreuzschmerzen. Wenn man sich den Oberschenkel an den Brettern rieb, dann stellten sich hartnäckige Abszesse ein.

Unsere Blockkameraden – zum größten Teil Ukrainer und Polen, die aus Arbeitslagern evakuiert worden waren – waren genau das Gegenteil der anständigen Buchenwalder Häftlinge, von denen der Häftlingsschreiber geprahlt hatte. Jede Nacht inszenierten sie blutige Schlägereien. Morgens wurden dann die Verletzten weggetragen. Über geringfügige Streitigkeiten kam es zu Messerstechereien, und es war niemand da, der das verhinderte. Auch ich hatte mir schon ein Messer »gekauft«. Es war nicht einmal scharf genug zum Brotschneiden, aber es war groß und eindrucksvoll.

Der Block glich einer Höhle wilder Tiere, Bestien, die brüllten, raubten und töteten. Wenn sie nachts austreten mußten, benutzten sie ihre Eßnäpfe. Am Tage starrten sie sich gegenseitig mit haßerfüllten Augen an. Sie zerfielen an Leib und Seele. Manche waren bereits für »verrückt« erklärt und »abtransportiert« worden. Abends, nach dem Zählappell, bekamen wir Marken, mit denen wir am nächsten Tag unsere Verpflegung abholen konnten. Wir hielten sie ganz fest, damit sie niemand wegschnappte; meist versteckten wir sie in den Nähten unserer Kleidung, weil die Taschen leicht ausgeräubert werden konnten. Sie entschieden über Leben und Tod. Stundenlang mußten wir noch vor dem bereits bekannten Kinobau anstehen, bevor wir dafür einen Liter wäßriger Suppe und 300 Gramm Brot erhielten. Viermal in der Woche gab es 25 Gramm Margarine, zweimal einen Eßlöffel Marmelade oder Weißkäse und sonntags die 50 Gramm Wurst, von denen man schon lange vorher träumte.

Wie in Auschwitz war unser Treffpunkt – das Asyl, auf dem wir rauchen und die neuesten Nachrichten austauschen konnten – die Latrine, eine Bude mit einem großen, offenen Behälter. Wir saßen auf dem Rand wie Vögel auf einem Telegraphendraht, hielten vorsichtig das Gleichgewicht und sahen uns nach Blockältesten um, die uns eventuell stören konnten. Glücklicherweise befand sich die Latrine auf unserem Gelände, und falls wir im Dunkeln den Weg durch den steinigen Morast fanden, konnten wir sie sogar nachts besuchen. Die Häftlinge aus den anderen Unterkünften mußten auf bestimmte Zeiten warten, die für sie festgesetzt waren.

Der Waschraum war weniger beliebt. Morgens wurde er für eine halbe Stunde geöffnet, aber das Wasser war eisig kalt, und wir hatten keine Handtücher. Trotzdem gab es immer, wenn wir Jungen uns dort trafen, ein großes Hallo: Wir begrüßten uns mit einem kalten, großzügigen Spritzer und einem: »Wacht auf, Jungs, ihr wollt doch leben, nicht wahr?«

Eines Tages wurden wir plötzlich und unerwartet zur Arbeit hinausgetrieben. Man führte uns zu einem Gelände, das mit Steinen übersät war, und wir mußten die Steine aufheben und sie etwa 500 Meter weiter auf einen Haufen stapeln.

Der Weg zum Haufen war von Wachtposten umsäumt. Zuerst hatte ich naiverweise angenommen, sie seien gekommen, um uns wieder zum Lager zu führen, aber bald mußte ich feststellen, daß sie hier auch »etwas tun« wollten. Es hatte den Anschein, als habe sie irgend jemand auf der Erde oder im Himmel in fünf verschiedene Gruppen eingeteilt: Die ersten verbrachten ihre Zeit damit, uns anzuschreien und in Bewegung zu halten. Die zweiten schrien uns an, weil wir Steine genommen hatten, die nicht schwer genug waren, und zwangen uns, sie unterwegs wegzuwerfen und größere zu holen. Die dritten hatten ihren Spaß daran, uns zu schlagen. Die vierten dachten sich »Spiele« aus – Wett- und Hindernisläufe –, oder sie verbanden uns die Augen und befahlen uns, die Steinblöcke auf unseren Köpfen zu balancieren. Nur die fünfte Gruppe schien untätig zu sein. Diese Graumäntel saßen etwa hundert Meter entfernt unter einem Baum, hielten ihr Gewehr umschlungen und träumten in den Tag hinein. Näherte sich ihnen einer von uns, so schossen sie.

Als ich am Abend in meine Baracke zurückkehrte, hatte ich Beulen und Blasen, war erschöpft und deprimiert. Aber etwas bewahrte mich davor zu verzweifeln. Ich hatte die Umgebung gesehen, die versteckten, geheimnisvollen Machenschaften, die uns umgaben, das Unbekannte, vor dem jeder Neuankömmling Angst hatte. Jetzt, da ich das kannte, konnte ich dagegen ankämpfen.

Auf meinem Weg zur Arbeit lernte ich den Lageplan der riesigen SS-Wohnquartiere auswendig: die massiven Kasernen und die modernen Villen. Auf jede Baracke in dem unendlichen Konzentrationslager schienen drei Gebäude außerhalb des Drahtes zu entfallen. Die SS-Kasernen konnten eine Besatzung von 15 000 Mann fassen. Aber das war noch nicht alles. Buchenwald war anscheinend ein Land für sich. Es gab Parks, idyllische Dörfer, einen Zoo, einen Bärenzwinger, einen Falkenhof, eine Reithalle, eine Konzerthalle und noch manches andere – alles zum Vergnügen der Herren der Herrenrasse. Für uns waren genügend Munitionswerke da, Fabriken, die Teile für die V 2-Raketen herstellten, und Steinbrüche.

Es hieß, unsere Arbeit sei nur vorübergehend. Die Behörden waren angeblich davon unterrichtet, daß der lange Treck aus dem

Osten uns geschwächt hatte. Das war eine große Lüge – genau wie die, daß wir »Schutzhäftlinge« waren. Wir schufteten weiter, Tag für Tag, Woche für Woche.

Beim Weiterarbeiten sammelten wir neue Erfahrungen. Wir wurden zu Aufräumungsarbeiten in einen Wald geschickt, der so aussah, als ob eine Bombe darin eingeschlagen hatte. Er lag außerhalb des Lager-Arbeitsgeländes, und wir hatten deshalb eigene Posten, die sich gewöhnlich irgendwo zwischen den Bäumen versteckt aufhielten. Die SS-Leute hatten uns befohlen, alle Steine und heruntergefallenen Äste aufzulesen, und sich dann davongemacht. Ich war allein und stöberte durch das Waldgelände. In meinem Gedächtnis tauchten Geschichten auf, wie Häftlinge dazu verleitet worden waren, sich zu entfernen, und wie man sie dann »auf der Flucht erschossen« hatte. Für jeden Toten in Häftlingskleidung erhielten die Posten eine Prämie: fünf Mark, ein Päckchen Tabak und drei Tage Urlaub. Dann hörte ich Schüsse. Aber sie überraschten mich jetzt nicht mehr. Mit klopfendem Herzen sprang ich durch das Unterholz, ich sah nur nach vorn und lauschte gespannt, um Rufe zu vernehmen, so rannte ich zum Sammelplatz. Jetzt wußte ich, daß die Veteranen von Buchenwald in ihren Berichten nicht im geringsten übertrieben hatten. Ich hatte die Sache selbst mitgemacht.

Wie war es diesen »alten Nummern« aus Deutschland nur gelungen, am Leben zu bleiben? Das hätte ich gerne gewußt. Es mußte etwas Großes geben, für das sie leben wollten. Aber was konnte denn für einen ausgemergelten, verachteten Häftling, der in einem Konzentrationslager von der Welt abgeschnitten war, noch groß sein? War es der Sieg? Die politische Überzeugung, deren Anhänger er gewesen sein mag, war doch schon lange verbannt, seine Führer waren ermordet. Bis vor drei Jahren hatte es doch noch ganz so ausgesehen, als sei der faschistische Glaube seiner Unterdrücker unbesiegbar.

Es war März 1945. Unser Leben bestand nur noch aus erbittertem, ermüdenden Warten. Wir warteten auf unseren Liter Suppe, auf den Zählappell, auf einen freien Platz in der Latrine, auf den Schlaf, auf die warmen Sonnenstrahlen, auf den Frühling, auf jemanden, der Hitler schlägt, und auf die Befreiung.

Als Strafe für irgendeine Nichtigkeit hatten wir sogar darauf zu warten, daß man uns in unsere Baracke mit den überbelegten Schlafkojen hineinließ. Nach der Zählung mußten wir dann in Achtungstellung draußen in der Abendkälte stehen, und alles, was wir tun konnten, war – von anderen Dingen zu träumen.

Meine Vorstellungskraft war perfekt geworden. Sehnte ich mich danach zu schlafen, dann dachte ich an den Augenblick, in dem wir durch Schlamm und Unrat zu unserer kleinen Barackentür stolperten, und an die frohen Sekunden, in denen ich ins Bett stieg und gleich darauf, von den warmen Körpern meiner Nachbarn gedrückt, in der Verschalung lag. Hatte ich Hunger, so besänftigte ich meinen Magen mit Träumen von Leber-, Blut- und Knoblauchwurst, von Frankfurtern und Salami. Als Höhepunkt aber machte ich mir den Mund wäßrig, indem ich an den Sonntag dachte, an dem wir 50 Gramm Lagerwurst erhalten und ein königliches Mahl genießen würden.

Wir wurden in Gruppen eingeteilt und sollten in Nebenlager versetzt werden. Es wurden Spekulationen darüber angestellt, welches von diesen neuen Lagern das schlimmste sei, und man versuchte allerlei Ausflüchte und Kniffe, um daran vorbeizukommen. Aber das war zwecklos, denn die Bedingungen waren überall schlecht. Die zahllosen Nebenlager von Buchenwald erstreckten sich von Eisenach bis Chemnitz und von Coburg bis Leipzig, und alle waren mehr oder weniger große Sklavenkäfige.

In Dora, Ohrdruf und Plömnitz schachteten die Insassen Tunnel für große unterirdische Fabriken aus, die V 2-Waffen produzieren sollten. Diese fliegenden Bomben waren Hitlers letzter Trumpf. Mit ihnen wollten die blonden, kultivierten Deutschen Tausende ebenfalls blonder und kultivierter Angelsachsen töten. Es spielte natürlich keine Rolle, wenn sie darüber hinaus auch noch das Leben von ein paar Tausend ausgemergelten Ausgestoßenen kosteten, die in Wäldern, Wohnwagen und Ghettos aufgewachsen waren.

Als ich zum Abtransport an der Reihe war, schleppte ich mich auch zum Krankenbau, um mich der Ausmusterungskommission vorzustellen. Ich muß wohl kaum mehr als ein Skelett gewesen sein, denn zu meiner Überraschung wurde entschieden, daß ich in Buchenwald bleiben sollte. Diesmal hatte mir meine Schwäche, ganz unerwartet, zum Guten gedient.

Vor Glück ganz aufgeregt, rannte ich zurück, um meine Kleidung zu holen. Aber Mütze und Schuhe waren mir inzwischen gestohlen worden. Mir blieb nichts weiter übrig, als die Sachen eines anderen zu nehmen. Die einzige Mütze, die noch da war, war grün. Ich überlegte, ob diese Farbe zu meiner buntscheckigen Kleidung passen würde. Auffällig gekleidet zu sein, bedeutete, die Aufmerksamkeit auf sich zu lenken, und ich konnte es mir nicht leisten, von den SS-Posten aufgegriffen zu werden. Aber ich hatte keine andere Wahl. Ich schnappte mir die grüne Baskenmütze, setzte sie auf und rannte in unseren Block zurück, allein und in der Hoffnung, unbekannt und unbemerkt zu bleiben.

Eines Tages sah ich einen Jungen von vier Jahren, das traurigste Wesen, dem ich je begegnet war, denn er war anomal im Körperbau, im Verhalten und in der Sprache. Er taumelte dahin wie ein geschwächtes, verwundetes Tier und gab Laute in deutsch-polnisch-jiddischem Kauderwelsch von sich. »Das ist das Kind, das sie vor der SS verstecken«, sagte man mir. »Sein Vater hat es im Rucksack hierher gebracht. Jedesmal, wenn eine Kontrolle kommt, knebeln sie den armen Teufel und stecken ihn unter die Fußbodenbretter. Was für ein Leben!« Ich erkundigte mich, ob noch mehr Kinder da seien. »Ja, im Hauptlager ist noch eines in Block 8, dem Kinderblock. Alle anderen Jungen sind mindestens 12 Jahre alt.« Ich erfuhr, daß in Block 8 an die 100 Jungen lebten, meistens Polen und Russen zwischen vierzehn und sechzehn Jahren. Einige von ihnen dienten einflußreichen Lagerpersönlichkeiten ganz öffentlich als »Puppenjungen«. Die Folge war, daß sie so eifersüchtig aufeinander waren wie Frauen. »Im Kleinen Lager gibt es auch einen Jugendblock«, erzählte man mir. »An deiner Stelle würde ich versuchen, dorthin versetzt zu werden.« Schließlich wurde ich dann nach Block 66, der Unterkunft für etwa 300 bis 400 Jugendliche, versetzt. Der Blockälteste, ein blonder polnischer Jude, der schon eine jahrelange Haft in deutschen Konzentrationslagern hinter sich hatte, empfing uns wie üblich mit einer großartig klingenden Einführungsansprache. Er schien sehr besorgt um seine Schützlinge zu sein und wiederholte, was ich bei der Registrierung bereits erfahren hatte. Der Blockälteste von 7a in Auschwitz hatte auch viel für uns übrig gehabt, aber er hatte uns immer wie ein Diktator angebrüllt. Sein Gegenstück in Buchenwald dagegen schien ein Freund zu sein.

Ich war glücklich, daß ich wieder unter Jugendlichen war. Es war der angenehmste Block, zu dem ich je gehört hatte. Sogar der SS-Mann, der den Zählappell abnahm, belästigte uns nicht, da es dem Blockältesten aus irgendeinem Grunde gelungen war, sich gut mit ihm zu stellen. Sehr viele meiner Blockkameraden waren Juden, die aus Arbeitslagern kamen. In meiner Stube stammten die meisten aus Polen, in der anderen aus Ungarn.

Diejenigen unter meinen Stubenkameraden, die seit 1939 in abgeschlossenen Ghettos gelebt hatten, wußten sehr wenig über die Welt um sie herum. Sie hatten ein viel schwereres Los gehabt als ich und waren Zeugen furchtbarer Tragödien gewesen. Aber sie waren zu jung, zu unwissend gewesen, um zu verstehen, was um sie herum geschah. Sie hatten darauf reagiert, indem sie sich in eine Art Schneckenhaus zurückgezogen und eine geistige Barriere errichtet hatten, die sie isolierte. Alles, was sich dahinter befand, war für sie feindselig und keinerlei Betrachtung wert. Für die Ghettojungen war das Unbekannte etwas, an das sie nicht denken konnten oder wollten. Sie waren auf naive Weise »Ausländern« gegenüber mißtrauisch, und einige vermuteten sogar, daß ich vielleicht ein deutscher Spion sein könnte.

Es waren auch noch zwei deutsche Juden da, freundliche, gebildete Burschen; sie hätten die idealen Gefährten sein können. Aber ich mied sie. Ihr Stolz darauf, »Deutsche« und »Abendländer« zu sein, stieß mich ab. Auch die anderen konnten sie nicht leiden. Alles, was ihnen ihr störrischer Hochmut einbrachte, waren Verachtung und Spott.

Unsere unterschiedliche Erziehung führte zu zahlreichen Differenzen, aber die Streitigkeiten blieben immer im Rahmen. Wir waren jung und versuchten einander zu verstehen. Im schlimmsten Fall bedauerten wir uns gegenseitig, weil wir »noch nicht erwachsen« waren.

Am Tage ließen wir uns auf hervorstehenden Felsblöcken und Baumstämmen nieder und versuchten, so viel lebensspendende Sonnenstrahlen wie nur möglich einzufangen. Sie wurden jetzt schon wärmer. Der letzte rauhe und gefährliche Winter im Konzentrationslager wich einem Frühling der Hoffnung: Bald würde alles anders sein.

Einmal erhielten wir Jungen von Block 66 sogar Rotkreuzpakete – diese Spenden aus dem Ausland waren eigentlich an französische und holländische Häftlingen adressiert, die aber nicht mehr am Leben waren, um sie zu genießen. Das Eintreffen der Pakete brachte große Aufregung mit sich. Wir stritten uns laut über den vermutlichen Inhalt und rechneten schon aus, wie diese Kostbarkeiten verteilt werden sollten. Im stillen hofften wir, daß die französische Beschriftung auf den Büchsen irgendeine Fleischdelikatesse bedeutete; uns lief das Wasser im Munde zusammen. Wir tauchten unsere Löffel in den schlammigen Sand und putzten sie; wir schnappten unsere Eßnäpfe, suchten uns ein einsames Plätzchen, an dem wir unsere Kostbarkeiten in Ruhe genießen konnten, und warteten ungeduldig auf den Augenblick der Verteilung. Als dann schließlich jeder seinen Anteil bekommen hatte, legte sich die ganze Aufregung, und man bewunderte allgemein die Portion seines Nachbarn, die, verglichen mit der eigenen, natürlich erstaunlich war. Wer eine Mehlspeise sein eigen nannte, suchte Reisig zusammen und flehte den Blockältesten an, ihm seinen kostbaren Kochtopf zu leihen. Mein eigenes Glück in der Lotterie beschränkte sich auf eine Büchse Ölsardinen ohne Büchsenöffner, die unter fünfen von uns geteilt werden mußte.

Dann war da noch das Steckenpferd unseres Blockältesten, das er sich selbst ausgedacht, gegründet und zum Erfolg geführt hatte: ein Chor. Wollte man zu seinen Günstlingen zählen und bevorzugt werden, wenn seine Freunde aus dem Hauptlager uns einen Extrakübel Suppe schickten, dann mußte man dafür schon singen.

»Offensichtlich unverhüllte Erpressung«, murmelten die unmusikalischen Elemente von Block 66. »Der alte Kauz will berühmt werden. Nicht genug, daß er ein geschickter Manager ist. Er will auch noch Dirigent und Komponist sein – und alles auf unsere Kosten.«

»Sie haben ihren Nachschlag Suppe verdient«, übernahmen andere die Verteidigung. »Sie arbeiten schwer genug dafür.« – »Hört, hört!« tönte es von einem der Jungen. – »Ich möchte mal einen von euch sehen, der seine Abende im Waschraum eingeschlossen mit Üben verbringt. Und außerdem kommt das euch allen zugute.« – »Ganz recht«, stimmte ein aufgeweckter Bursche zu, »die können nur meckern. Aber mitkommen und mit uns singen? Niemals. Die schlafen abends lieber. Stehen sie schon mal auf, dann nur, um zur Latrine zu gehen. Und alles, was sie dann dort machen, ist – Gestank verbreiten.«

Der Chor traf sich, wenn alle anderen schon im Bett waren, damit die neuen Lieder für uns ein Geheimnis blieben. Einmal hatte ich jedoch Gelegenheit zu lauschen. Es war schon fast Mitternacht. Ungeachtet der beißenden Bemerkungen, mit denen Leute wie ich bedacht worden waren, schlich ich mich zur Latrine. Der Waschraum daneben war verschlossen und erleuchtet, eine leicht eingängige Melodie drang heraus, und dann wiederholte sich ein faszinierender Akkord immerzu wie auf einer rissigen Schallplatte. Die Jungen dort drinnen arbeiteten tatsächlich schwer. Ich schlich ganz nah an die Tür, um auch den Text zu verstehen. Aber irgend jemand muß meinen Schatten gesehen haben. »Mach, daß du wieder ins Bett kommst, du Spielverderber!« schrien sie. Das war das Ende des Konzerts für mich.

Als ich wieder in meiner Koje lag, dachte ich nach, denn die Melodien hatten mich so beeindruckt, daß ich nicht schlafen konnte. Ich hatte meine Stubenkameraden wohl doch falsch eingeschätzt. Sie waren offensichtlich aus ihrem Schneckenhaus der Isolierung herausgekommen und erschienen mir jetzt wie junge Menschen überall. Mehr noch, sie sangen mit solcher Energie und Überzeugung, daß sie andere dadurch ermutigten. Ich freute mich unbändig. Zum ersten Mal seit Jahren war ich von Freunden umgeben, wirklichen Freunden. Die Akkorde, die ich gehört hatte, waren keineswegs ein Stück eines verpaßten Konzerts für mich. Nein. Was ich erlauscht hatte, war der Auftakt zu einem neuen Anfang – ein winziger Ausschnitt aus der herrlichen Symphonie der Jugend.

Der langerwartete Tag war gekommen. Ein Unterhaltungsabend sollte stattfinden, bei dem der Chor das erste Mal auftrat. Sogar SS-Leute waren eingeladen – vielleicht, um unserem Abenteuer den Anstrich der Legalität zu verleihen.

Wir saßen ungeduldig auf den Bänken, die provisorisch aus Kojenbrettern errichtet worden waren, und warteten auf die Gäste. Unsere Stube, kaum acht mal zehn Meter groß, war mit Hunderten von Zuschauern gefüllt. Jeder reckte den Hals, um die Tür und die anschließende Bühne zu sehen, die von Suppenkübeln getragen wurde. Der Anblick war vielversprechend. Dann kamen einige Prominente aus dem Hauptlager. Freunde unseres Blockältesten und ein halbes Dutzend SS-Leute, darunter ein paar Offiziere. Sie nahmen in der ersten Reihe, die für sie reserviert war, Platz, und die Veranstaltung begann.

Das Programm bestand aus Liedern, Sketchen, akrobatischen Vorführungen und Solotänzen. Jede Nationalität brachte ihr eigenes Programm. Zuerst sangen die polnischen Jungen ein Lied, das davon erzählte, wie das Leben in dem neuen, wiedererbauten Warschau sein werde. Sie ernteten stürmischen Beifall. Wir klatschten alle im gleichen Rhythmus, und es klang wie das dumpfe Geratter von Eisenbahnrädern. Es wurde gerufen und gepfiffen. Aller Wahrscheinlichkeit nach war dies für uns die Abschiedsfeier, und wir wußten das. Niemand konnte uns mehr daran hindern zu sagen, was wir wollten. Die SS-Besucher verstanden kaum etwas von dem, was gesungen wurde. Merkwürdigerweise schienen aber auch sie Beifall zu spenden.

Dann traten die Russen auf die Bühne; sie zeigten eine Probe ihrer Muskelkraft und legten von ihrem berühmten, traditionsverbundenen Chorsingen Zeugnis ab. Sie waren nur wenige, aber ihre Stimmen waren kräftig. Durch den überfüllten Raum klangen die geliebten Worte Stalin, Rote Armee und Sowjetland. Wer von den SS-Offizieren geglaubt hatte, daß es Hitler gelungen war, diese optimistischen und entschlossenen Jungen umzuziehen, der mußte jetzt aber überrascht sein. Ich wußte, wie diese Jungen vor fast zwei Jahren in Auschwitz angekommen waren. Damals waren sie sich der Sache ihres Vaterlandes durchaus nicht so sicher. Manche erweckten sogar den Eindruck, als ob sie von ihr enttäuscht seien. Jetzt zollten sie ihr Ehre. Ihr Bewußtsein war stärker geworden als je zuvor. Ihr Eifer und ihre Treue waren unzerstörbar.

Die letzte und größte »Darsteller«-Gruppe bildeten die jüdischen Jungen aus Polen. Zuerst sangen sie über das Leben im Ghetto, über die Mütter, die Rabbiner und das Studium der Bibel – ein bewegendes Portrait des jiddischsprachigen Volkes. Anschließend hörten wir das traurige Wehklagen von Menschen, die zum Tod geführt werden, die Geschichte des Schicksals, der Hilflosigkeit und der Verzweiflung. Es war ein Bild traurigen Selbstmitleids, das so nur ein Jude zeichnen konnte. Aber plötzlich änderten die Sänger ihre

Haltung, und wir wurden in eine Stimmung der Hoffnung und Entschlossenheit versetzt. Sie sangen jetzt die Lieder der Zukunft, Gesänge, auf die sie stolz waren – ihre eigenen Lieder.

Die erregenden Melodien, denen ich während meiner nächtlichen Schnüffeltour gelauscht hatte, erklangen jetzt öffentlich. Die gedämpften Worte, die in dem kalten Waschraum zwischen den unfreundlichen Wänden geflüstert worden waren, die Verse, die unbekannte Mithäftlinge geschrieben hatten, ertönten jetzt klar und optimistisch. »Oh, wie werden sie leiden müssen dafür, daß sie uns verlacht haben«, verkündete eines dieser Lieder. Andere sprachen von der Zeit, in der alle Menschen frei und gleich sein werden. »Dann werden unsere Kinder in einer besseren Welt leben, die kommen muß, und es kaum glauben können, was ihre Väter über die Vergangenheit berichten.«

Unsere Besucher in den grauen Mänteln saßen da und waren verlegen. Für sie war das alles so unerwartet gekommen, sie waren nicht darauf vorbereitet gewesen, geistig bedrängt zu werden. Sie waren gekommen, um zu lachen. Ich beobachtete sie, um ihre Reaktion zu sehen. Ihre Uniformen, mit Totenschädeln und Knochen verziert, erschienen nicht mehr so gewichtig und weniger glanzvoll. Manche kratzten sich nervös den Kopf. Ein Offizier begann seine Brillengläser zu wischen.

Sie hatten wahrscheinlich einige jiddische Worte verstanden. Außerdem waren diese Darsteller keineswegs so beschaffen, wie die Nazis und ihre Freunde in der ganzen Welt sie gern gesehen hätten. Es waren keine dummen polnischen Bauern, keine barbarischen Russen oder ängstliche Juden, die ihre Bibelsprüche herleierten und Locken trugen, sondern kraftvolle, trotzige Jungen, die den Blick in die Zukunft gerichtet hatten und sie erbauen wollten.

Dann verklangen die Melodien dieser jungen Stimmen, die uns vereint in die Vergangenheit und Zukunft geführt hatten. Die Veranstaltung war zu Ende.

Mir schien es, als lebten wir alle in einem Traum. Ich wunderte mich. Vielleicht war es auch so.

Der April war herangerückt und mit ihm der Donner der alliierten Geschütze. Unsere Unterkunft am äußersten, unteren Ende des Lagers war zum Treffpunkt eifriger Beobachter geworden, die den Tag damit verbrachten, unruhig in der weiten Ebene unter uns nach Anzeichen für das Herannahen unserer Befreier Ausschau zu halten. Unter ihnen befanden sich Prominente aus dem Hauptlager mit verbotenen Feldstechern. Sie brauchten keine Angst mehr zu haben, denn zu diesem Zeitpunkt betrat die SS kaum noch das Lager, ohne daß wir vorher Bescheid wußten. Das Ende war nahe. Für uns konnte es gut oder schlecht aussehen. Es handelte sich nur noch um Tage.

Jemand rief, in der Ferne seien Panzer zu sehen. »Ich kann sie noch nicht erkennen«, sagte dagegen ein Besucher und drehte an seinem kostbaren Feldstecher. »Laß uns doch auch mal durchgukken!« schrien wir. Einer nach dem anderen hatten wir die Ehre, einen Blick in die schweigende, geheimnisvolle Weite zu tun, aber unsere Anstrengungen waren vergeblich. Auch ich nahm stolz den Feldstecher entgegen. Zweifelnd suchte ich das Tal ab, dann die lange graue Landstraße, die Felder und Hecken. Das einzige, das Ähnlichkeit mit einem Panzer hatte – oder was sonst noch unsere Befreiung hätte ankündigen können – waren ein paar Heuschober.

Später, als bereits Gerüchte im Umlauf waren, daß das Lager evakuiert werden sollte, verbreitete die SS eine Erklärung. »Die Insassen von Buchenwald verbleiben im Lager ... es liegt in eurem eigenen Interesse, euch diszipliniert zu verhalten und den Befehlen nachzukommen ... Bei der Ankunft der Amerikaner werdet ihr friedlich und ordnungsgemäß übergeben.« Das klang beruhigend, und wir waren glücklich.

Eines Nachts, als ich von der Latrine kam und den unangenehmen Weg von etwa 200 Metern über einen dunklen holprigen Abhang zurücklegte, hörte ich fremde Stimmen in der Stube des Blockältesten. Obwohl es schon lange nach Mitternacht war, hatte er anscheinend Besuch. Die Männer unterhielten sich über Polen und ihre Heimatstädte. Merkwürdigerweise sprach einer von ihnen englisch. Das erregte mein Interesse. Ich preßte mein Ohr gegen die Wand und lauschte. Seine Stimme war sehr schwach. Sie knarrte und war von Pfeifen unterbrochen. Da wurde ich plötzlich ganz aufgeregt. Es bestand kein Zweifel, hier wurde heimlich Radio gehört. Das ganze Interesse an den fernen polnischen Dörfern war mir jetzt klar. Es handelte sich um eine Zusammenkunft von Lagerprominenten, die Nachrichten hörten. Während sie sich unterhielten, um das Radiogeräusch zu übertönen, suchte jemand den Äther nach Einzelheiten über die Erfolge der Alliierten ab. Sie hatten sich unseren Block ausgesucht, weil er von den SS-Kasernen am weitesten entfernt lag und weil er abgeschlossen und von Jugendlichen bewohnt war, die keine Spitzel sein konnten.

Ich spitzte die Ohren, um die Namen bekannter Städte zu hören, und war stolz, dieses Vorrecht mit genießen zu können. Es dauerte aber nicht lange, da gesellten sich andere Latrinenbesucher dazu. Sie ließen sich das Gehörte von mir übersetzen und begannen die Angelegenheit laut und aufgeregt zu diskutieren. Aber da wollte der Blockälteste auch noch ein Wörtchen mitreden. Er öffnete die Tür und überredete uns, in die Kojen zurückzukehren.

Von nun an hörte ich Nacht für Nacht Radio. Ich saß auf dem Fußboden, lehnte mich an die Wand, hinter der die Stimme der Alliierten erklang, und versuchte angestrengt, die Nachrichten zu verstehen. Am nächsten Morgen waren dann die »Gerüchte« für mich keine Überraschungen mehr. Wenn die Lagerkameraden mit einem Stock auf dem staubigen Boden eine Landkarte entwarfen, um uns die Front zu zeigen, dann war mir das alles schon bekannt. Das bewies auch, daß der Nachrichtendienst von Mund zu Mund klappte. Was man mir bei der Ankunft gesagt hatte, schien sich nun doch zu bewahrheiten. »Glaubt nicht, daß wir euch vergessen, unsere Kameraden sind wachsam, auch wenn ihr nichts davon merkt.«

Es dauerte aber nicht lange und unser stilles Warten erfuhr ein plötzliches Ende. Die Lautsprecheranlage des Hauptlagers verkündete einen Befehl und wiederholte ihn ständig: »Alle Juden ans Tor!« Uns wurde er von dem Blockältesten mitgeteilt. Wir waren von der unheilverkündenden Nachricht betroffen und fielen in einen Zustand der Ernüchterung und Furcht. Was sich in so manchen östlichen Konzentrationslagern kurz vor ihrer Befreiung noch abgespielt hatte, war ja gut bekannt. Wir schickten einen Kundschafter ins Hauptlager, als er den Appellplatz am Tor erreichte, fand er ihn leer. Niemand war hingegangen, der Befehl war verweigert worden.

Am Nachmittag wurden Sperren verhängt und Razzien veranstaltet. SS-Suchkommandos durchstreiften das Hauptlager und das

Kleine Lager. Sie kamen bis zu unserer Latrine, aber nicht mehr weiter. Es war schon dunkel. Für heute gaben sie sich zufrieden. »Das Hauptlager ist judenrein«, plärrten die Lautsprecher. Alle Juden aus dem Hauptlager und die meisten ihrer Brüder aus dem Kleinen Lager waren in ein abgetrenntes Zeltlager gebracht worden.

Am nächsten Morgen gab es wieder eine Überraschung. Die Leute, von denen es hieß, sie seien wachsam, auch wenn wir es nicht merkten, hatten gehandelt. Ihre kühne Entschlossenheit wurde sichtbar. Unser Blockältester bekam ein Paket mit roten, schwarzen und grünen Stoffdreiecken, und innerhalb weniger Minuten waren alle jüdischen Jungen mit den neuen Erkennungszeichen versehen. Die Jungen aus den Ghettos waren politische, asoziale und kriminelle Polen und Russen geworden. Ich wurde deutscher politischer Häftling.

Unser Block war jetzt auch »judenrein«.

Das vertraute Jiddisch war verschwunden. Meine Stubenkameraden sprachen jetzt nur noch Polnisch und Russisch. Ihre Kenntnisse in dieser neuerworbenen Muttersprache lagen zwischen schlecht und befriedigend, aber die SS-Posten von Buchenwald würden das sowieso nicht merken. Und die Standardantwort auf alle Fragen würde das gute, alte »Nix verstehn Deutsch« bleiben. Aber ich war jetzt schlecht dran, in meiner neuen Rolle als »Arier« konnte ich ja nicht den Unwissenden spielen. Deutsche Häftlinge waren sonst gut gekleidet, sahen gesund aus und lebten in einem Extra-Block. Ich mußte also damit rechnen, gefragt zu werden, warum ich mich von den anderen unterscheide, und meine Erklärungen mußten exakt, selbstbewußt und überzeugend sein.

An diesem Abend wurde ich erbarmungslos gehänselt. »Komm her«, riefen meine Stubenkameraden, »wir wollen sehen, wie du deine Rolle spielst. Vergiß also nicht, daß du jetzt ein Deutscher bist, und wenn du dich nicht grob genug benimmst, dann haben wir keine Achtung mehr vor dir.« – »He, Deutscher, kannst du mich nicht mitnehmen, wenn du das nächste Mal in den Puff gehst? Ich bezahl's dir, du weißt doch, einen halben Liter 1 A-Lagersuppe.« – »Wenn wir noch lange hierbleiben, dann wirst du hier noch Blockältester, Deutscher.« – »Sei kein Spielverderber, leg uns ein schneidiges Heil hin.« – »Dem Führer wird es leid tun, dich hier unter so vielen Ausländern zu sehen.« – »Richtig, warum schreibst du nicht an ihn?«

In ihren Augen waren ein Deutscher und ein Schurke das gleiche. Es wäre unpassend gewesen, etwas anderes anzudeuten. Die Jungen wollten lachen, und ich war der letzte, der ihnen den Spaß verdarb.

»Reichsdeutscher politischer Häftling Nummer 127 158«, brüllte ich, »möchte sich über die dreckigen Polacken beschweren, die unser Vaterland verspotten. Nummer 127 158 bittet darum, in eine zivilisierte Umgebung versetzt zu werden, wo deutsch gesprochen wird.«

Als wir uns genug amüsiert hatten, gingen wir zu Bett. Jemand klopfte mir auf die Schulter: »Und vergiß nicht, wie ein Deutscher zu schnarchen!«

Wenn man uns auch das Gegenteil weismachen wollte – Buchenwald wurde doch evakuiert. Als erste kamen die Juden aus den Zelten an die Reihe, dann die Tschechen aus dem Hauptlager. Einige Transporte gingen mit der Eisenbahn ab, andere marschierten. Ihr Bestimmungsort sollte entweder Dachau oder Mauthausen sein, beides Konzentrationslager im Süden, wohin die Alliierten bisher noch nicht gelangt waren.

Eine ganze Woche lang hatten wir nur noch von Brot und Kunsthonig gelebt. Von Tag zu Tag wurden wir schwächer und hungriger. Auf der verzweifelten Suche nach etwas Eßbarem gelang es mir, mich ins Hauptlager einzuschmuggeln. Viele Blocks waren schon leer. Die wenigen konfusen Insassen, die im Lager herumliefen, zerbrachen sich den Kopf darüber, wie sie der Evakuierung entgehen konnten.

Auf den Straßen lagen die Habseligkeiten der Abtransportierten herum – Pappkartons, Packpapier, alte Zeitungen, Fotos, Briefe. Die kostbaren, sorgsam gehüteten und eingeschmuggelten Besitztümer, mit denen die Häftlinge sich reich vorgekommen waren, häuften sich hier. Ich nahm einen Stock und suchte in dem Plunder nach etwas Eßbarem. Aber ich fand nichts. Es war Papier, überall Papier, es flatterte im Wind und wurde umgewendet wie die Blätter in einem Buch. Ich schaute hin: Haufen von gehortetem Lagergeld, wertlose blaue Markscheine und genauso wertlose rote Zweimarkscheine; eine Karte, die eine schwerfällige Handschrift bedeckte, rote Zensurvermerke und der Poststempel mit dem Namen irgendeines unbekannten polnischen Dorfes; Fetzen schmutzigen, bunten Pa-

piers, von der Hand irgendeines unbekannten Intellektuellen sorg-
fältig mit deutschen Buchstaben des alten Sütterlin Typus beschrie-
ben. Ich war neugierig, hob einen solchen kleinen Zettel auf und las:
»Wer nie sein Brot mit Tränen aß, wer nie die kummervollen Nächte
auf seinem Bette weinend saß, der kennt euch nicht, ihr himmlischen
Mächte.« Dann folgte ein Strich und darunter stand: »Kennt ihr das
Land, wo die Zitronen blühn, wo man statt Frauen Ziegen liebt ...«
War es ein Zitat oder ein Original? Ich wußte es nicht.*

Mein Herumstöbern war erfolglos geblieben, ich kehrte in unseren
Block zurück, wo man verhältnismäßig sicher war. Am nächsten
Morgen ging ich wieder los, diesmal in die Gemüsegärten. Das große,
von Stacheldraht umgebene Feld, das die SS mit Gemüse und Blumen
versorgte, wurde geplündert. Ein Dutzend waghalsiger Hungerleider,
darunter auch ich, hatte eine Öffnung in den Draht geschnitten und
war nun dabei, Spinatblätter zu rupfen. Ich stand gebückt, zog die
Stengel heraus und sammelte sie eifrig in einem Pappkarton, um mir
daraus eine großartige Salatmahlzeit zu bereiten.

Gelegentlich schaute ich auf. In den fernen Wäldern begann ein
Angriff von amerikanischen Sturzbombern, und es stiegen Säulen
von dichtem, schwarzen Rauch auf. Ich war so begeistert davon, daß
ich an nichts anderes dachte als an Amerikaner und Spinatblätter,
Spinatblätter und Amerikaner. So in meine Träume versunken,
hörte ich plötzlich Schüsse. Über das Feld kam ein SS-Mann gerannt
und schwang seine Pistole; das Ungeheuer wollte entweder seinen
Jagdinstinkt befriedigen oder nahm es übel, daß er seiner Spinat-
mahlzeit für die nächste Woche beraubt werden sollte. In panischem
Schrecken rannten wir über Stoppeln und Gräben zu dem Loch im
Zaun. Aber ich war zu schwach. Meine viel zu kleinen Schuhe
verletzten meine Zehen, ich humpelte und konnte nicht schnell
genug laufen. Ich versuchte ein letztes Mittel und warf den Pappkarton mit den kostbaren Blättern weg. Aber das war auch vergeblich. Der Feind kam näher und näher. Dann sauste ein Holzknüppel
auf mich herab. Instinktiv zog ich den Kopf ein und fing so den
Schlag mit dem linken Unterarm auf. »Stehenbleiben, du Arschge-

---

* Die ersten Verse stammen aus dem »Lied des Harfenspielers« in Goethes
»Wilhelm Meisters Lehrsjahre«; die folgenden sind eine Parodie auf das Gedicht
»Mignon« (ebenfalls in »Wilhelm Meisters Lehrjahre«).

sicht oder ich schieße«, schrie mein Angreifer und jagte seinem nächsten Opfer nach. Ich duckte mich, um eine weniger gute Zielscheibe abzugeben, und rannte wie ein verfolgtes Tier zum Zaun.

Als ich wieder im Block angelangt war, pflegte ich meinen zerschundenen und geschwollenen Arm. Es war eine völlige Niederlage. Wie hatte ich solch ein Narr sein können! Nach all diesen Jahren der Prüfung hatte ich mein Leben für ein paar Salatblätter aufs Spiel gesetzt. Ich war gerade noch einmal davongekommen. Trotzdem bedauerte ich, daß ich nun nicht zu meinem sehnsüchtig erwarteten Salat kam und daß ich den kostbaren Pappkarton verloren hatte.

Am nächsten Tag, dem 10. April, sollte auch unser Komplex evakuiert werden. Wir versteckten uns, wo wir konnten – im Hohlraum zwischen der Verschalung und Verkleidung der Barackenwand, im dunklen, muffigen und engen Raum unter dem Fußboden, unter und in den stickigen Strohsäcken, oder wir quetschten uns in irgendeine stinkende, mit Ungeziefer verseuchte Abwassergrube und weigerten uns, den Block zu verlassen. Bald wurden wir jedoch von der Lagerpolizei umzingelt. SS-Posten kamen mit ihren unvermeidlichen Peitschen und Revolvern in unsere Unterkunft gestürzt. Der Widerstand wurde gebrochen, und wir schleppten uns den Abhang hinauf zum Lagertor.

Im Hauptlager versuchte ich verzweifelt, den Ring der Lagerpolizei zu durchbrechen. »Sei vernünftig, Junge«, beruhigten mich die Männer, »die meisten anderen Insassen sind schon weg. Wir selber verlassen auch noch heute das Lager. Bis acht Uhr soll es geräumt sein. Nur die im Revier bleiben hier. Außerdem weißt du ja gar nicht, ob der letzte Transport, der Buchenwald verläßt, der sicherste ist. Also los, Kind, geh zu den anderen!«

Sie überredeten mich, zu der Gruppe zu gehen, die ein paar Meter vom Appellplatz entfernt, zwischen Block 3 und 9 wartete. Als ich mich auf dem Gehweg hinkauerte und auf die Dinge wartete, die da kommen sollten, zogen lange Kolonnen schweigender Lagerkameraden mit besorgten Gesichtern vorbei und marschierten zum Lagertor. Sie wußten, dahinter lag das Unbekannte. Nur ein sonnengebräunter Zigeunerjunge schien zuversichtlich zu sein. Eifrig marschierte er mitten unter den Kameraden, die viel größer waren als er, und rief uns zu, wir sollten uns ihm anschließen. »Worauf wartet ihr denn? Kommt doch mit mir. Ich bin ein Zigeuner und freue mich, ins Freie hinauszukommen, wo die Vögel singen. Es ist gut, in der Natur zu Hause zu sein. Lebt wohl, Kameraden, ich gehe jetzt in die Freiheit!«

Wir blieben zurück und warteten weiter. »Es sind nicht genug Posten da«, sagte einer von der Lagerpolizei. »Ihr kommt erst dran, wenn die zurück sind, die die vorhergehende Kolonne weggebracht haben.«

Dann begann die Sirene zu heulen. Für uns war das eine frohe Kunde. Der Verkehr auf den Straßen und Eisenbahnen mußte unterbrochen, die Evakuierung verschoben werden. Über unseren Köpfen brummte ein gebrechlich wirkendes amerikanisches Aufklärungsflugzeug. Die deutschen Flakgeschütze existierten schon lange nicht mehr, und das Flugzeug kam so niedrig, daß wir den Kopf des Piloten sehen konnten. Unruhig warteten wir, daß er etwas abwerfen würde – Waffen, Lebensmittel oder zumindest Flugblätter. Aber es geschah nichts. Alles, was er brachte, war Spannung und Erwartung.

Dann folgten Stunden voller Schweigen. Die Menschen saßen auf einstigen Gartenbeeten, im Schatten der angrenzenden Blocks. Jede Bewegung hatte aufgehört. Von den Posten war noch niemand zurückgekehrt.

Gegen Abend gab es immer noch nichts Neues. Es war noch keine Entwarnung gegeben. Als es dunkel wurde, kehrten wir langsam zurück in unsere Blocks. Weniger als die Hälfte meiner Stubenkameraden hatte es geschafft zurückzukehren. Alle waren verwirrt. Wir wußten nur, daß diese Nacht die Entscheidung bringen würde. Seit einer ganzen Woche hatten wir das schon gesagt und Abend für Abend gehofft, daß wir aufwachen und die Befreiung erleben würden. Aber diesmal kam sie wohl endgültig. Ob es für uns eine Zukunft gab oder nicht, die Entscheidung über unser Schicksal stand unmittelbar bevor. Da wir am Rande des Lagers untergebracht waren und die offene Ebene vor uns lag, entwickelte sich eine rege Diskussion darüber, daß wir hier leicht verletzt werden konnten. Die dünnen Holzbretter unserer Blocks boten überhaupt keinen Schutz. Wir blieben wach und stellten bis zum frühen Morgen Betrachtungen über Querschläger, Bomben und Granaten an. Dann übermannte mich der Schlaf.

Als wir erwachten, hatte sich noch nichts geändert. Es war Blocksperre und eine bedrückende Stille herrschte. Was drüben am Tor in den Verwaltungsgebäuden vor sich ging, blieb uns durch das Meer von Baracken, die das Hauptlager bildeten, verborgen. Seit zwanzig Stunden hatten wir keine Nachrichten mehr erhalten. Zwei Tage war es schon her, daß wir die letzten 300 Gramm Brot und den üblichen Löffel Kunsthonig erhalten hatten.

Gegen Mittag vernahmen wir ein Heulen, wie wir es noch nie vorher gehört hatten. Die Deutschen nannten es »Panzeralarm-Sirene«. Der Augenblick der Entscheidung war gekommen. Wir suchten das Tal unter uns ab. An der Peripherie des Waldes sahen wir eine Rotte Graumäntel mit Stahlhelmen laufen, SS-Posten, die sich mit Munitionskästen und Maschinengewehren zurückzogen. Etwas später konnten wir noch mehr davon erkennen, sie rannten noch schneller, aber waren nur gelegentlich mit einem Gewehr bewaffnet. Dann war die Gegend wieder ruhig und die Ungewißheit dauerte an. Ich baute auf die Kameraden, von denen man mir gesagt hatte: »Sie sind wachsam, auch wenn es niemand merkt.« Sollte ein Versuch unternommen werden, uns zu vernichten, dann würden sie handeln. Ihre Zahl würde zwar nicht ausreichen, fürchtete ich, aber ihr Widerstand um so heftiger sein. Wir waren nicht wehrlos. Wir würden kämpfen.

Es war zwischen drei und vier Uhr am 11. April 1945. Wir warteten voller Ungewißheit und noch nie dagewesener Spannung. Niemand sprach mehr. Einige Jungen lagen auf ihren Kojen und starrten die Decke an. Andere schauten durch die Risse in der Wand ins Tal hinab.

Plötzlich waren aus der Gegenrichtung, dem Hauptlager, Rufe zu hören. Sie wurden lauter und lauter. Wir stürzten hinaus, um nach der Ursache zu forschen: unser Lagerkomplex war so leblos wie zuvor. »Schau mal, das Tor!« schrie jemand. Ich sah auf und suchte das pyramidenförmige Dach des Hauptwachtturmes, der aus dem Hauptlager herausragte. Das faschistische schiefe Hakenkreuz war verschwunden. An dem symbolischen Fahnenmast flatterte etwas Weißes. Der Augenblick, nach dem wir uns so sehr gesehnt hatten, war gekommen: Die köstlich siegreiche Minute, auf die unsere deutschen Kameraden 4 453 Tage und Nächte gewartet hatten, war endlich da.

Es gab Tränen und Jubel. Eine weiße Fahne flatterte über Buchenwald. Aber es war nicht die Fahne unserer Kapitulation, es war eine Fahne des Sieges. Es war nicht der Sieg einer Armee, die über den Ozean hergekommen war, sondern ein selbsterkämpfter Sieg. Und es war kein militärischer Sieg. Es war ein weitreichender Sieg – unser Sieg.

Teil III

Eine neue Welt

Eine neue Welt

Stolz wehte über dem Haupttor eines der wenigen Bettlaken aus dem Krankenhaus – ein zerschlissener weißer Lappen, der jahrelang den Häftlingen in den elenden Krankenkojen gedient und nun noch historische Bedeutung erlangt hatte. Buchenwald war frei. Sobald wir die amerikanischen Panzer erspäht hatten, waren wir auf die Wachttürme gestürmt und hatten uns selbst befreit. Die Alliierten verfolgten die Überreste der Wehrmacht und hatten uns umgangen, aber wir lagen in Bereitschaft. »Die Kameraden, die wachsam sind, auch wenn es niemand merkt«, hatten schnell, besonnen und wirksam gehandelt. Während wir in unseren abgeschlossenen Unterkünften gewartet und gespannt die Minuten der Furcht und Ungewißheit gezählt hatten, waren sie darangegangen, den Draht zu zerschneiden. Die ersten, die in die Freiheit ausbrachen, waren bewaffnet; einige Kühne schwärmten aus, um den Feind aufzuspüren. Dann folgten Kriminelle, Verräter und Spitzel, sie suchten verzweifelt nach weit abgelegenen Verstecken.

Als wir wenigen, die wir am Vortage soeben noch der Evakuierung entronnen waren, uns zum Schlafen hinlegten, umgab uns der tröstliche Luxus der Sicherheit. Die Zeit, in der wir hilflose Opfer von Repressalien gewesen waren, war vorbei. Wir trafen Vorkehrungen, um unsere Freiheit selbst zu beschützen. Bewaffnete Kameraden standen als Posten in den Straßen, Wachttürmen, Unterständen, ehemaligen SS-Kasernen und den umliegenden Wäldern.

Als wir am Morgen in Freiheit aufwachten, war es, als seien wir neu geboren. Ich hatte dieses Gefühl der Unabhängigkeit nie zuvor erlebt und kannte auch die Freiheit gar nicht. Für uns Jungen begann jetzt etwas völlig Neues – ein neues Leben, eine neue Welt, eine neue Ära.

Die alten Ketten waren zerbrochen. Früher oder später mußten wir unsere verlorenen Angehörigen vergessen und zu guten Bürgern heranwachsen. Die neuen Aufgaben, die auf uns warteten, mußten wir mit derselben Entschlossenheit lösen, mit der es uns gelungen war, am Leben zu bleiben. Unsere polnischen, russischen und tschechischen Kameraden würden nach Hause zurückkehren, um zu beweisen: Wenn es einen totalen Krieg gibt, dann gibt es auch einen totalen Wiederaufbau. Viele der jüdischen Jungen würden in ihre historische Heimat Palästina ziehen und dort zeigen, daß Wüsten bewohnbar gemacht werden können. »Die Welt kann nicht den gesamten Bedarf an Nahrung, Obdach und Glück seiner sich ständig vermehrenden Bevölkerung decken«, hatte man mir einst in der Schule erzählt. Aber die Vergangenheit und alles, was sie vertreten hatte, war in Schande zusammengebrochen. Gemeinsam mit der Jugend der Welt wollten wir helfen, diese Theorie zu widerlegen. Um das zu erreichen, mußten wir zusammenarbeiten und uns an unsere gemeinsamen Leiden erinnern. Schließlich hatten wir die Zeit in den Konzentrationslagern nicht als Einzelwesen verbracht, sondern als der unerwünschte und vergessene Teil der Jugend. Millionen unserer jüdischen Kameraden hatten diesen erbitterten Kampf um das Überleben, der nun für uns vorüber war, gar nicht erst aufnehmen dürfen. Sie waren ermordet worden – auf grausamste Weise und in Massen –, noch bevor sie ihre Situation überhaupt begreifen konnten. Tausende von Jungen, die unsere Lagerkameraden, Blockfreunde, Stubengefährten gewesen waren oder mit denen wir sogar unsere Koje geteilt hatten, waren zugrundegegangen, ihnen tat es leid, daß sie überhaupt geboren worden waren, und sie starben mit Enttäuschung und Zorn im Herzen. Sie kamen aus ganz Europa, manche sogar aus Asien, mit vielen unterschiedlichen Überzeugungen und Gefühlen. Aber sie waren ein Teil von uns geworden. In unserem Andenken lebten sie weiter, und was sie zu sagen hatten, das mußten wir jetzt sagen. Das war ein Grund mehr, uns zusammenzuschließen. Wenn wir zuversichtlich und entschlossen waren, dann mußten wir auch Erfolg haben.

Die Sonne stand schon hoch am Himmel. Ich hatte lange genug geschlafen. Lange genug hatte ich über die Zukunft nachgedacht. Jetzt mußte ich die Gegenwart sehen. Meine Beine waren noch nicht viel kräftiger, aber ich schleppte mich hinaus ins Lager. Alte Menschen sagen, das Alter krieche in sie hinein. Mir erging es genau umgekehrt. Schwachheit und Gebrechlichkeit krochen heraus. Bald würde ich wieder beweglich und jung sein.

Das Lager war betriebsam wie ein Ameisenhaufen. Jeder wollte jeden und alles sehen. Abteilungen stolzer ehemaliger Häftlinge erhielten neue Gewehre und wurden ausgebildet. Das war unsere selbst ausgerüstete, selbst geplante und selbst organisierte Armee – alle in blau-weißer Häftlingskleidung. Kein Wunder, daß wir Jungen alle, die dazugehörten, beneideten.

Am Nachmittag schwebte ein Beobachtungsflugzeug über unsere Unterkunft. Es trug amerikanische Erkennungszeichen, aber trotzdem betrachteten wir es mißtrauisch. Wir wußten genug über die Schliche der Nazis. Die Posten luden ihre Gewehre und richteten sie gen Himmel. Dann schwenkte der Pilot die Tragflächen. »Er grüßte uns«, rief jemand in wilder Begeisterung. »Es ist ein Amerikaner, ein wirklicher Amerikaner!«

Abends kam eine Abteilung amerikanischer Infanterie an. Der erste Ami, der das Lager betreten hatte, wurde auf den Schultern überall herumgetragen, erzählte man sich. Die Menschen riefen, sangen und schrien. Ich schob mich durch die Menge. Dort hinten bewegte sich ruckweise in einem Meer blau-weißer, gestreifter Häftlingsmützen ein eiförmiger brauner Stahlhelm und gleich daneben ein ebenso braunes Paar Marschstiefel. Der Amerikaner! Endlich hatte ich ihn entdeckt. Ich schrie mit. Er auch. Vielleicht taten sie ihm auch weh. Vielleicht wurde ihm schwindlig. Aber jetzt gehörte er uns: Wir freuten uns, daß er in unser Gebrüll einstimmte.

Die Tage gingen dahin, und unser Essen wurde immer reichlicher. Der Übergang von 300 Gramm trockenem Brot auf unbeschränkte Mengen Gulaschsuppe war zu schnell. Er brachte Durchfall mit sich, unkontrollierbaren, unbarmherzigen Durchfall. Der stockende braune Teich in der Latrinengrube drohte überzulaufen. Alles ringsum – auch die Fußwege, die zu den Blocks führten – war verdreckt und klebte von dem Zeug, das die Gedärme eines Hungerleiders aus dem gewärmten ungarischen Büchsenfleisch machten.

Die Latrinenwärter, deren Arbeit einst einen sehr begehrten Extraliter wäßriger Lagersuppe eingebracht hatte, hatten nicht mehr das geringste Interesse an ihrem Beruf. Auch sonst wollte niemand den stinkenden Schlamm seiner traditionellen Bestimmung zuführen: als Dung für das Gemüse zu dienen, das dann hundertprozentig arische Übermenschen verschlingen, deren Reinheit durch zwei uralt-teutonische S an der Uniform verbürgt wird. Alles, was wir jetzt tun konnten war, nach Freiwilligen zu fragen. Das taten wir dann auch, sie meldeten sich und das erste, vielleicht etwas unpassende Problem, das die Freiheit uns gestellt hatte, war gelöst.

Wer sich kräftig genug fühlte, durchstreifte die ländliche Gegend und nach ein paar Tagen Ruhe machte auch ich mich frühmorgens auf, um mich den Wandernden anzuschließen. Auf dem staubigen Weg zum nächsten Dorf, unserer kürzesten Ausflugsstrecke, bewegten sich langsam viele ehemalige Häftlinge. Wir waren in bester Stimmung, Frühlingsduft erfüllte die Luft, und die Felder waren grün und feucht vom Tau. Es gab so vieles, was ich unternehmen wollte, aber noch war ich zu schwach. Ich humpelte nur dahin wie ein alter Pilger.

Als wir das vielversprochene Ziel, den Dorfplatz, erreicht hatten, stürzten wir uns auf die Pumpe, hielten den Kopf darunter, kühlten uns ab und bewunderten dann die Ornamente an dem alten, gußeisernen Abflußrohr. Unter Beifallsstürmen zogen einige sich aus und sprangen in den Teich. »Wenn ein Frau auftaucht«, schrien sie, bevor sie sich wie die Enten hineinstürzten, den Kopf nach unten, das Hinterteil oben, »dann sagt, wir sind Enten!« – »Und was sagen wir den Enten?« »Die? Sollen sich braten lassen.« Die traditionellen Teichbewohner waren allerdings nirgends zu sehen. Vielleicht hatte die groteske Verkörperung ihrer Nachfolger sie in Schrecken versetzt. Vielleicht hatten sie auch schon ihren kalten Teich mit einer heißen Pfanne vertauscht.

Da ich keine geeigneten Gefährten hatte, schlenderte ich allein los. Neugierig zu sein und die Umwelt zu beobachten, war ja schon immer mein Steckenpferd gewesen und jetzt, da wir befreit waren, konnte ich mich ganz darauf konzentrieren, ohne dabei gestört zu werden.

Ich entdeckte, daß die Landbevölkerung Angst hatte. Sie beklagte sich darüber, daß wir sie mißhandelten. Wenn die Leute damit meinten, daß Eier, Milch, Butter und Kartoffeln beschlagnahmt wurden, dann hatten sie recht. Um die vielen Kranken bei uns zu ernähren, brauchte die Lagerküche dringend diese frischen Landprodukte. Wir mußten sie beschaffen, selbst unter Anwendung von Drohungen. Zugegeben, es war wohl zu Ausschreitungen gegen die deutsche Bevölkerung der Umgebung gekommen, aber von Mord war mir nichts bekannt geworden. Leichen waren in Buchenwald zu sehen. Auch jetzt starben die Überlebenden noch an Seuchen, Erschöpfung und Unterernährung.

Unten, auf einem verlassenen Dorfweg kam eine alte, mürrische Frau mit einem Eimer Wasser daher, der viel zu groß und schwer für sie war. Ich war entschlossen, die Gelegenheit zu nutzen, um jetzt selbst auf solche Ausschreitungen auszugehen. »Sagen Sie«, sprach ich sie etwas naiv an, »wo sind hier Eier zu bekommen?« – »Da kommen Sie zu spät, die sind schon alle weggestohlen. Mit ihnen kann man ja reden, Sie sind ja selbst Deutscher.« Über ihre unerwartet freimütige Antwort war ich so erstaunt, daß ich augenblicklich meine Absicht, Eier zu erwerben, vergaß. »Sie« hatte sie zu mir gesagt. Als ich Deutschland verlassen und in die Welt des Stacheldrahtes einziehen mußte, war ich nur »Du« gewesen, ein Kind. Jetzt war ich »Sie«, ein Mann. Darüber hinaus schenkte sie mir Vertrauen, weil sie glaubte, einen Landsmann vor sich zu sehen.

»Nein«, sagte ich bestimmt, »ich bin kein Deutscher, ich komme aus Buchenwald.« – »Ja, Sie sehen aber vertrauenswürdig aus. Sagen Sie, warum behandelt man uns hier so schrecklich? Was haben wir einfachen Menschen vom Lande denn getan, daß wir das verdient haben?« – »Nichts. Sie haben überhaupt nichts getan. Acht Jahre lang haben Sie neben Buchenwald gelebt und nur zugesehen.« – »Aber eine alte Frau, wie ich, hätte doch sowieso nichts machen können. Ich kann kaum noch Wasser tragen. Die ganze Familie hat mich verlassen. Die Schweine, Ziegen, Hühner, alles hat man mir gestohlen. Die SS, die Amerikaner und ihre Leute, alle haben nur geplündert.«

Beschwerden über alles und jedes hagelten auf mich herab. Sie hatte ganz vergessen, daß es ihre Kinder gewesen waren, die den Anlaß dazu gegeben hatten. Vor mir stand ein häßliches Scheusal, das sich in seiner Hilflosigkeit selbst nicht erkannte. Ich mußte machen, daß ich wegkam.

»Na gut«, fiel ich ihr ins Wort, »ich habe es eilig. Geben Sie mir den Eimer, ich werde ihn für Sie nach Hause tragen.« – »Danke, danke, Sie sind sehr anständig. Haben Sie Lust, heute Abend zu uns zu kommen? Es wird auch eine Freundin von mir da sein, eine junge Frau, die sich sicher für Sie interessieren wird.«

»Nein, danke.« Für heute hatte ich genug von den Dorfbewohnern. Ich trug ihr den Eimer bis vor das von Efeu umrankte Häuschen, stellte ihn an dem verfallenen Gartentor ab und ging.

Später traf ich einen ehemaligen deutschen Häftling, der auch auf der Suche nach diesem oder jenem war. »Es ist widerlich«, sagte er, »das ganze Dorf bestürmt mich mit Beschwerden. Die Leute sind der Meinung, ich als ihr Landsmann sollte mich für sie einsetzen. Zugegeben, ich bin ihr Landsmann. Aber sie vergessen alle, daß ich als Deutscher viel mehr über Buchenwald und die Nazis weiß als die ausländischen Kameraden, über die sie sich beschweren. Ja, auch wenn ihr Stöhnen nicht so übertrieben und so bedeutungslos wäre, könnte ich mit nicht dazu durchringen, ihnen zu helfen. Ich denke an 1933 und erinnere mich gut, wie diese Leute damals geredet haben. Es ist nur schade, daß das hier alles verängstigte, unbedeutende kleine Bauern sind; denn alle Bedeutenderen und die, die eine höhere Stellung hatten, sind geflohen. Da kannst dich darauf verlassen, sie wußten warum. Nur über Buchenwald wußten sie alle nichts, diese Schufte«.

Auf meinem Rückweg entdeckte ich auf einem Feld eine Gruppe aufgeregter Russen und Polen. Ich war neugierig und ging auf sie zu. »Zum Teufel, was ist hier los?« Auf dem Boden zwischen ihnen lag ein Mann. Was er am Leibe trug, war einmal eine Uniform gewesen. »Dolmetscher, komm her Junge, übersetz hier mal für uns!« Das zusammengekauerte, schmutzige Abbild eines Mannes zitterte vor Angst und winselte: »Italiano, Italiano kaputt, kaputt!« Er behauptete, kein Wort Deutsch zu verstehen. Aber als er hörte, daß ich deutsch sprach, zerrte er an seiner verrissenen Brusttasche herum und jammerte: »Documento, documento.« Ein schmutziges, von Schweiß feuchtes Armeesoldbuch wurde mir übergeben. Es stammte von einer deutschen Hilfseinheit, als Nationalität war »Italiener« angegeben. Ich sagte ihm, er befinde sich auf dem Gebiet von Buchenwald, das vor der Ankunft der Hauptstreitkräfte der amerikanischen Armee von uns selbst verwaltet worden sei, und er sei verhaftet, damit seine Anwesenheit hier überprüft werden könne. Er schien aber wenig von dem zu verstehen, was ich ihm zu erklären versuchte.

Als wir ihn mitnahmen, begann er, sein deutsch-italienisches Kauderwelsch in einer neuen Version zu jammern. »Italiano nix tun, Italiano kaputt, nix tun.« Das konnte entweder bedeuten, daß er selbst nichts getan hatte, oder aber, daß wir ihm nichts tun sollten. Daß er jetzt kein stolzer Verbündeter der Nazis mehr war, sondern »kaputt«, war offensichtlich.

Als er nach der Ankunft im Lager von zwei bewaffneten Eskorten in Häftlingskleidung abgeführt wurde, fiel er fast in Ohnmacht. Normalerweise hätte er es vielleicht verdient, wie jedes andere faschistische Schwein aufgespießt zu werden. Aber wir waren ja jetzt die stolzen Sieger und die jungen begeisterten Posten mit ihren aufgepflanzten Bajonetten besaßen soldatische Disziplin. So sperrten sie ihn nur in einen Käfig aus Stacheldraht zu den Offizieren, SS-Leuten und Nazibeamten, die im Verlauf der Gefechte oder als sie noch gar nichts von ihrer Niederlage gewußt hatten in ihren Verstecken aufgegriffen worden waren. Wenn seine Liebe und Bewunderung für das Militär so groß war wie die seiner deutschen Kollegen, dann mochte es ihm dort sogar gefallen.

Von unseren französischen Kameraden, denen ihre Regierung Autobusse und Flugzeuge schickte, kehrten die ersten bereits nach Hause zurück. Wir anderen wurden in die früheren SS-Kasernen oder ins Hauptlager verlegt. Ich kam nach Block 29, dem Block der »deutschen Politischen«. Er gehörte zu den ältesten Baracken im Lager und war jetzt so eine Art Hotel geworden. Seine Bewohner, lauter Veteranen, einige Lagerprominente, andere bekannte Persönlichkeiten aus der Zeit vor 1933, waren die meiste Zeit nicht anwesend, sie hielten sich in den Verwaltungsbüros auf oder hatten außerhalb des Lagers zu tun.

Zu unserem neuerworbenen Komfort gehörten Schränke, gute, saubere Decken, Bücher, Stapel von Nachrichtenblättern aus dem S.H.A.E.F. (Supreme Headquarters Allied Expeditionary Force –

Oberstes Hauptquartier der Alliierten Expeditionsstreitkräfte –
d.Ü.) und wunderbar nützliche 100-Watt-Glühbirnen.

Wenn meine Blockkameraden zum Abendbrot hereinkamen,
dann wünschten sie hauptsächlich eine Unterhaltung unter sich.
Es war nur natürlich, daß sie nach all diesen Jahren der Furcht
und Unterdrückung ihre Stimmen frei und offen hören wollten.
Sie enthüllten mir so manche interessante Tatsache. Ich erfuhr,
daß der Kopf des Buchenwalder Widerstandes ein sogenanntes
internationales Lagerkomitee gewesen war. Seine Mitglieder aus
der Zeit vor der Befreiung waren hauptsächlich deutsche und
französische Linke, die in der Organisierung der Untergrundtaktik
Erfahrung hatten. Das geheime Arsenal bestand aus einigen Ge-
wehren und Pistolen, Gasmasken und Ferngläsern. Aber in dem
Augenblick, in dem die berühmte weiße Flagge gehißt worden war,
war unsere Streitmacht mit Maschinengewehren und Mörsern
ausgerüstet worden. Jetzt war das Komitee die oberste Lagerbe-
hörde. Seine Führung setzte sich aus allen Nationalitäten zusammen. Die Zahl seiner bewaffneten Kräfte ging in die Hunderte. Wir
durchstreiften die Umgebung, um ehemalige SS-Leute aufzugrei-
fen und versteckte Vorratslager der Nazis zu suchen. Lastwagen
fuhren, um Nachschub für die Lagerküche zu beschaffen, bis nach
Erfurt und Jena. Die Bevölkerung machte uns – offenbar nicht nur
aus politischen Gründen – nicht gern auf die sorgfältig verborgen
gehaltenen Vorratslager aufmerksam, aber wir durchsuchten die
Wälder und Keller, bis wir sie fanden; es war eine ganze Kette.
Eine Höhle, deren Vorhandensein den Einheimischen tatsächlich
nicht bekannt gewesen sein konnte, enthielt aus Frankreich erbeu-
tete Weine. Eine andere war vollgepackt mit ungarischen Hühnern
in Büchsen.

Es hieß, im Krankenbau, der nun von den Amerikanern übernommen worden war, gäbe es Milchnudelsuppe. Ich war auf Milch
erpicht und aß süße Sachen gern. Außerdem begeisterte mich die
Vorstellung, Soldaten aus Übersee zu sehen. Damit ich ja nichts
verpaßte, ging ich am nächsten Tag zeitig hinunter zu den Krankenblocks. Ich freute mich darüber, daß ich schneller laufen konnte
als meine Kameraden, denn das war ein Zeichen dafür, daß ich
wieder gesund wurde. Ich begab mich zur Revierküche und setzte
mich auf den Gehweg, um zu warten.

»Du kommst zu früh«, begann vor mir jemand klug zu reden. »Die kommen nicht hier vor acht zur Arbeit, bringen die Milch nicht vor halb neun und fangen mit dem Kochen erst um halb zehn an. Wenn sie um zehn fertig sind, dann haben wir Glück. Ich weiß das aus Erfahrung«. – »Aber, laß man Junge, es lohnt sich schon«, ließ sich ein anderer vernehmen, dem eine vollständige Glatze und Zahnlükken eine vielleicht ungebührliche Würde des Alters verliehen, »sie wird mit Butter gemacht, weißt du. Und sie ist eigentlich nur für die Kranken bestimmt.«

Aus lauter Langeweile richtete ich meinen Blick auf das Reviertor, durch das alles, was die Eintönigkeit unterbrechen konnte, kommen mußte. Ich betrachtete eingehend den einsamen amerikanischen Posten, als sei ich sein Vorgesetzter – seine Schnürschuhe, die Hosenbeine, die unten durch ein Band zusammengehalten waren, den etwas verrutschten Munitionsgurt, das flatternde braune Soldatenhemd, sein fröhliches Gesicht und den eiförmigen Helm, der genauso fröhlich aussah. Dann hörte ich das Geräusch von Motoren. Auf der Lagerstraße kamen, in Staubwolken gehüllt, einige Armeekrankenwagen angerast. »Da kommen sie ja«, rief derjenige, der alles schon vorher gewußt hatte, »jetzt ist es acht. In einer halben Stunde bringen sie die Milchkannen.« Die Wache, die so träge und gleichgültig ausgesehen hatte, ging in Achtungstellung und grüßte. Im Krankenbau wurde es lebendig.

Später sah ich in weißen Kitteln die Ärzte, die amerikanisch sprachen, und weitere Krankenwagen. Auf dem einen befand sich jemand, der den Weg zeigte – irgendwie kam er mir bekannt vor. Er war ein kräftiger Bursche, hatte eine schlaffe Haut und trug eine Brille. Du meine Güte! Das war ja der Doktor der Kriminalistik, der Berliner, über den ich mir in den Auschwitzer Tagen von 1944 so den Kopf zerbrochen hatte, weil er so klug und hilflos zugleich gewesen war. »Dr. Auerbach!« rief ich. »Dr. Auerbach!« Das Krankenauto hielt an. »Was schreien Sie denn so? Was wollen Sie von mir?« – »Erkennen Sie mich nicht mehr, Auerbach? Wir waren zusammen in Auschwitz, zusammen mit Gert, dem kessen Gert. Erinnern Sie sich nicht mehr, wie Sie dort ankamen? Als wir uns jeden Abend mit Ihnen über das Lagerleben unterhielten?« – »Nein, ich erinnere mich nicht. Drriffe on.«

Das Auto fuhr davon. Ja, jetzt konnte ich ihn mir gut vorstellen, den Doktor der Kriminalistik, wie er 1943 auf einem Auto gestanden hatte, das statt staubig braun-grün poliert gewesen war und dessen Fahrer den funkelnden Spitzhelm der Berliner Polizei statt des lustigen runden der amerikanischen Armee getragen hatte. An Stelle der roten Kreuze waren damals Hakenkreuze daran gewesen. Kein Wunder, daß der Herr Doktor sich nicht gern an die Vergangenheit erinnerte, an die dunklen Tage von Auschwitz, als die Krematorien am Horizont drohten, an die Abende, als er mir von seinen Heldentaten als Polizeispitzel erzählt hatte.

Aber vielleicht hatte ich mich auch geirrt. Ich fragte jemanden nach dem Namen des dicken, betriebsamen Burschen. »Das ist Auerbach«, erklärte man mir, »Dr. Auerbach, Verbindungsoffizier zum amerikanischen Sanitätskorps«.

Die Zeit verging. Die Bezirksverwaltung war von den Amerikanern übernommen, die Buchenwald-Armee entwaffnet worden. Verschiedene alliierte Missionen kamen an, um die Schrecken der deutschen Konzentrationslager zu untersuchen. Sie besuchten die Krematorien, sahen die Stapel bläulicher, ausgezehrter Körper, besichtigten die Laboratorien, in denen man die Häftlinge skalpiert hatte, um aus ihrer Haut Lampenschirme anzufertigen, und in denen sie enthauptet worden waren, um Schrumpfköpfe herzustellen, lernten den Mechanismus der Gaskammern kennen und bekamen eine Meßlatte mit einem verstellbaren Loch zu sehen, die dazu gedient hatte, nichtsahnenden »Kriegsgefangenen« während der ärztlichen Untersuchung den Genickschuß zu geben. Den Damen und Herren der Delegationen muß dabei sehr unbehaglich zu Mute gewesen sein. Sie waren gekommen, als die Schlacht vorüber und gewonnen war. Jetzt wurde ihr ganzes Konzept der westlichen Zivilisation herausgefordert.

Wo waren alle diese eifrigen Menschenfreunde gewesen, als Buchenwald im Jahre 1937 eröffnet worden war? Sogar in unserem Endkampf, acht Jahre später, war uns keine wirksame Hilfe zuteil geworden, denn unsere wohlwollenden Besucher hatten sich offenbar auf ihre deutschen Kollegen verlassen. Sie hatten zwölf Jahre gebraucht, um die Wirklichkeit der Konzentrationslager zu begreifen, und vier Jahre, um sich Hitlers Ausrottungspolitik während des

Krieges zu vergegenwärtigen. Würden sie in ihrem ganzen Leben die Veränderungen begreifen, die in uns und in der Welt seitdem vorgegangen waren?

Die Amerikaner veranlaßten auch, daß die deutsche Bevölkerung der Umgebung zu Besichtigungen kam. Die Menschen wurden in Weimar und anderen Städten zusammengeführt, auf Lastwagen geladen, mußten auf dem ehemaligen Appellplatz antreten und hörten die Erklärungen eines Offiziers, dessen Stimme durch einen Lautsprecher verstärkt wurde. Dann folgten die Leute dem Lautsprecherwagen durch das Lager und zogen an unseren schäbigen Baracken vorbei, als befänden sie sich auf einer Wallfahrt oder einem Begräbnis. Manche sahen sogar aus, als sei es für sie ein angenehmer Ausflug aufs Land. Einige Mädchen in kurzen Kleidern kicherten. Sie sind zu jung, um bösartig zu sein, dachte ich bei mir, ihnen fehlt nur das Taktgefühl. Was mich ärgerte, waren die Polizei- und Eisenbahneruniformen der Hitlerzeit. Wenn die Abneigung gegen Dinge, die an die Nazis erinnerten, wirklich ihren Berufsstolz übertroffen hätte, hätten sie sie abgelegt. Aber sie hatten es nicht einmal für nötig befunden, die Hakenkreuzzeichen unkenntlich zu machen.

Wir hielten nichts von diesen Führungen, und als einige von uns, die sie als Beleidigung auffaßten, mit Tätlichkeiten drohten, wurden sie eingestellt.

Unsere angenehmsten Besucher waren amerikanische Soldaten, die zu uns kamen, wenn sie Ausgang hatten. Sie erschienen in Massen – jung, offen, fröhlich und gesprächig. Ihre Taschen waren ausgebeutelt wie bei einer Känguruhmutter. Die großen, braungekleideten Yankees waren mit Kaugummi, Schokolade, Zigarren, Zigaretten, Kameras und Blitzlichtern beladen und zeigten sich äußerst großzügig.

Mit ihren funkelnden Kameras überfielen sie uns in unseren Schlafquartieren. »Habt ihr was dagegen, Jungs? Nur einen kleinen Schnappschuß für unsere Leute zu Hause.« – »Aber mit Vernügen!« Wir stellten uns auf, Arm in Arm, und lächelten.

»Kaugummi?« flüsterte ein älterer Insasse, dessen Bettelei und Vorliebe für das Kauen unverbesserlich waren. Scherzend zerrte einer unserer Besucher an seiner Hemdtasche, nahm einen Streifen Kaugummi heraus, biß die Hälfte davon ab und bot ihm die andere an. Aber wir waren zu beschäftigt, um darüber zu lachen. Die Stube dröhnte von unseren Unterhaltungen über die Front, die Heimat jenseits des Ozeans, die Alliierten, die Nazis und die Konzentrationslager.

»Wir müssen jetzt gehen«, rief ein Soldat, der eine sonderbare Kombination von schrägen und gebogenen Streifen auf seinem Hemdsärmel hatte. »Wer ist für diese Stube verantwortlich?« – »Ich«, sagte ein deutscher Intellektueller, der etwas schwächlich aussah. Sein Eifer, in einer Ecke zu sitzen und langentbehrte Bücher zu lesen, hatte ihm kürzlich eingebracht, zum Stubenschutz ernannt zu werden und mit dem Austeilen der Suppe und dem Ausfegen der Stube betraut zu werden. »O.K. Boys, leert alles aus.« Auf den Tisch flogen Schokolade, Kaugummi und Zigaretten. Dann steckten sie unserem Stubendienst ein Bündel Zigarren in die Brusttasche. »Das ist für dich persönlich, fürs Aufpassen, daß jeder sein Teil bekommt.«

Einst unbekannt und vergessen, schien Buchenwald zum Nabel der Welt geworden zu sein. Es war unsere Welt, eine neue Welt. Alles war so interessant, daß uns die Tage viel zu kurz waren. Wir nahmen mit anderen befreiten Konzentrationslagern Verbindung auf, luden Frauen ein, dachten daran, in Weimar Arbeit anzunehmen, und bereiteten uns darauf vor, in die Heimat zurückzukehren. Über uns dröhnten Tag und Nacht lange Verbände amerikanischer Flugzeuge, die das Ende Hitlerdeutschlands beschleunigten.

In unserem Block saßen Lagerveteranen in ihren Stuben eingeschlossen und schrieben Berichte über die Naziverbrechen. Ein Großteil der Einzelheiten, die sie gesammelt hatten, war mir neu. Ich erfuhr, daß die Bevölkerung von Buchenwald einmal größer gewesen war als die von Weimar. Die Zahl der Überlebenden betrug 20 000. Seit 1937 waren in Buchenwald selbst 51 000 Menschen gestorben. Weitere 15 000 Kameraden waren in den Nebenlagern umgekommen. Die Transporte, die am Tage vor der Befreiung abgerückt waren, hatte man gesteinigt, erschossen und niedergemetzelt. Als wir bereits die Verwaltungsbüros besetzt hatten, war noch ein Telefonanruf aus Weimar für den SS-Kommandanten angekommen: Die angeforderten Flammenwerfer seien da und warteten auf den Abtransport.

Wir wollten nicht vergessen. Im Gegenteil, wir fühlten uns verpflichtet, das aufzuzeichnen, was wir erlebt hatten. Auch ich war von diesem Wunsch beseelt. Wenn wir, die wir alles am eigenen Leibe erfahren hatten, nicht die bittere Wahrheit ans Tageslicht brachten, dann würden die Menschen einfach nicht glauben, welche Ungeheuer die Nazis waren. Ich bat meine erwachsenen Kollegen um Bleistift und Papier. Mit einem Stapel herumliegender Fragebogen, die noch das Hakenkreuz der »Nationalsozialistischen Deutschen Arbeiterpartei« trugen, und ein paar Buntstiftstummeln bewaffnet, ging ich daran, das Leben im Lager aufzuzeichnen. Bilder vergangener Tage wurden wieder lebendig, der endlose Stacheldraht, die Arbeit, die Appelle, der Winter, die Aufstände, die Galgen, die Evakuierung, die »Katuschas«. Eines Tages würden sie mir ein Andenken sein.

Der Buchenwalder Kinosaal war wieder überfüllt. Gewöhnlich sah man sich hier die glitzernden amerikanischen Farbfilme an, die voller unverständlicher Worte und fremder Ansichten waren. Aber eines Tages kamen wir zu etwas ganz anderem zusammen. Es wurde ein jüdischer Gedächtnisgottesdienst abgehalten. Ein amerikanischer Armeegeistlicher, ein Rabbiner aus dem fernen Brooklyn, verteilte kleine Gebetbücher im Taschenformat. Zu jeder Seite des improvisierten Altars standen lange weiße Kerzen, dahinter braununiformierte jüdische amerikanische Soldaten. Gedankenvoll und tief bewegt versammelten sich die Überlebenden des europäischen Judentums im Saal. Viele hatten ihr historisches Erbe schon fast vergessen. Aber dies war ein Tag des Gedenkens. Wir alle wollten die Menschen grüßen – und ihnen danken –, die für unsere Befreiung gekämpft hatten. Wir alle hatten für verlorene Angehörige zu beten.

Als wieder regelmäßiger Zugverkehr herrschte, machten wir uns sofort auf, um Weimar kennenzulernen. Wenn wir, wie jeder andere freie Mensch die Bürgersteige der Stadt entlanggingen, kam ein so stolzes Gefühl in uns auf, daß nur wenige darauf verzichteten. Tag für Tag standen wir früh am Morgen auf, eilten zum Bahnhof, stürzten auf die Wagen der Kleinbahn, zwängten uns in die stickigen überfüllten Abteile und rollten in die Stadt: die Glücklichen in den Abteilen sangen, die Zuspätgekommenen standen auf den Trittbrettern und klammerten sich fest oder balancierten auf den Dächern.

Nach der Ankunft gingen wir zuerst zu der Hauptkartenstelle, die einige Kilometer entfernt war. Wir stellten uns dort an, ließen uns registrieren und erhielten Lebensmittelkarten und einen kleinen Geldbetrag. Dann wurde ein Bummel gemacht, und später traf man sich in irgendeinem Restaurant, Park oder Bordell wieder.

Ich hatte mich vor einem großen, verlassenen Gebäude an einem ebenso verlassenen Platz irgendwo zwischen Stadtzentrum und Bahnhof niedergelassen. Lange Reihen weißer, gerillter Säulen starrten mich an. Manche waren mit nüchternen, unfreundlichen Balken bedeckt, einige standen völlig kahl da. Andere waren nur zu drei Vierteln, zur Hälfte oder zu einem Viertel fertig. Es sah aus wie der Umriß der Akropolis, die ich einmal in einem Geschichtsbuch eines älteren Freundes gesehen hatte. Vielleicht handelte es ich um eine der von Hitler geplanten riesigen Gedächtnishallen.

Aus einem nahegelegenen Armeelautsprecher drang wilde, pakkende Jazzmusik an mein Ohr. Ich sah mich nach etwas um, womit ich mir ein wenig Taschengeld verdienen konnte, das ich dringend benötigte, ich dachte an eine Säge, einen Hammer, einen Meißel oder etwas Ähnliches. Auf einem Sockel im Hofe des Steinmetzen entdeckte ich zu meiner Überraschung eine schwärzliche Kugel, die sich als ein bronzener Hitlerkopf erwies. Als ich ihn jedoch näher untersuchen wollte, wurde ich plötzlich von einer tiefen, amerikanischen Baßstimme daran gehindert: »Weg da, Kind!« – Ich fuhr zusammen und drehte mich um. Auf einem anderen Sockel saß ein riesiger Neger, in Uniform, mit einer platten Nase. »Geh zurück auf die Straße.«

Als ich auf den Bürgersteig zurückgekehrt war, richtete ich meine Aufmerksamkeit von dem glattgekämmten metallenen Hitlerkopf auf den kraushaarigen fleischigen Kopf seines selbsternannten Wächters. Solche Leute hatte ich bisher nur im Zirkus gesehen. Er bewegte seinen Körper im Rhythmus der melodischen Jazzklänge und sang murmelnd so etwas wie »... liebe mein Baby«.

Komisch, dachte ich und sah, wie er eine Kugel in seinen Revolver steckte, zielte und feuerte. Der Hitlerkopf stürzte herunter und schlug auf eine Steinplatte auf. Der Krauskopf lachte schallend. Dann wischte er sich den Schweiß, kicherte und ging zum Sockel. Er hob den Bronzekopf auf, setzte ihn wieder auf den Thron und lud wieder.

Die engen Straßen von Weimar sahen verschlafen aus. Das Goethehaus lag auch in Ruinen. Die Schulkinder trieben sich in den

Parks herum. Die bessergestellten Bewohner der Stadt, die verkapp-
ten, arbeitslosen Nazis, Hochstapler und Verbrecher saßen in den
Kaffees und Restaurants. Manche, denen das Gewissen besonders
schlug, verkleideten sich als befreite Lagerinsassen. Nazifanatiker
verübten Brandstiftungen. Die neue Stadtpolizei, meist ehemalige
deutsche Buchenwald-Häftlinge, eilte von einer Razzia zur anderen.
Sah man Amerikaner, dann rasten sie gewöhnlich in ihren Jeeps
umher, hupten oder ließen ihre Sirenen ertönen und jagten den
Fußgängern Schrecken ein.

Nicht wenige unter uns gingen nur nach Weimar, um mit Frauen
verkehren zu können. Die arroganten deutschen Frauen von gestern
spazierten jetzt in kurzen Röcken, mit bloßen Beinen umher und
waren für ein paar Zigaretten zu haben. Man lernte sie in den
modernen Kaffees kennen oder erwartete sie in den Bordells der
Seitenstraßen. Die Bezahlung erfolgte in Waren. Viele von unseren
Jungen zogen zu ihrem abenteuerlichen Ausflug mit einem Würfel
Margarine oder einer eingewickelten Wurst unter dem Arm los.
Meistens kamen sie mit einer Geschlechtskrankheit zurück.

Meine eigenen amourösen Heldentaten beschränkten sich jedoch
auf zwei Begegnungen, beide waren ein Mißerfolg. Einmal traf ich
eine Oberschülerin in einem Park. Sie wollte, daß ich mich auf den
Rasen setze und ihr etwas erzähle. Dazu hatte ich natürlich weder
Geduld noch Zeit. Die andere wohnte über einem Restaurant. Ich
traf sie auf der Treppe, und sie fragte mich, ob ich nicht wisse, wo
ein amerikanischer Film laufe, den wir uns ansehen könnten. Dann
rief ihre Mutter. Ich sah noch die dünnen Beine der Fünfzehnjähri-
gen die Treppe hinaufsteigen, hörte eine Tür einschnappen und weg
war sie.

Es war 1. Mai 1945. Mein erster Maifeiertag. Ehemalige Insassen,
die sich in den umliegenden Städten und Dörfern niedergelassen
hatten, kamen zurück, um mit uns zu feiern. Unsere schmutzigen,
alten Baracken gingen in einem Meer frischer, weißer Losungen
unter.

Die Unterkunft der Russen sah aus wie zu einem Volksfest. Über
den Straßen hingen Girlanden, die Blocks wetteiferten um das beste
handgemalte Stalinbild. Das Portrait, das den Sieg davontrug, war

zwar etwas grell, aber mit viel Sorgfalt und Geduld angefertigt; es war nicht weniger als zwei Quadratmeter groß und hing über der Baracke, die als Leseraum diente, auf beiden Seiten umgeben von Blumen, einem kahlköpfigen Lenin und einem bärtigen Marx.

Die deutschen Blocks trugen die stolze Inschrift: »Wir kommen wieder«, dazu Bilder von Breitscheid und Thälmann, die beide, wie andere sozialistische Reichstagsabgeordnete, nie mehr wiederkommen, deren Ideen aber weiterleben würden. Beide, der Führer der Sozialdemokraten und der der Kommunisten, waren in Buchenwald umgekommen. Auf anderen Transparenten stand: »Wir gedenken der 51 000 Toten.« »Wir danken unseren Verbündeten« und das kurze, aber wirkungsvolle »Nie wieder!«

Unsere spanischen Kameraden hatten kaum genug Platz an ihrem einsamen Block für all das, was sie ausdrücken wollten. »Ihr geht nach Hause und wir?« schrieben sie an die Wand. »Der Faschismus ist noch nicht tot, Franco lebt!« – »Jetzt ist Franco Feind Nummer Eins!« – »Wir werden nicht aufgeben!« – »No parasan!«

Meine Stubenkameraden waren sicher, daß auch ich mich ihnen bei der Maidemonstration anschließen würde. Sie zeigten mir einen Stapel Transparente, die mit den Namen einiger kleiner deutscher Provinzen bemalt waren. »Aus diesen Provinzen gibt es keine Überlebenden, es muß sie also jemand anders tragen. Wie wär's mit dir? Du bist groß und würdest einen guten Eindruck machen, wenn du allein marschierst.«

Ich zögerte. »Brandenburg« las ich auf einem der großen roten Banner, hinter dem schon eine ziemliche Anzahl Demonstranten versammelt war; die gleichen Buchstaben hatten einst »SS-Division Brandenburg« ergeben, es war dieselbe Provinz, in der Divisionen von Mördern aufgewachsen waren. Mit diesen Buchstaben hatte ich wenig gemein. Aber die Fahne darum war rot; an die gleiche Fahne hatten andere Söhne Brandenburgs geglaubt, bis sie in den Konzentrationslagern umgekommen waren – erschossen in unbekannten Sümpfen, vergast in fernem Ödland, für immer zum Schweigen gebracht. Es war die Fahne, die die Enthusiasten im fernen Rußland 1918 zum Siege geführt hatten, die Fahne, die für ihre Anhänger auch in ihrer dunkelsten Stunde geweht hatte, als nur wenige Minuten entfernt die Gaskammern drohten. Nein, ich konnte sie nicht im Stich lassen.

Ich schnappte mir eine von den verlassenen Tafeln mit dem Namen einer kleinen Provinz und erhielt einen Platz in der Marschkolonne. Dann marschierten wir zum Tor. Ein kleiner, buckliger deutscher Sozialist neben mir, der die Schrecken von Buchenwald als Schneider überlebt hatte, zwitscherte »links, links, links!«

Wir versammelten uns auf dem Lagerplatz, jede Marschsäule hinter der Fahne ihres Heimatlandes – Polen, Russen, Tschechen, Jugoslawen, Ungarn, Rumänen, Österreicher, Deutsche, Norweger, Franzosen, Belgier, Holländer und Spanier. Vor uns, nahe am Zaun, befand sich eine riesige Bühne mit der Inschrift: »1. Mai 1945«. Darauf stand senkrecht ein Trapez aus Brettern. Es lief nach oben strahlenförmig in drei gleiche Streifen aus, die mit den Farben Englands, Rußlands und Amerikas bemalt und mit diagonal angebrachten Portraits Churchills, Stalins und Roosevelts geschmückt waren. Von hohen Masten flatterten im befreiten, klaren, blauen Himmel all die bunten Fahnen Europas.

Zuerst sahen wir ein symbolisches Stück über Buchenwald, seine dunkle Vergangenheit und seine Befreiung. Dann traten Gäste aus dem Ausland auf die Bühne und wir hörten Ansprachen. Wir gedachten unserer Toten, dankten den Alliierten und bekräftigten unsere Solidarität. Wir legten auch das Gelöbnis ab, unsere gemeinsamen Leiden nie zu vergessen. »Unsere Unterdrücker und ihre Hintermänner, die noch übrig geblieben sind, müssen der Gerechtigkeit übergeben werden.« Wir spendeten starken und begeisterten Beifall.

Dann begann die Kapelle zu spielen, und eine Marschsäule nach der anderen defilierte an der Tribüne vorbei. Über den Platz, der mit der turmhohen Nazifahne über dem Zufahrtstor acht Jahre lang bei den Zählappellen mit hilflosen Häftlingen gefüllt gewesen war, marschierten jetzt die triumphierenden Massen mit den stolzen Bannern ihrer Heimat. Auf seiner weiten asphaltierten Fläche, die das Stöhnen Tausender und Abertausender gehört hatte, die sich mühsam in den Tod schleppten, hallten jetzt die siegreichen Marschschritte der Überlebenden wider.

Zahllose blau-weiß gestreifte Hosenbeine flatterten im Gleichschritt. Die Kapelle stimmte Hymne auf Hymne an. Hunderte roter Maifahnen gingen in die Höhe.

Schließlich waren auch wir an der Reihe. Die große Fahne vor mir, die zur Plage geworden war, da sie mich unablässig und hartnäckig am Halse kitzelte, wurde endlich erhoben. Mein Nachbar, der bucklige kleine Sozialist, nahm Haltung an, setzte nachdenklich ein Bein vor, wölbte die Zunge, sah unruhig auf die Füße der ersten Reihe und brachte dann sein stolzes, melodisches »Links« hervor. Die Kolonne marschierte los. »Links, links, links!«

In unseren Reihen waren große Lücken, die andeuteten, daß viele fehlten, die nicht am Leben geblieben waren. Jemand stimmte »Brüder, zur Sonne, zur Freiheit« an. Mein kleiner Nachbar wischte sich die Augen.

Bald werden wir nach Hause fahren, dachte ich. Hatten wir kein Zuhause, so mußten wir uns nach einem neuen umsehen. Viele von uns werden wieder als einfache Menschen ihre Arbeit tun, und niemand wird sich um ihre Vergangenheit kümmern. Andere werden nach ihrer Rückkehr vielleicht Parlamentsabgeordnete oder sogar Minister sein. Dieser eindrucksvolle Maifeiertag in Buchenwald aber wird allen ein kostbares Andenken bleiben, etwas, an das wir Jahr für Jahr zurückdenken.

Unsere Marschkolonne näherte sich der Tribüne. Wir marschierten ordentlich und in gerader Haltung. Rechts von mir, auf dem fahnenumwehten Podium, entdeckte ich eine Reihe Armeeoffiziere – Amerikaner, Russen, Franzosen, Engländer und andere. Als wir näherkamen, grüßten sie.

Ich, der hagere, schäbige Träger einer kleinen bemalten Tafel mit dem Namen irgendeiner unbekannten Provinz, ich, der vergessene Junge, der jahrelang in Konzentrationslagern dahinvegetiert hatte, wurde gegrüßt! Ich wurde ganz rot vor Aufregung. Dann richtete sich eine Wochenschau-Kamera auf mich.

Ich fuhr nicht mehr nach Weimar, weil ich eine Abneigung gegen die Kaffeehausatmosphäre hatte. Statt dessen ging ich im Lager umher, hörte Radio, sah mir Bücher und Zeitungen an und versuchte, den Amerikanern mit meinem Englisch zu imponieren.

Bei einem meiner Rundgänge um die Blocks, als ich an den älteren Insassen vorbeikam, die ihren Tag damit verbrachten, auf den Bordsteinen zu sitzen und sich zu unterhalten, bemerkte ich einen

Jungen unter ihnen. Er saß in der Sonne, hielt den Kopf gesenkt und träumte; neben ihm lag ein Bündel mit Schnur gebunden, als sei er ein Vagabund. Ich bückte mich, um sein Gesicht zu sehen. Es war lang, spitz und schrecklich dünn. Die scharfe, vorspringende Nase kam mir bekannt vor.

Ich weckte ihn. Dann erkannten wir uns und schüttelten uns die Hände. Es war Gert, der schwarze Gert, ein Freund aus der Maurerschule vor fast zwei Jahren, der soeben aus dem Revier entlassen worden war.

Ich freute mich, daß ich ihn gefunden hatte. Nur drei meiner Stubenkameraden waren in meinem Alter: Einer war geistesgestört, und die anderen suchten ihr Glück bei den Erwachsenen. Ich sehnte mich so nach Freunden, und Gert war mehr als nur ein alter Freund. Er war auch intelligent.

Buchenwald war ein fröhlicher Ort geworden. Es kamen Frauen aus den benachbarten Arbeitslagern, Mädchen aus Weimar, die sich eingeschlichen hatten, um Zigaretten zu verdienen, und lustige Amerikaner, die Ausgang hatten. Abends kamen alle zusammen, um zu tanzen, zu trinken und bis zum frühen Morgen zu flirten.

Einmal, als ich wegen der nächtlichen Akkordeonmusik nicht schlafen konnte, machte ich mich auf, um festzustellen, woher sie kam. Ich fand einen Barackenraum mit Papiergirlanden und rotem Licht, in dem sich langbeinige Tanzpaare drehten. Sie machten schon einen müden Eindruck. In einer Ecke saß ein Mädchen, eine betrunkene Blondine, an einen Tisch gelehnt, auf dem leere Bierflaschen standen; neben ihr ein amerikanischer Soldat in Miniaturausgabe, eins der Lagerkinder, die zum Maskottchen irgendeiner lokalen Armeeinheit geworden waren. Mit Ausnahme des Rangabzeichens und des amerikanischen Messingadlers trug er eine komplette Armeeuniform. Einer der richtigen großen Soldaten ging zu ihm, klopfte ihm auf die Schulter und flüsterte: »Paßt du noch immer auf sie auf, Junge?« – »Natürlich!« antwortete das Maskottchen stolz und schielte ängstlich auf das betrunkene Mädchen.

Den ganzen Tag über hörten wir die Lautsprecher. Das Programm, das aus Nachrichten, Durchsagen, persönlichen Mitteilungen und Musik bestand, wurde von dem Lagerkomitee so ausgewählt, daß es die verschiedenen Nationalitäten berücksichtigte, und lief vom Morgengrauen bis Mitternacht.

Wir verfolgten gespannt den Kampf um Berlin. Auf einer Versammlung, an der auch Delegierte aus anderen befreiten Lagern teilnahmen, wurde sogar der Vorschlag gemacht, ein Freiwilligenkorps zu bilden. Aber der Vormarsch der Verbündeten verlief schnell und unsere siegreichen Freunde brauchten unsere Hilfe nicht mehr. Der endgültige Zusammenbruch des Nazismus war jetzt stündlich zu erwarten.

In der Woche nach dem 1. Mai fanden viele Abschiedsveranstaltungen statt. Nacheinander sagten die Angehörigen der verschiedenen Nationalitäten ihren Lagerkameraden Lebewohl und fuhren nach Hause.

Die deutschen Insassen verabschiedeten sich von Buchenwald in einer kalten, betonierten Halle am Waschhaus. Manche, die schon abgereist waren, kamen zu diesem Anlaß mit ihren Angehörigen zurück. Wir aßen, tranken, hörten Lieder und sahen Sketche.

Dann kam der Höhepunkt. »Jetzt wollen wir auch etwas Neues vorsingen, etwas, das wir selbst verfaßt haben«, verkündete eine Gruppe Veteranen in Häftlingskleidung, die auf die Bühne getreten war. Die Gesichter sahen alt und verhärmt aus. Ihre Lagernummern verrieten, daß sie ungefähr acht Jahre in Buchenwald zugebracht hatten. Es waren also die Veteranen der Veteranen; sie hatten einen eigenen Chor gebildet und wollten uns nun damit überraschen.

»... Unsere Straße führt zurück
Wir kommen wieder, Kameraden, unverzagt!«

Vielen standen Tränen in den Augen. Manche Frauen gingen hinaus. »Unsere Straße führt zurück, wir kommen wieder, Kameraden, unverzagt!« klang es im Refrain.

Die Abschiedsfeier unserer russischen Lagerkameraden fand in dem ehemaligen SS-Theater statt. Es gelang mir gerade noch hineinzuschlüpfen und mich auf einen freien Platz auf einem Geländer zu schwingen. Begabte Sänger, Ballettänzer und Akrobaten füllten die Bühne, und ich hatte den leisen Verdacht, daß einige dieser Talente von außerhalb nach Buchenwald geholt worden waren. Die Menschen schwitzten und begleiteten die dröhnenden, kräftigen russischen Tanzschritte mit Händeklatschen, Rufen und Pfeifen. Alle – außer den Ehrengästen in der vordersten Reihe und denen, die sich wie ich auf dem Geländer im Gleichgewicht halten mußten – waren voller Leben. Später, gegen Ende der Veranstaltung, fingen wir an zu singen.

Die Halle bebte von den Liedern über die Rote Armee – das Lied von der Kavallerie erklang, von der Luftwaffe, den Katuschas, den Partisanen. Ich bebte auch. In Gedanken sah ich all die russischen Jungen an mir vorüberziehen, mit denen wir zwei schwere, kalte Lagerwinter über gerade diese Lieder gesungen hatten. Was war aus den Jungen geworden, die beim Klang der Melodien, die gegen die dunklen, schweigenden Nächte von Auschwitz kämpften, auf ihren Kojen gelegen und von der Befreiung geträumt hatten?

Meine ehemaligen Gefährten von Block 66, die Juden aus Polen, bereiteten auch einen künstlerischen Abend vor. Die Darbietungen erklangen in jiddischer Sprache, und es wurden die gleichen Lieder gesungen, die ich schon früher gehört hatte. Den Höhepunkt der Veranstaltung bildeten jedoch lebende Bilder, besonders der »Tanz der Maschinen«. Vor dem Hintergrund einer roten Leinwand hoben sich die Schatten von arbeitenden Jungen ab. Sie schufteten im Gleichklang und sangen dann den Refrain. »Aber Maschinen haben kein Herz, kennen keinen Schmerz und verstehen keinen Spaß.«

Wenn man das alles genau verfolgte, war man unbedingt beeindruckt. Man sah deutlich, diese Jungen kämpften für eine Zukunft in Freiheit und Sicherheit. Sie würden sich nicht länger damit abfinden, vernachlässigt und in Unwissenheit gehalten zu werden. Eine neue Welt entstand, und diese Jungen hatten mit der alten gebrochen.

Ein Freund lud mich nach Block 45 ein, dort sollte ich an der Abschiedsfeier der Österreicher teilnehmen. »Es wird nur ein geselliges Beisammensein«, sagte er, »ohne Ansprache, ohne Gelöbnisse, aber mit viel Fröhlichkeit.« Ich hatte keine Ahnung vom Tanzen, aber ich ging hin, hauptsächlich weil ich erfahren hatte, daß es Kuchen gab.

Die Veranstaltung fand im zweiten Stock statt, mit Geigern, einer Jazzband, Bier, Lampions, »Bergsteigern« in Lederhosen und den unvermeidlichen Amerikanern. Man erzählte Witze, war lustig und nannte das »wienerisch«.

Als es schon recht spät war, wurden die Leute noch ausgelassener und fingen an zu tanzen. Ich saß in einer Ecke und nippte an meinem Bier, bis ich fast einschlief. Ich beschloß schon, mich zurückzuziehen, da hörte ich plötzlich Rufe: »Bravo, bravo!« Die Tanzfläche wurde geräumt, und es erschienen zwei Zigeunermädchen, die überredet worden waren, Schautänze vorzuführen. Ich richtete mich auf und sah zu.

Die beiden Mädchen waren jung, sie drehten und wendeten sich nach verträumten Zigeunerweisen, und ich war so bezaubert, daß ich mich nicht bewegte. Vielleicht dachten sie das gleiche wie ich: Das seltsame Zigeunervolk – es kennt keine Heimat, aber es liebt brennend seine Familie, man mag dieses Volk noch so gut kennen, es bleibt doch stets ein Geheimnis. Es war das erste Mal, daß ich Zigeunermädchen so aus der Nähe sah. Ich mußte immerzu nur hinschauen.

Als ich sie so in Gedanken beobachtete, ging plötzlich jemand quer durch den Saal auf einen Kasten Bierflaschen zu, und unwillkürlich sah auch ich ihn an. Es war ein Junge in einem Anzug, der ihm viel zu groß war. Wie drollig, dachte ich. Bald aber glaubte ich ihn zu erkennen und rief ihn an. Hatte ich zu viel getrunken? Nein, anscheinend kannte er mich auch. Er kam herüber, und wir schüttelten uns die Hände. Es war Berger, der »kleine Berger«, unser Zigeunerjunge aus der Maurerschule, den wir alle so gern hatten.

Er erzählte mir, daß österreichische Landsleute sich seiner angenommen hätten und ihn in ihre Heimatstadt mitnehmen wollten. Augenblicklich, gestand er, sei er allerdings betrunken.

Es war schon spät und ich brach auf. Ich dachte immer noch an den kleinen Berger. Ob seine Freunde sich wirklich gut um ihn kümmerten? Ob ihm nun die Zukunft offenstand, wie wir es ihm alle gewünscht hatten? ...

8. Mai 1945: Waffenstillstand mit Deutschland. Der Krieg in Europa war vorüber. Der Faschismus und alles, das er darstellte, hatte kapituliert.

Irgend jemand drehte am Knopf unseres Rundfunkapparates und suchte den Äther ab. Überall Jubel. In London ertönte der vibrierende Siegesgong und morste das Victory-Zeichen, begeisterte Stimmen sangen die Marseillaise, die feierliche getragene Melodie der Sowjethymne erklang und das Glockenspiel aus dem Kreml, die Berliner kamen aus den Ruinen hervor, um zu feiern.

Ich drehte mich auf meinem Kopfkissen um und überlegte. Es war Frieden. Was würden wir daraus machen? Bald würde ich 16 Jahre alt sein. Nicht mehr lange und auch ich könnte mitreden.

Dann schlief ich ein und träumte von der Zukunft.

Anhang

Die Moorsoldaten

Wohin auch das Auge blicket,
Moor und Heide rings umher.
Vogelsang uns nicht erquicket
Eichen stehen kahl und leer.

Wir sind die Moorsoldaten
und ziehen mit dem Spaten
ins Moor, ins Moor.

Hier in dieser öden Heide
ist das Lager aufgebaut,
wo wir fern jeder Freude
hinter Stacheldrahtverhau.

Wir sind ...

Auf und nieder gehn die Posten
Keiner, keiner kommt hier durch.
Flucht kann nur das Leben kosten,
Vierfach ist umzäunt die Burg.

Wir sind ...

Morgens ziehen die Kolonnen
durch das Tor zur Arbeit hin,
schuften bei dem Brand der Sonnen,
nach der Heimat steht der Sinn.

Wir sind ...

Heimwärts, heimwärts jeder sehnet,
nach den Eltern, Frau und Kind.
Manche Brust ein Seufzer dehnet,
weil wir hier gefangen sind.

Wir sind ...

Doch wir kennen kein Verzagen.
Ewig kann's nicht Winter sein.
Einmal werden froh wir sagen:
Heimat, du bist wieder mein!

Dann ziehn wir Moorsoldaten
NICHT mehr mit dem Spaten
ins Moor, ins Moor.

Das Lied wurde 1934 im Konzentrationslager Börgermoor von Häftlingen
verfaßt. Einer von ihnen war Rudi Goguel, von ihm stammt die Melodie.

Das Arbeitsgelände
(aus dem Gedächtnis gezeichnet)
Maßstab 1 : 20.000

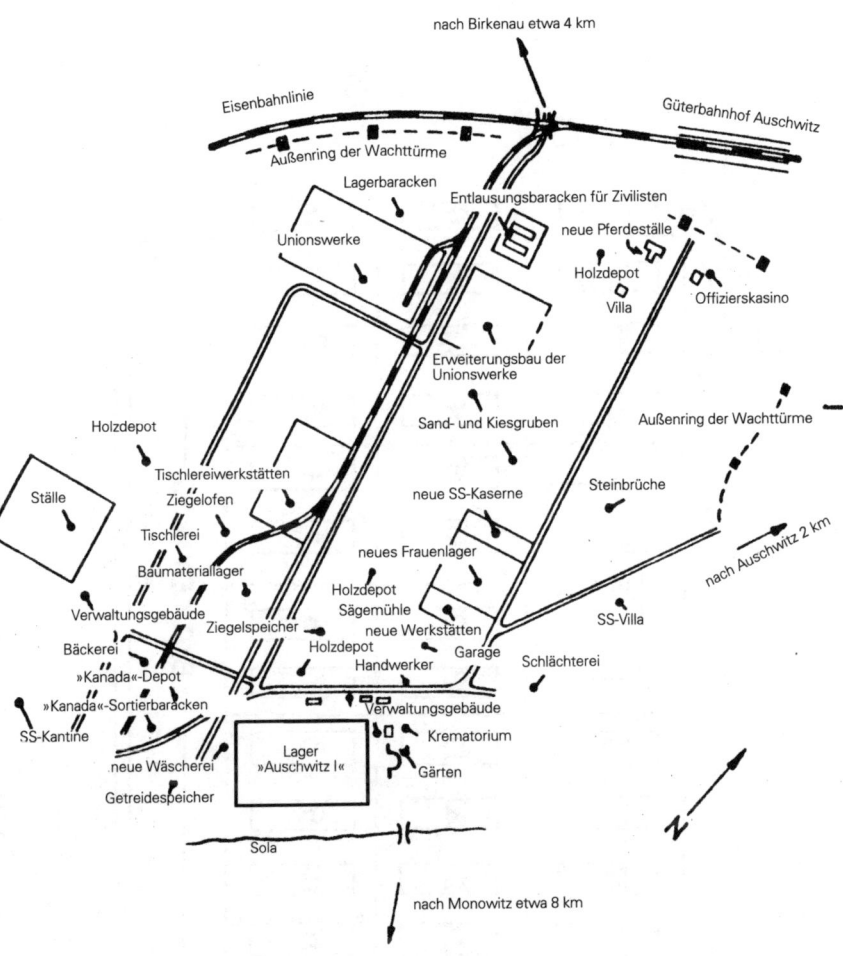

Lager »Auschwitz I«
Maßstab 1 : 3.000

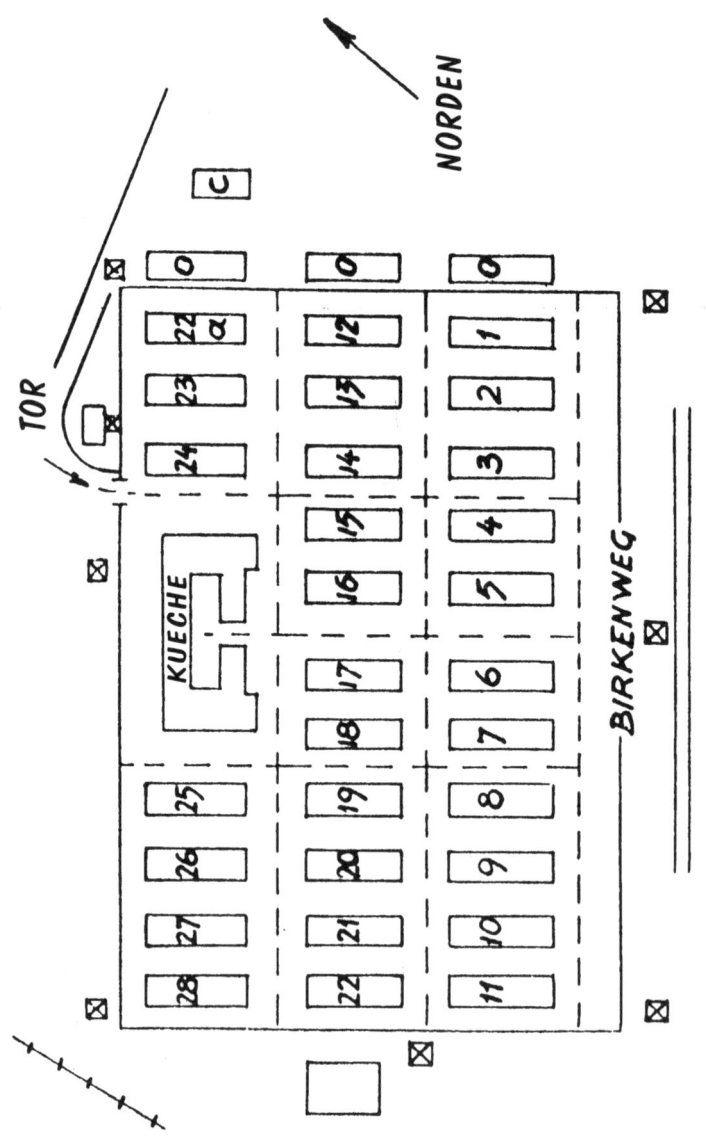

254

Kartenskizze
Maßstab 1 : 6.000.000

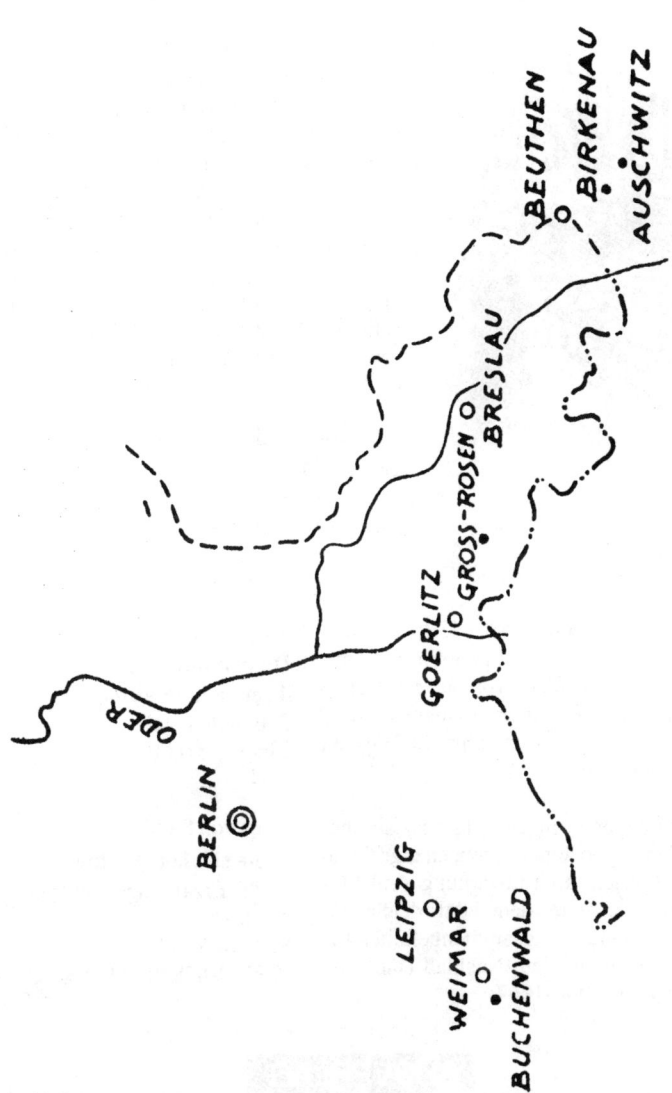

Zeugen deutscher Zeitgeschichte

Gerda Gottschalk

Der letzte Weg

SÜDVERLAG

Deutschland zur Zeit des Nationalsozialismus: Die junge Leipzigerin Gerda Gottschalk, eine »Halbjüdin«, wird inhaftiert; dann zunächst in ein Ghetto nach Riga und gegen Kriegsende in das Konzentrationslager Stutthof bei Danzig verschleppt. Von dort gelingt ihr schließlich, zusammen mit zwei anderen Frauen, dank der Hilfe eines mutigen Pfarrers die Flucht.

Gerda Gottschalks Bericht schildert in erschütternder Weise den »Alltag« in der Vernichtungsmaschinerie der Nationalsozialisten.

Gerda Gottschalk
Der letzte Weg
172 Seiten, br.
ISBN 3-87800-010-3

Deutschland, kurz vor Ende des Zweiten Weltkrieges: Eine junge Frau flieht mit ihren drei Kindern vor der russischen Armee aus Pommern in den Westen. Über Niedersachsen führt ihr Weg an den Bodensee.

Marion Einwächter
Du bist mir nah
4., erweiterte Auflage,
276 Seiten, geb.
ISBN 3-87800-008-1

Der Fliegeralarm, die Angst der Zivilbevölkerung vor einem Bombenangriff und das Warten auf Entwarnung sind Fixpunkte der unter dem Titel »Viele solcher Nächte ...« zusammengefaßten Erzählungen aus dem Nachlaß Hans von Savignys (1900-1967).

Hans von Savigny
Viele solcher Nächte ...
Sechs Erzählungen aus dem Nachlaß
88 Seiten, geb.
ISBN 3-87800-009-X

SÜDVERLAG